Moench/Schmidt
Die Freiheit
der Baugestaltung

D1678261

Die Freiheit der Baugestaltung

Aktuelle Probleme im Recht
des Denkmalschutzes und der Baugestaltung,
dargestellt anhand der Rechtslage in Bayern

Rechtsanwalt Dr. Christoph Moench, Stuttgart
Rechtsanwalt Dr. Thomas Schmidt, Düsseldorf
Fachanwälte für Verwaltungsrecht

Werner-Verlag

1. Auflage 1989

CIP-Titelaufnahme der Deutschen Bibliothek

Moench, Christoph:
Die Freiheit der Baugestaltung:
Aktuelle Probleme im Recht des Denkmalschutzes und der Baugestaltung,
dargestellt anhand der Rechtslage in Bayern /
von Christoph Moench; Thomas Schmidt. —
Düsseldorf : Werner, 1989
ISBN 3-8041-2694-4
NE: Schmidt, Thomas:

ISB N 3-8041-2694-4

© Werner-Verlag GmbH · Düsseldorf · 1989
Printed in Germany

Zahlenangaben ohne Gewähr

Gesamtherstellung: Weiss & Zimmer AG, Mönchengladbach
Archiv-Nr.: 811 — 2.89
Bestell-Nr.: 02694

Vorwort

In einer auch im Ausland vielbeachteten Ausstellung der Bayerischen Architektenkammer und der Neuen Sammlung München „Neues Bauen in alter Umgebung" haben wir 1978/79 den Versuch unternommen, anhand vorbildlich gelöster Bauaufgaben zu zeigen,

— daß das Problem, neben und mit bestehender Bausubstanz weiterzubauen, nicht erst heute auftritt, sondern zu allen Zeiten akut war,

— daß es für das Bauen in alter Umgebung mehr als nur eine Möglichkeit gibt, so daß es unzulässig ist, hierfür Rezepte vorzuschreiben, daß aber alle Möglichkeiten ein hohes Maß von Gestaltungswillen und Gestaltungskraft erfordern,

— daß die Abhängigkeiten von sozialen und wirtschaftlichen Strukturen das Bauen in alter Umgebung entscheidend beeinflussen.

Heute, zehn Jahre nach dieser bildlichen Darstellung, legen wir eine rechtliche Untersuchung vor, die aufzeigt, wo gestaltungsrechtliche Beschränkungen und denkmalschutzrechtliche Maßnahmen ihre Grenzen haben und wie die Inhalte der Baufreiheit des Bauherrn und der Gestaltungsfreiheit des Architekten auf der Grundlage unserer Verfassung zu bestimmen sind.

Wir befinden uns auf dem Weg zum EG-Binnenmarkt 1992 ohne Grenzen. „Deregulierung" und „Harmonisierung" sollen bewirken, daß die Marktmechanismen reibungslos funktionieren. In einer „EG-Bauproduktenrichtlinie" sind gewerbliche Bauleistungen bereits erfaßt, über die Leistungen der Architekten wird eine „EG-Dienstleistungsrichtlinie" konkrete Aussagen enthalten.

Über die Bedeutung der Baukunst als Ausdruck gesellschaftlicher Kultur vermißt man in diesem Zusammenhang noch jedwede Aussage. Um so wichtiger ist es gerade jetzt, für den Erhalt des Freiraums zu kämpfen, in dem eigenpersönliche schöpferische Leistungen — so die urheberrechtlichen Merkmale für Werke der Baukunst — als Beiträge des Architekten zur kulturellen Identität eines Volkes entstehen können.

In diesem Sinne verstehen wir diese Veröffentlichung auch als einen Beitrag zur Baukunst und zur Baukultur in unserer Zeit.

München, im Februar 1989

BAYERISCHE ARCHITEKTENKAMMER
Senator e. h. Ernst M. Lang

V

Einleitung

Baufreiheit und Gestaltungsfreiheit: zwei Topoi, die angesichts einer hohen Regelungsdichte des Baurechtes und einer zunehmend extensiven Auslegung und Handhabung des Denkmal- und Gestaltungsrechtes fast wie idealistische Relikte anmuten. In der vorliegenden Schrift versuchen die Verfasser, Inhalt und Grenzen der rechtlich gebundenen Freiheit zum Gestalten baulicher Anlagen darzulegen. Die Arbeit ist aus einem Gutachten für die Bayerische Architektenkammer hervorgegangen. Sie war seitens der Architektenkammer angeregt worden aus Sorge um ein kreatives und abwechslungsreiches Bauen infolge der Beschränkungen durch Gestaltungsvorschriften und denkmalrechtlichen Ensemble- und Umgebungsschutz.

Da vor allem beim Bauen in alter Umgebung denkmalrechtliche Vorgaben häufig die Architektur nach Maßgabe der Denkmalpflege bestimmen, nimmt die Auseinandersetzung mit den zentralen Instituten und Begriffen des Denkmalschutzes breiten Raum ein. Nur soweit überhaupt ein Denkmal vorliegt, kann Rücksicht darauf verlangt werden, und auch die Wertigkeit des Denkmales ist für das Ausmaß der Rücksichtnahme von Bedeutung.

Das Bauordnungsrecht ist ebenso wie das Denkmalrecht Ländersache. Jedes Land hat seine eigenen Gesetze. Sie variieren in Details, in der Struktur gleichen sie sich jedoch, zumindest hinsichtlich der hier behandelten Fragen. Die an der Bayerischen Bauordnung und dem Bayerischen Denkmalschutzgesetz orientierte Darstellung der Rechtslage läßt sich daher auch auf die anderen Bundesländer übertragen. Die Probleme und die Wege zu ihrer Lösung sind im Kern überall die gleichen. Dementsprechend wurde auch die Rechtsprechung der Verwaltungsgerichte aller Länder sowie die bundesweit publizierte einschlägige Literatur (Stand Ende 1988) berücksichtigt.

Christoph Moench   *Thomas Schmidt*

Inhaltsverzeichnis

Abkürzungsverzeichnis

a. A.	anderer Auffassung
a.a.O.	am angegebenen Ort
Abs.	Absatz
a. F.	alte Fassung
Anh.	Anhang
Anm.	Anmerkung
AöR	Archiv des öffentlichen Rechts
Art.	Artikel
AS	Amtliche Sammlung
Aufl.	Auflage
B.	Beschluß
BauGB	Baugesetzbuch
BauGestVO	Baugestaltungsverordnung
BauNVO	Baunutzungsverordnung
BauO	Bauordnung
BauR	Baurecht
BayBO	Bayerische Bauordnung
BayDSchG	Bayerisches Denkmalschutzgesetz
bayer.	bayerisch
BayLPlG	Bayerisches Landesplanungsgesetz
BayNatSchG	Bayerisches Naturschutzgesetz
BayObLG	Bayerisches Oberstes Landesgericht
BayRS	Bayerische Rechtssammlung
BayStrWG	Bayerisches Straßen- und Wegegesetz
BayVBl	Bayerische Verwaltungsblätter
BayVGH	Bayerischer Verwaltungsgerichtshof
BayVwVfG	Bayerisches Verwaltungsverfahrensgesetz
BayWG	Bayerisches Wassergesetz
BBauG	Bundesbaugesetz
Bd.	Band
Bem.	Bemerkung
betr.	betreffend
BewG	Bewertungsgesetz
BGB	Bürgerliches Gesetzbuch
BGH	Bundesgerichtshof
BGHZ	Amtliche Sammlung der Entscheidungen des Bundesgerichtshofs in Zivilsachen
BNatSchG	Bundesnaturschutzgesetz
BremLBO	Bremer Landesbauordnung
BRS	Baurechtssammlung
BT-Drs.	Bundestags-Drucksache
Buchst.	Buchstabe
BV	Bayerische Verfassung
BVerfG	Bundesverfassungsgericht
BVerfGE	Amtliche Sammlung der Entscheidungen des Bundesverfassungsgerichts
BVerwG	Bundesverwaltungsgericht
BVerwGE	Amtliche Sammlung der Entscheidungen des Bundesverwaltungsgerichts

BW	Baden-Württemberg
BWVPr	Baden-Württembergische Verwaltungspraxis
Diss.	Dissertation
DÖV	Die öffentliche Verwaltung
DSchG	Denkmalschutzgesetz
DSchPflG	Denkmalschutzpflegegesetz
DSI	Denkmalschutz-Informationen
DVBl.	Deutsches Verwaltungsblatt
EinlPrALR	Einleitung zum Allgemeinen Landrecht für die Preußischen Staaten
EStDV	Einkommensteuerdurchführungsverordnung
EStG	Einkommensteuergesetz
ESVGH	Entscheidungen des hessischen Verwaltungsgerichtshofs und des Verwaltungsgerichtshofs Baden-Württemberg mit Entscheidungen der Staatsgerichtshöfe beider Länder
f., ff.	folgender, fortfolgende
Fn.	Fußnote
FStrG	(Bundes-)Fernstraßengesetz
GFZ	Geschoßflächenzahl
GG	Grundgesetz
ggf.	gegebenenfalls
GrStG	Grundsteuergesetz
GRZ	Grundflächenzahl
GVBl.	Gesetz- und Verordnungsblatt
HessVGH	Hessischer Verwaltungsgerichtshof
IMBek	Bekanntmachung des Bayerischen Staatsministeriums des Innern
i. V. m.	in Verbindung mit
JuS	Juristische Schulung
JZ	Juristenzeitung
LBO	Landesbauordnung
LEP	Landesentwicklungsprogramm Bayern
MABl.	Ministerialamtsblatt der bayerischen inneren Verwaltung
m. N.	mit Nachweisen
m. w. N.	mit weiteren Nachweisen
NBauO	Niedersächsische Bauordnung
NDSchG	Niedersächsisches Denkmalschutzgesetz
Nds. MBl.	Niedersächsisches Ministerialblatt
NJW	Neue Juristische Wochenschrift
Nr.	Nummer
NuR	Natur und Recht
NVwZ	Neue Zeitschrift für Verwaltungsrecht

NW	Nordrhein-Westfalen
NWVBl.	Nordrhein-Westfälische Verwaltungsblätter
o. ä.	oder ähnliches
OLG	Oberlandesgericht
OVG	Oberverwaltungsgericht
OVGE	Entscheidungen der Oberverwaltungsgerichte für das Land Nordrhein-Westfalen in Münster sowie für die Länder Niedersachsen und Schleswig-Holstein in Lüneburg mit Entscheidungen des Verfassungsgerichtshofs Nordrhein-Westfalen und des niedersächsischen Staatsgerichtshofes
PrOVG	Preußisches Oberverwaltungsgericht
RArbBl.	Reichsarbeitsblatt
Rn.	Randnummer
Rz.	Randziffer
S.	Satz
Schl.-H.	Schleswig-Holstein
sog.	sogenannter
StBauFG	Städtebauförderungsgesetz
U.	Urteil
u. E.	unseres Erachtens
UPR	Umwelt- und Planungsrecht
UrhG	Urhebergesetz
v.	vom
VA	Verwaltungsakt
VBlBW	Verwaltungsblätter Baden-Württemberg
VerwRSpr	Verwaltungsrechtsprechung
VGH	Verwaltungsgerichtshof
vgl.	vergleiche
VollzVorschrift	Vollzugsvorschrift
VR	Vermessungswesen und Raumordnung
VwVfG	Verwaltungsverfahrensgesetz
WHG	Wasserhaushaltsgesetz
z. B.	zum Beispiel
ZfBR	Zeitschrift für deutsches und internationales Baurecht
Ziff.	Ziffer
z. T.	zum Teil
zust.	zustimmend

A.
Einführung

I.
Baufreiheit und Gestaltungsfreiheit

Die Baugestaltung gehört seit alters zu den zentralen Bestandteilen des Baurechts. Sie ist in erster Linie ein Werk des Architekten, aber daneben auch des Bauherrn.

Ohne die — zumindest potentielle — Realisierung der zeichnerischen Entwürfe durch den Bauherrn ist die Gestaltungsfreiheit des Architekten unbeschränkt. Grenzen sind hier nur durch die Phantasie des Architekten gezogen. Zur Umsetzung seiner Entwürfe bedarf der Architekt aber des Bauherrn. Der Architekt gestaltet Bauwerke mit ihm und durch ihn, wie auch umgekehrt der Bauherr durch den Architekten gestalten läßt. Gestaltungsfreiheit und Baufreiheit sind aufeinander bezogen, sie ergänzen einander. Deshalb kann auch im Rahmen dieser Darstellung die Baufreiheit nicht ausgeklammert werden.

Baugestaltung erfolgt seit jeher nur innerhalb rechtlicher Bindungen. Historisch, städtebaulich und künstlerisch bedeutsame Gebäude, Ensembles, Straßenzüge und Ortsbilder beruhen in vielen Fällen auf der Einbindung architektonischer Leistung in strenge Gestaltungsvorschriften. Anforderungen an die Baugestaltung schränken aber Bauherren und Architekten in der Freiheit der baulichen Nutzung ein. Ausgangspunkt einer Auseinandersetzung mit den Grenzen der Gestaltungsfreiheit des Architekten und der Baufreiheit des Bauherrn muß deshalb der **positive Gehalt** dieser Freiheit sein.

Die Regeln, denen Eigentum und berufliche wie künstlerische Betätigung der am Bau Beteiligten unterworfen werden, lassen in der Praxis oftmals keinen Spielraum für individuelles schöpferisches Bauen. Rechtlich unterliegen die Regeln den Grenzen, die Gesetze und Verfassung Freiheitseinschränkungen auferlegen.

II.
Betroffene Grundrechte

Baufreiheit und Gestaltungsfreiheit des Bauherrn und des Architekten sind durch die **Grundrechte** der Verfassung geschützt. Die bauwerksbezogene Gestaltungsfreiheit kann dabei in den Schutzbereich unterschiedlicher Grundrechte fallen. Im Mittelpunkt steht dabei einmal der verfassungsrechtliche Eigentumsschutz, daneben aber auch der Schutz künstlerischer Betätigung des Architekten.

1. Während der **Architekt** bauliche Anlagen entwirft, gestaltet und die auf Realisierung angelegten Baupläne zeichnet, genießt er den Schutz des **Grundrechts der Berufsfreiheit, Art. 12 Abs. 1 GG.** Die Freiheit der Berufswahl und der Berufsausübung ist verfassungsrechtlich garantiert. Art. 12 Abs. 1 GG enthält allerdings einen sogenannten Regelungsvorbehalt: Die Berufsausübung kann durch Gesetz geregelt werden. Vorschriften, die die Gestaltungsfreiheit des Architekten einschränken, sind solche **Berufsausübungsregelungen.**

2. Der **Grundstückseigentümer (Bauherr)**[1]), der sein Grundstück in bestimmter Weise bebauen möchte, wird durch die **Eigentumsgarantie des Art. 14 Abs. 1 GG** geschützt.

   Bestandteil der Grundrechtsgarantie des **Art. 14 Abs. 1 GG** ist die **Baufreiheit**[2]).

   Die Baufreiheit wird allerdings nicht unbeschränkt gewährleistet. Gemäß Art. 14 Abs. 1 Satz 2 werden „Inhalt und Schranken" des Eigentums durch die Gesetze bestimmt. Durch die inhaltsbestimmenden Gesetze konkretisiert der Gesetzgeber die **Sozialbindung des Eigentums** (Art. 14 Abs. 2 GG). Aber auch die Befugnis des Gesetzgebers, Inhalt und Schranken zu bestimmen, gilt nicht unbeschränkt. Der Gesetzgeber muß der verfassungsrechtlichen Anerkennung des Privateigentums, das durch Privatnützigkeit gekennzeichnet ist, und der Sozialbindung in gleicher Weise Rechnung tragen[3]). Sowohl die Rechtssätze selbst (Landesbauordnung, planerische Festsetzungen in Bebauungsplänen, Ortsgestaltungssatzungen usw.) als auch die Anwendung dieser Rechtssätze im Einzelfall müssen die Grenzen der Inhaltsbestimmung beachten. Andernfalls verstoßen sie gegen Verfassungsrecht.

3. Schließlich kann „bei ambitionierten Bauten" das **Grundrecht der Kunstfreiheit, Art. 5 Abs. 3 GG,** betroffen sein. Die gestalterische Leistung des Architekten, das **Werk des Architekten** kann in den Schutzbereich der grundrechtlich gewährleisteten Kunstfreiheit fallen. Da Art. 5 Abs. 3 GG **keinen Gesetzesvorbehalt** kennt, genießt das **künstlerische** Werk des Architekten weitgehenden Schutz vor gestalterischen Einschränkungen[4]).

---

1) Zur Vereinfachung kann man unterstellen, daß Grundstückseigentümer, Bauherr und Architekt in Personalunion auftreten.
2) Vgl. dazu unten C. III. 1.
3) Vgl. dazu unten C. III. 2., 3., 4.
4) Vgl. dazu unten C. IV.

III.
Gestaltungsrechtliche Beschränkungen außerhalb des Bauordnungsrechts und des Denkmalschutzrechts

Gestaltungsrechtliche Beschränkungen sind zwar in erster Linie, aber nicht ausschließlich Gegenstand des Bauordnungsrechts und des Denkmalschutzrechts.

Wir geben deshalb in diesem Abschnitt einen **kursorischen** Überblick über die nach **anderen** öffentlich-rechtlichen Vorschriften möglichen gestaltungsrechtlichen Beschränkungen.

1. Boden- und Planungsrecht

a) Planungsrechtliche Vorschriften mit gestalterischem Bezug

Das Baurecht unterscheidet zwischen dem **bundesrechtlichen Bauplanungsrecht** (seit 1. 7. 1987 im BauGB zusammengefaßt) und dem **landesrechtlichen Bauordnungsrecht.** Gestaltungsanforderungen an baulichen Anlagen finden sich zwar in erster Linie im Bauordnungsrecht und damit im Landesrecht. Aber auch das Bauplanungsrecht enthält gestalterische Anforderungen. So ist bei der Aufstellung von Bebauungsplänen nach § 1 Abs. 6 BauGB[4a]) die Gestaltung des Orts- und Landschaftsbildes zu berücksichtigen. Danach können Bebauungspläne eine Reihe von gestalterischen Festsetzungen enthalten. Im unbeplanten Innenbereich dürfen bauliche Anlagen gemäß § 34 Abs. 1 BauGB[5]) das Ortsbild nicht beeinträchtigen[6]). Ein bauliches Vorhaben kann danach planungsrechtlich unzulässig sein, wenn es seiner äußeren Gestaltung nach dem Orts- oder Landschaftsbild grob angemessen ist[7]). Im Außenbereich dürfen Vorhaben gemäß § 35 Abs. 3 BauGB[8]) das Orts- und Landschaftsbild nicht verunstalten und die natürliche Eigenart der Landschaft nicht beeinträchtigen.

4a) Vgl. dazu OVG Koblenz NVwZ 1988, 371.
5) § 34 Abs. 1 BauGB entspricht insoweit der früheren Regelung im BBauG.
6) Vgl. dazu Simon, BayBO, Stand Juni 1988, Art. 12 Rz. 3. Nach § 34 BauGB müssen sich Bauvorhaben in die Eigenart der näheren Umgebung unter Berücksichtigung der für die Landschaft charakteristischen Siedlungsstruktur einfügen; vgl. ausführlich Ernst/Zinkahn/Bielenberg, BBauG, Stand April 1986, § 34 Rz. 24; zu den Änderungen im Baugesetzbuch Bielenberg/Krautzberger/Söfker, Baugesetzbuch, Leitfaden, 1987, Rn. 169, 182 ff.; Brügelmann-Dürr, Kommentar zum BauGB, Stand August 1988, § 34 Rz. 43 ff.
7) BayVGH, Urteil vom 9. 11. 1977 Nr. 414 II 74.
8) § 35 Abs. 3 BBauG hat durch das Baugesetzbuch insoweit keine Änderung erfahren, vgl. Bielenberg/Krautzberger/Söfker, a.a.O., Rn. 170, 196 ff.

Als Erholungslandschaft soll der Außenbereich nach Möglichkeit von Bebauung freigehalten werden; er ist daher vor jeglicher wesensfremden Nutzung zu schützen[9]).
Der gestalterische Wert der Landschaft ist dabei ohne Bedeutung[10]).

Beispiele:

— Eine kleine Hütte ohne landschaftstypischen Bezug zu einer weithin unberührten Landschaft verunstaltet das Orts- und Landschaftsbild und beeinträchtigt die natürliche Eigenart der Landschaft[11]).

— Ein Treppenhausanbau kann das Ortsbild beeinträchtigen, wenn das Vorhaben die von Einzelhäusern gebildete Silhouette einer Uferstraße in negativer Weise verändern würde (zwei bislang als Einzelhäuser erscheinende Gebäude zu einem Block zusammenschmelzen würden)[12]).

— Ein Außenbereichsvorhaben, das in einer Gegend mit anerkannt hohem Wert als Erholungs- und Kulturlandschaft, die durch eine besonders geglückte Verbindung von Landschaftscharakter und Baustil historisch gewachsen ist, vom herkömmlichen Baustil **kraß** abweicht, verunstaltet das Landschaftsbild und beeinträchtigt daher die natürliche Eigenart der Landschaft[13]). Maßstab für die Verunstaltung sind die Kriterien, die auch im Bauordnungsrecht gelten[14]).

— Dagegen verstoßen Wochenendhütten mit unter 5 m³ (!) umbautem Raum aus Holz, braun gestrichen, einfach gestaltet, in der Art landwirtschaftlicher Torfhütten, nicht gegen § 35 BauGB[15]).

Unter das Bauplanungsrecht fallen auch Maßnahmen, die durch Erhaltungssatzungen nach §§ 172—174 BauGB[16]) umgesetzt werden können. Deren Ziel ist die Stadtbildpflege: dazu gehören die Erhaltung der städtebaulichen Eigenart des Gebiets aufgrund seiner städtebaulichen Gestalt (§ 172 Abs. 1 S. 1 Nr. 1), die Erhaltung der Zusammensetzung der Wohnbevölkerung (§ 172 Abs. 1 S. 1 Nr. 2; sog. Milieuschutz) sowie städtebauliche Umstrukturierungen[17]).

Die Gestaltung des Straßen-, Orts- und Landschaftsbildes ist ferner Gegenstand der **Raumordnung und Landesplanung.** Die öffentlichen Planungsträ-

---

9) BVerwG BauR 1977, 403; BVerwGE 27, 137; vgl. dazu ausführlich Ernst/Zinkahn/Bielenberg, a.a.O., § 35 Rz. 92 ff.; Bielenberg/Krautzberger/Söfker, a.a.O., Rn. 196 ff.
10) BayVGH BayVBl 1975, 20.
11) BayVGH, 29. 4. 1975, Nr. 137 II 74.
12) OVG Lüneburg BRS 33 Nr. 53.
13) BVerwG BRS 33 Nr. 71 mit Nachweisen.
14) BVerwG a.a.O.; vgl. dazu unten C. I.
15) BayVGH, 29. 4. 1975, Nr. 137 II 74; Simon, a.a.O., Art. 12 Rz. 3.
16) Bislang § 39 h BBauG. Zu den Änderungen vgl. Bielenberg/Krautzberger/Söfker, a.a.O., Rn. 416 ff.; vgl. hierzu im einzelnen unten C VII.; BVerfG ZfBR 1987, 203 = NVwZ 1987, 879; BVerwG NVwZ 1988, 357; Moench NVwZ 1988, 304, 314.
17) Schmaltz VR 1983, 217, 218; zur Abgrenzung vom landesrechtlichen Baugestaltungsrecht und Denkmalschutzrecht vgl. Bielenberg/Krautzberger/Söfker, a.a.O., Rn. 423, 433, 438.

ger sind an verbindliche Zielbestimmungen bereits durch das Landesentwicklungsprogramm, durch Regionalpläne und Fachpläne gebunden[18]).

b) Bodenrechtlich relevante Belange

Gestalterische Anforderungen im Bauplanungsrecht sind allerdings auf **bodenrechtlich relevante Belange** beschränkt. Das sind nur solche, die städtebauliche und bodenordnende Bedeutung besitzen[19]). Die Unterscheidung zwischen städtebaulicher (bodenrechtlich relevanter) und bauordnungsrechtlicher Gestaltung ist im einzelnen sehr schwierig. Die Grenzen sind fließend, ihr Verlauf im einzelnen umstritten.

Städtebaulichen bzw. bodenrechtlichen Charakter tragen diejenigen Anforderungen, die als **bauplanerische Festsetzung** in Bebauungsplänen oder in Erhaltungssatzungen enthalten sein dürfen[20]). Was dem Bauplanungsrecht zuzurechnen ist, geht zunächst aus dem Festsetzungskatalog in § 9 BauGB und den Bestimmungen der Baunutzungsverordnung hervor.

Bodenrechtlich relevant sind z. B. der städtebauliche Gesamteindruck einer Ortssilhouette, Art und Maß der baulichen Nutzung, die Gestaltung des Gebäudes nach überbauter Grundfläche, Baumasse, Gebäudehöhe, Zahl der Vollgeschosse oder die Lage und Stellung des Gebäudes[21]).

Beispiele für gestalterische Festsetzungen mit bodenrechtlicher Relevanz:

(1) Gestalterische Festsetzungen über die **Art der Nutzung:**
— Differenzierung nach Baugebieten, Gliederung des Baugebiets nach Art der Betriebe;
— vertikale Nutzungszonen, z. B. Festsetzungen, die eine Ladennutzung im Erdgeschoß und Wohnnutzung in darüberliegenden Geschossen vorschreiben;
— Festsetzungen, die den ruhenden Verkehr betreffen, z. B. die Einordnung der Stellplätze in die Baugebiete[22]), Stellplatzsperrgebiete nach § 12 Abs. 6 BauNVO[23]), Parkhäuser nach § 9 Abs. 1 Nr. 11 BauGB oder Tiefgaragen nach § 9 Abs. 1 Nr. 4 BauGB i. V. m. § 12

---

18) Vgl. Art. 4 BayLPlG und Art. 3 Abs. 1 BayNatSchG; LEP vom 10. 3. 1976 GVBl. S. 123, Teil B.
19) BVerwGE 21, 251; 40, 94; Fehrmann BauR 1971, 145; Simon, a.a.O., Art. 12 Rz. 3; Schmaltz, VR 1983, 217; OVG Berlin BRS 38 Nr. 71; OVG Münster BRS 35 Nr. 130; OVG Lüneburg BRS 33 Nr. 53; Brügelmann-Dürr, a.a.O., § 34 Rz. 43; Battis/Krautzberger/Löhr, BauGB, 1987, § 34 Rz. 25.
20) Diese Festsetzungen sind nicht zu verwechseln mit **gestalterischen** Bestimmungen aufgrund von Ortsbausatzungen. Diese können ebenfalls in den Bebauungsplan aufgenommen werden, sie beruhen aber auf Art. 91 BayBO, also auf Bauordnungsrecht. Vgl. zu ihnen im einzelnen unten C. II.
21) OVG Münster BRS 30 Nr. 70; OVG Berlin BauR 1981, 550; OVG Lüneburg BRS 35 Nr. 131; Simon, a.a.O., Art. 12 Rz. 3; vgl. zur Abgrenzung auch Boeddinghaus/Hahn, Bauordnung für das Land Nordrhein-Westfalen, Stand September 1988, § 12 Rz. 7, 25 ff.
22) Vgl. dazu Simon, a.a.O., Art. 55, Rz. 43.
23) Stellplatzsperrgebiete können aber in Nordrhein-Westfalen z. B. auch durch Ortsbausatzung nach Bauordnungsrecht geregelt werden, vgl. § 47 Abs. 4 BauO Nordrhein-Westfalen; dazu Boeddinghaus/Hahn, a.a.O., § 47 Rz. 60 ff.

BauNVO[24]); nicht dagegen die Gestaltung der Stellfläche oder Zufahrten selbst, z. B. durch Pflasterrasen[25]).

(2) Gestalterische Festsetzungen über die **Dimensionierung der Baukörper:**
— Breite und Tiefe sowie die Gruppierung der Baukörper zueinander.

(3) Gestalterische **Ordnung des Raumes:**
— Stellung der baulichen Anlagen; hierzu dienen unter anderem die Festsetzungen über die überbaubaren Grundstücksflächen durch Baulinien und Baugrenzen nach § 23 BauNVO. Durch Festsetzung der Firstrichtung kann dabei auch bestimmt werden, ob eine giebelständige oder traufständige Bebauung zulässig ist[26]). Bei einer Straße, die durch giebelständige Häuser mit gleichen Traufgassen geprägt ist, beeinträchtigt ein seitlicher Treppenanbau (planungsrechtlich) das Ortsbild und verstößt daher gegen § 34 Abs. 1 BauGB[26a]).

(4) Gestalterische **Gliederung der städtebaulichen Räume:**
— Gliederung der Straßen- und Platzfronten durch Festsetzungen der Bauweise;
— bei offener Bauweise Festsetzungen durch Baulinien und Baugrenzen, mit denen — mittelbar — die Frontbreite der Gebäude bestimmt werden kann. Bei geschlossener Bauweise kommt der Frontbreite der Gebäude dagegen keine bodenrechtliche Relevanz zu[27]);
— Festsetzung eines von den Abstandsflächenvorschriften des Art. 6 BayBO abweichenden Bauwichs, z. B. von Traufgassen, als abweichende Bauweise nach § 22 Abs. 4 BauNVO[28]).

Dagegen gehören zum **Bauordnungsrecht** z. B. Anforderungen an die Gestaltung der Fassade, die Dachform[29]), gestalterische Details oder die ästhetische Wirkung des Gebäudes, z. B. aufgrund seines Farbanstrichs[30]).

---

24) BVerwG BayVBl 1970, 285.

25) Nach der VollzVorschrift zu Art. 55 BayBO (Nr. 4.6) sollen Zufahrten Pflasterrasen erhalten, IMBek vom 12. 2. 1978, MABl. S. 181, abgedruckt bei Simon, a.a.O., Art. 55.

26) Was im einzelnen unter den Begriff „Stellung der baulichen Anlage" fällt, ist umstritten. Vgl. dazu Ernst/Zinkahn/Bielenberg, BBauG, Stand April 1986, § 9 Rz. 23 (nur die Firstrichtung, nicht die Lage des Gebäudes auf dem Grundstück); Brügelmann-Grauvogel, BBauG, Stand Februar 1986, § 9 Bem. II (Festsetzung der überbaubaren Grundstücksfläche **und** damit auch der Firstrichtung); Gaentzsch, Berliner Kommentar zum Baugesetzbuch, 1988, § 9 Rn. 19; zusammenfassend wie hier Boeddinghaus, a.a.O., Rz. 257 ff.

26a) OVG Lüneburg BRS 33 Nr. 53; ähnlich BayVGH BRS 32 Nr. 46.

27) So zu Recht Boeddinghaus, a.a.O., Rz. 301 ff.; zur sog. „halboffenen" Bauweise vgl. BayVGH BRS 32 Nr. 46.

28) Vgl. Gelzer, Bauplanungsrecht, 4. Aufl. 1984, Rz. 82; Boeddinghaus, a.a.O., Rz. 313; a. A. Schmaltz, VR 1983, 217, 221; zweifelnd auch Grosse-Suchsdorf/Schmaltz/Wiechert, Niedersächsische Bauordnung, 4. Aufl. 1987, § 56 Rz. 16 mit Verweis auf OVG Lüneburg, 26. November 1980, 1 A 58/80; HessVGH BRS 36 Nr. 26.

29) BayVGH, U. v. 9. 11. 1977, Nr. 414 II 74; VGH Baden-Württemberg, 4. 7. 1973 Nr. 1209/73; OVG Münster BRS 35 Nr. 130; OVG Lüneburg BauR 1978, 460; BRS 35 Nr. 131; Brügelmann-Dürr, BauGB, a.a.O., § 34 Rz. 43; Schrödter, DVBl 1977, 727; Boeddinghaus/Hahn, a.a.O., § 12 Rz. 27, 31; a. A. BayVGH, B. v. 20. 1. 1981 Nr. 229 I 71; Ernst/Zinkahn/Bielenberg, BauGB, a.a.O., § 34 Rz. 77.

30) BayVGH, U. v. 7. 10. 1980 Nr. 1 B-1596/79; zust. OVG Berlin BRS 38 Nr. 71; Brügelmann-Dürr, a.a.O., § 34 Rz. 43.

c) Bauordnungsrecht

Das Verunstaltungsverbot und die **Gestaltungsvorschriften**, die die Gemeinde durch Satzungen **nach Art. 91 BayBO** erlassen kann, gehören typischerweise zum Bereich des Bauordnungsrechts[31]). Soweit das Bauordnungsrecht dabei „**negative Verunstaltung**" abwehren will, handelt es sich um eigentliches Baupolizeirecht, dessen Aufgabe die Abwehr von Gefahren für die öffentliche Sicherheit und Ordnung ist[32]). Bei örtlichen Bauvorschriften oder Bestimmungen der Bauordnung, die Grundlage für „**positive**" **Gestaltungspflege** sind, reicht der Regelungsgegenstand darüber hinaus. Auch dieser Bereich fällt jedoch in die Landeskompetenz[33]).

2. Landschafts- und Naturschutzrecht

Gestalterische Anforderungen werden auch im Rahmen der **Landschaftspflege** gestellt. Das ist zum einen durch das **bauplanungsrechtliche** Instrument des Bebauungsplanes möglich. Festsetzungen wie das Anpflanzen von Bäumen (nicht Baumarten) nach § 9 Abs. 1 Nr. 25 BauGB, Grünflächenfestsetzungen nach § 9 Abs. 1 Nr. 15 BauGB und die Gestaltung durch die Freihaltung von Flächen gemäß § 9 Abs. 1 Nr. 10 BauGB fallen hierunter. Zum anderen bestehen **naturschutzrechtliche** Instrumente. §§ 5 f. BNatSchG, Art. 3 BayNatSchG regeln die Landschaftsplanung. Ihre Mittel sind **Landschaftsprogramme** und **Landschaftsrahmenpläne** im Rahmen der Landes- und Regionalplanung[33a]) sowie die örtlichen Maßnahmen zur Landschaftspflege, nämlich **Landschaftspläne** als Bestandteil von Flächennutzungsplänen und **Grünordnungspläne** als Bestandteil von Bebauungsplänen, größere Bedeutung (§ 6 BNatSchG, Art. 3 Abs. 2 BayNatSchG)[33b]). Dabei ermächtigt Art. 4 Abs. 1 Satz 1 BayNatSchG die Naturschutzbehörde ausdrücklich auch zu **landschaftsgestalterischen** Maßnahmen. Auch sind Bebauungspläne möglich, deren Inhalt lediglich Landschafts- und Grünordnungspläne sind, Art. 3 Abs. 1, 2, 5 BayNatSchG[33c]). Auf diese Weise können Vorrangflächen, landwirtschaftliche und forstwirtschaftliche Nutzflächen oder Flächen mit wasserwirtschaftlicher Bedeutung festgesetzt werden. Schließlich enthält Art. 6a

---

31) BVerwGE 40, 96; Schrödter, BBauG, 4. Aufl. 1980, § 1 Rz. 15.
32) BVerwGE 21, 251, 254; Simon, a.a.O., Art. 3 Rz. 19.
33) Eingehend dazu Fehrmann BauR 1971, 145.
33a) Zur Landschaftsplanung vgl. Lorz, Naturschutzrecht, 1985, § 5 BNatSchG; Künkele/Heiderich, Naturschutzgesetz für Baden-Württemberg, Stand Mai 1987, vor § 7 Rz. 1 ff.; Gassner NuR 1986, 190 ff.
33b) Vgl. dazu Lorz a.a.O., § 6 BNatSchG, Anm. 1 ff.
33c) Pielow NuR 1986, 60 m. w. N.; Deixler NuR 1985, 228; Simon a.a.O., Art. 12 Rz. 3.

BayNatSchG einen eigenständigen Versagungsgrund für bauliche Vorhaben, die die Landschaftsgestaltung erheblich oder nachhaltig beeinträchtigen. Dabei muß es sich allerdings um einen „Eingriff" in Natur und Landschaft handeln[33d]). Darunter fallen nur Beeinträchtigungen in Form von Veränderungen der Gestalt oder der Nutzung von **Grundflächen,** nicht dagegen Beeinträchtigungen der Gestaltung der baulichen Anlage selbst.

3. Straßenrecht

Straßenrechtlichen Anbaubeschränkungen können ebenfalls Gestaltungsmotive zugrunde liegen. Dabei ist allerdings zu unterscheiden:

Für **Staats-** und **Kreisstraßen** sind Anbaubeschränkungen allein aus Gründen der Sicherheit und Leichtigkeit des Verkehrs zulässig, Art. 23 Abs. 1 BayStrWG[34]). Gestalterische Gründe scheiden hier aus[35]). Im Gegenteil: Straßenbaugestalterische Gründe können sogar im Einzelfall Ausnahmen von Anbauverboten rechtfertigen (Art. 23 Abs. 2 BayStrWG). Die Gemeinden sind allerdings befugt, durch Satzung für bestimmte Gemeindeverbindungsstraßen Anbauverbote (bis zu 10 Metern) auch aus Gründen der Straßenbaugestaltung zu erlassen, Art. 23 Abs. 4 BayStrWG[36]).

Anders ist die Rechtslage für **Bundesfernstraßen und Autobahnen** nach dem Fernstraßengesetz: § 9 Abs. 1 FStrG sieht Anbauverbote vor bis zu einer Entfernung von 40 m bei Autobahnen, bis zu 20 m bei Bundesfernstraßen. Für diese gilt zwar das gleiche wie nach dem BayStrWG. Das Fernstraßengesetz kennt jedoch weitere Anbaubeschränkungen bis zu einer Entfernung von 100 m bei Autobahnen und bis zu 40 m bei Bundesfernstraßen; hier bedürfen einzelne Bauvorhaben der Zustimmung der Straßenbaubehörde (§ 9 Abs. 2 FStrG). Die Zustimmung kann aus Gründen der **Straßenbaugestaltung** versagt oder an Auflagen und Bedingungen geknüpft werden (§ 9 Abs. 3 FStrG).

33d) Zu den Berührungspunkten zwischen Naturschutzrecht und Denkmalpflege Kummer NuR 1986, 12; Hönes NuR 1986, 225; DÖV 1980, 708; Moench NJW 1980, 2343.

34) In einer Entfernung bis zu 20 m an Staatsstraßen, bis zu 15 m an Kreisstraßen, jeweils gemessen vom äußeren Rand der Fahrbahndecke.

35) A. A. wohl Simon, a.a.O., Art. 12 Rz. 5.

36) Die Regelungen in Art. 23 BayStrWG gelten **neben** den bauordnungsrechtlichen Regelungen, vgl. Sieder/Zeitler/Kreuzer/Zech, BayStrWG, Stand März 1988, Art. 23 Rz. 9. **Straßenbaugestaltung** ist jedoch die Gestaltung **der Straße,** an die angebaut werden soll, vgl. Sieder/Zeitler/Kreuzer/Zech, a.a.O., Art. 23 Rz. 89.

Danach sind Einschränkungen der Baufreiheit im Einzelfall zulässig, wenn sie „nötig" sind. Das bedeutet, sie müssen dem **verfassungsrechtlichen Grundsatz** der **Erforderlichkeit** genügen[37]). Die Versagung ist wie im Bauordnungsrecht auf **Verunstaltungen** beschränkt[38]).

Beispiel:

Versagung der Zustimmung zum Schutze eines **besonders schönen Straßenbildes**, z. B. einer Allee oder eines Straßenlaufes auf einen Kirchturm zu, oder zum Schutz eines besonderen Straßenbauwerks, z. B. einer Brücke, eines Bahnübergangs mit Schrankenwärterhaus.

---

37) Zu den Anbaubeschränkungen vgl. Kodal/Krämer, Straßenrecht, 4. Aufl. 1985, S. 739 Rz. 49 ff.
38) Auch hier fallen unter „Straßenbaugestaltung" alle Maßnahmen, die einer landschaftsbezogenen Einfügung der Bundesfernstraßen in die Natur dienen (Marschall/Schroeter/Kastner, Bundesfernstraßengesetz, 4. Aufl. 1977, § 9 Rz. 4.13).

B.
Beschränkungen der Gestaltungsfreiheit durch das Bauordnungsrecht

Das Bauordnungsrecht kennt zwei rechtliche Gestaltungsbeschränkungen: das **Verunstaltungsverbot** und **örtliche Gestaltungsvorschriften**. Das Verunstaltungsverbot ist in Art. 12 BayBO gesetzlich normiert, es gilt für jede bauliche Anlage. Örtliche Gestaltungsvorschriften können im Einzelfall erlassen werden, die Bayerische Bauordnung ermächtigt in Art. 91 BayBO die Gemeinden hierzu. Nicht in jedem Fall aber bestehen solche örtlichen Gestaltungsvorschriften tatsächlich. Sie können inhaltlich von Gemeinde zu Gemeinde sehr verschieden sein.

Im folgenden werden zunächst Inhalt und Grenzen des Verunstaltungsverbots (dazu **I**) und der örtlichen Gestaltungsvorschriften behandelt (dazu **II**). Im Anschluß daran folgt die Prüfung, ob und in welcher Form diese Gestaltungsanforderungen mit den grundrechtlichen Garantien auf Eigentum und Kunstfreiheit vereinbar sind (dazu **III** und **IV**).

I.
Gestaltungsrechtliche Beschränkungen durch das bauordnungsrechtliche Verunstaltungsverbot, Art. 12 BayBO

Die BayBO enthält in Art. 12 das sogenannte Verunstaltungsverbot.

1. Begriff der Verunstaltung

a) Entscheidung des BVerwG vom 28. 6. 1955

Der Begriff „Verunstaltung" geht zurück auf die Entscheidung des Bundesverwaltungsgerichts vom 28. Juni 1955[1]).

Gegenstand dieser Entscheidung war die Fortgeltung einer Gestaltungssatzung aus der NS-Zeit.

---

1) BVerwGE 2, 171.

Nach § 1 der damaligen Baugestaltungsverordnung vom 10. November 1936 hatten bauliche Anlagen Ausdruck „anständiger Baugesinnung" und werkgerechter Durchbildung zu sein und sich „einwandfrei" in die Umgebung einzufügen", wobei auf die Eigenart oder die beabsichtigte Gestaltung des Orts-, Straßen- oder Landschaftsbildes, auf Denkmale und bemerkenswerte Naturgebilde Rücksicht zu nehmen war.

Das Bundesverwaltungsgericht hielt diese Bestimmung für mit dem verfassungsrechtlichen **Bestimmtheitsgebot** unvereinbar. Es legte daher die Forderung nach „anständiger Baugesinnung" verfassungskonform eng aus. Die Vorschrift sei nur rechtsstaatlich unbedenklich,

„wenn man den Zweck der Vorschrift dahin begrenzt, daß durch sie nicht bereits jede Störung der architektonischen Harmonie, also die bloße Unschönheit, sondern nur die **Verunstaltung** verhindert werden soll, also ein häßlicher, das ästhetische Empfinden des Beschauers nicht bloß beeinträchtigender, sondern verletzender Zustand."

. . . Einwandfreie Einfügung könne „nur dahin verstanden werden, die bauliche Anlage dürfe das Gesamtbild der Umgebung nicht stören, der Gegensatz zwischen ihr und der Umgebung von dem Betrachter also nicht als belastend oder Unlust erregend empfunden werden."[2]

Diese Aussage des Bundesverwaltungsgerichts ist heute Maßstab für die Rechtsprechung aller Verwaltungsgerichte zum Verunstaltungsverbot. Der Bayerische Verwaltungsgerichtshof schloß sich ihr im sogenannten „Königshof-Urteil" vom 24. Oktober 1958[3] an.

„Verunstaltung" beschreibt daher einen „häßlichen, das ästhetische Empfinden des Zuschauers verletzenden Zustand". Bloße Beeinträchtigungen, Störungen, „Unschönheiten" sind noch nicht in diesem Sinne verunstaltend. Hier gilt, daß sich „über Geschmack streiten läßt", ohne daß die bauliche Gestaltung deshalb gegen öffentlich-rechtliche Vorschriften verstoßen würde. Eine „Geschmacksdiktatur" der Genehmigungsbehörden ist unzulässig[4].

b) Restriktive Auslegung ist mit den Grundrechten vereinbar

In dieser restriktiven Auslegung ist das Verunstaltungsverbot auch mit den Grundrechten von Bauherr und Architekt vereinbar[5].

---

2) BVerwGE 2, 171, 176 f.
3) BayVGH, BayVBl 1959, 58.
4) Koch/Molodovsky/Rahm, BayBO, Stand Juli 1988, Art. 12 Rz. 2; so auch Simon, a.a.O., Art. 12 Rz. 36; Reichert/Dürr, Baurecht, 3. Aufl. 1985, S. 86 Rz. 176; BayVGH BayVBl 1959, 58, seitdem ständige Rechtsprechung, vgl. nur BayVGH, BayVBl 1967, 280; BRS 30 Nr. 110; OVG Münster DÖV 1958, 824; VGH Baden-Württemberg BRS 30 Nr. 115.
5) Koch/Molodovsky/Rahm, a.a.O., Art. 12, Rz. 1.3 m. N.

2. Das Verunstaltungsverbot in Art. 12 Abs. 1 und 2 BayBO

Die BayBO enthält das Verunstaltungsverbot in Art. 12 Abs. 1 und 2. Sie unterscheidet wie die übrigen Landesbauordnungen zwischen **gebäudebezogenem** (Art. 12 Abs. 1 BayBO) und **umgebungsbezogenem** (Art. 12 Abs. 2 BayBO) Schutz vor Verunstaltung:

Art. 12 BayBO:

(1) Bauliche Anlagen sind nach den anerkannten Regeln der Baukunst durchzubilden und so zu gestalten, daß sie nach Form, Maßstab, Verhältnis der Baumassen und Bauteile zueinander, Werkstoff und Farbe nicht verunstaltend wirken.

(2) Bauliche Anlagen sind mit ihrer Umgebung derart in Einklang zu bringen, daß sie das Straßen-, Orts- oder Landschaftsbild oder deren beabsichtigte Gestaltung nicht verunstalten.

(3) . . .

a) Gebäudebezogenes Verunstaltungsverbot

Das **gebäudebezogene Verunstaltungsverbot** in Art. 12 Abs. 1 BayBO verlangt neben der Forderung nach Beachtung der anerkannten Regeln der Baukunst eine klare Gestaltung der baulichen Anlage selbst[6]. Im Vordergrund stehen Gestaltungen des Daches (Dachform, Dachneigung, Dacheindeckungsstoffe, Farbton) und der Fassade (hier vor allem die Gestaltung der Fenster). Ungewohnte Materialien oder Bauformen stellen allein noch keinen Verstoß gegen Art. 12 Abs. 1 dar[7].

Die Rechtsprechung ist umfangreich und einzelfallbezogen.

Beispiele für die gebäudebezogene Verunstaltung:

(1) **Dach**

— Eine **Dacheindeckung** mit farblich unterschiedlicher Wellasbestplatte kann verunstalten[8]. Gleiches gilt für eine Dacheindeckung teils aus Ziegeln, teils aus Aluminiumblech[9] oder für eine Scheune mit hellglänzenden Aluminiumplatten[10].

---

6) Ist die selbständige bauliche Anlage mit einer anderen baulichen Anlage verbunden (z. B. eine 2,70 m x 3,70 m große Werbeanlage an einem Gebäude), so fällt eine Verunstaltung der anderen baulichen Anlage (des Gebäudes durch die Werbeanlage) nicht unter Art. 12 Abs. 1 BayBO, sondern unter Art. 12 Abs. 2; vgl. zu § 14 BremLBO OVG Bremen BRS 46 Nr. 119. Auf die anerkannten Regeln der Baukunst wird hier nicht weiter eingegangen, da sie nicht oder nur in engen Grenzen die ästhetische Gestaltung betreffen.

7) VGH Baden-Württemberg BRS 17 Nr. 164; Koch/Molodovsky/Rahm, a.a.O., Art. 12 Rz. 4; Boeddinghaus/Hahn, a.a.O., § 12 BauO NW Rz. 19.

8) OVG Münster BRS 24 Nr. 20.

9) BayVGH BayVBl 1970, 259.

10) VGH Baden-Württemberg VBlBW 1971, 123.

Der BayVGH hält ein Aluminiumdach bei einem landwirtschaftlichen Betriebsgebäude grundsätzlich für verunstaltend[10a]).

— **Dachgauben** können verunstalten, wenn sie auf ein sehr flach geneigtes Dach gesetzt werden und dieses „aufreißen"[11]), bei einem Haus mit Jugendstilfassade, wenn sie verhältnismäßig groß sind[12]) oder wenn sie in das Dach „einschneiden" (sogenannte „negative" Dachgauben)[13]). Übereinander gestaffelte Dachgauben[14]) oder Gaubenbänder[15]) können verunstalten.

(2) **Fassade**

BayVGH

— **Einscheibenfenster** sind in Gebäuden mit Sprossenfenstern gegebenenfalls verunstaltend[16]). Gleiches gilt in einer Jugendstilfassade mit durchgängig dreigliedriger Unterteilung der Fenster für **abweichend gegliederte Kunststofffenster**[17]).

— Auch die **farbliche Gestaltung von Fassaden,** z. B. durch dunkle, grelle, bunte oder süßliche Farben oder die **Verkleidung** oder **Vorsprünge, Vor- oder Ausbauten** können nach Simon das Gebäude verunstalten[18]). Die weiteren Forderungen Simons zur Farbgebung von Fassaden[19]) gehen allerdings deutlich über das Verunstaltungsverbot hinaus. Starke Farbgegensätze sind sicher nicht schon untragbar und mit Art. 12 Abs. 1 BayBO unvereinbar. Im Gegenteil. Oft sind sie Ausdruck bewußter architektonischer Gestaltung[20]).

Achtung: Fassadengestaltungen sind seit der Novelle der BayBO 1982 grundsätzlich genehmigungsfrei (Art. 66 Abs. 3 BayBO). Hier sind Bauherr und Architekt zwar trotzdem gehalten, die materiellen Bestimmungen des Bauordnungsrechts, unter anderem das Verunstaltungsverbot, einzuhalten. Anregungen der Behörden, z. B. in der sogenannten „Oberhachinger Baufibel"[21]), mögen auch hier Hilfen bieten; jedoch kann nach allen Erfahrungen eine Abstimmung der Gestaltung mit den Behörden, insbesondere „damit die Behörde nicht zu nachträglichen Anordnungen gezwungen ist"[22]), nicht Maßstab für die

---

10a) BayVGH 15. 5. 1974, Nr. 5 I 72; Koch/Molodovsky/Rahm a.a.O., Art. 12 Rz. 43.

11) BayVGH BRS 22 Nr. 125; auch BayVGH BRS 27 Nr. 113; VGH Baden-Württemberg BRS 17 Nr. 88; weitere Nachweise bei Koch/Molodovsky/Rahm, a.a.O., Art. 12 Rz. 43: Dachgauben auf einem Dach mit einer Neigung von 23° oder 24° (BayVGH, U. v. 14. 11. 1978 Nr. 310 I 73) bzw. mit einer Neigung von 30° (BayVGH, U. v. 4. 5. 1977 Nr. 334 II 73).

12) VGH Baden-Württemberg BRS 35 Nr. 134.

13) BayVGH, 4. 5. 1977 Nr. 334 II 73; Simon, a.a.O., Art. 12 Rz. 15; Koch/Molodovsky/Rahm, a.a.O., Art. 12 Rz 43.

14) BayVGH, U. v. 26. 6. 1979 Nr. 320 I 75; Koch/Molodovsky/Rahm, a.a.O., Art. 12 Rz. 43.

15) Koch/Molodovsky/Rahm, a.a.O., Art. 12 Rz. 43.

16) BayVGH BRS 35 Nr. 136. Engagiert für Sprossenfenster Simon, a.a.O., Art. 12 Rz. 15. Zum Einbau von Sprossenfenstern in historische Gebäude vgl. die Gem. Bek. des Innen- und des Kultusministeriums vom 23. März 1977 (MABl. S. 315; abgedruckt bei Simon, a.a.O., Art. 12 Rz. 15, S. 17 ff.).

17) OVG Hamburg BRS 42 Nr. 134.

18) Simon, a.a.O., Art. 12 Rz. 15; so auch Sauter, a.a.O., § 13 Rz. 24.

19) Simon, a.a.O., Art. 12 Rz. 16.

20) Vgl. z. B. die Neue Staatsgalerie Stuttgart.

21) Oberhachinger Baufibel, Illustrierte Erläuterung der örtlichen Bauvorschrift, veröffentl. vom Bayer. Staatsministerium des Innern und der Gemeinde Oberhaching, 2. Aufl. Januar 1979.

22) Simon, a.a.O., Art. 12 Rz. 16; vgl. auch Art. 66 Rz. 49.

Grenzen des Verunstaltungsverbots sein. Allzu oft treten dann geschmackliche Vorstellungen der Bauaufsichtsbehörde an die Stelle dieser Grenzen.
— Glattputz an einem Gebäude mit Stuckfassade verunstaltet[23]).

(3) **Anbauten, Nebenanlagen**
— Verunstaltend wirkt die Verglasung einzelner Balkone in einem Wohnblock[24]). *Bay VGH*
— Ein zweigeschossiger **Anbau** an eines von 5 Reihenhäusern kann eine Verunstaltung darstellen[25]).
— Dagegen wurde eine Verunstaltung verneint bei einer talseitig dreigeschossigen Ausführung[26]).

(4) **Einfriedungen**
— Ein 5 Meter hoher Sichtschutz aus Holzbohlen als selbständige Anlage wirkt verunstaltend[27]). *Verwaltungsgericht hof BW*

Dieser oft restriktiven Rechtsprechung kann zwar dem Grundsatz nach zugestimmt werden. Jedoch besteht immer die Gefahr, daß die Grenze zur bloßen Geschmackskontrolle nach dem Maßstab des im Einzelfall entscheidenden Richters überschritten wird. Auch die „Forderungen", die in den Kommentierungen zur BayBO, namentlich von Simon, aufgestellt werden, beachten nicht immer die Grenzen der nach Art. 12 Abs. 1 zulässigen Gestaltungsanforderungen. Weder „gute Gestaltung" noch „einwandfreie gestalterische Lösungen" sind Maßstab zur Beurteilung von Verunstaltungen[28]).

So kann nicht aus Gründen des Verunstaltungsverbotes gefordert werden, Sprossen und Kämpfer aus Aluminium seien durch hölzerne profilierte Kreuzsprossen zu ersetzen[29]). Sicherlich sind auch bei der Farbgebung die Richtlinien für Malerarbeiten des früheren Reichsarbeitsministers vom 10. 1. 1938[30]) **nicht** mehr anzuwenden[31]). Schließlich sind die vielfältigen Baugestaltungshinweise bei Simon[32]) kein Maßstab für das Verunstaltungsverbot und für die Grenzen rechtlich zulässiger Baugestaltung.

b) Umgebungsbezogenes Verunstaltungsverbot

Das **umgebungsbezogene** Verunstaltungsverbot (Art. 12 Abs. 2 BayBO) bezieht sich (im Gegensatz zum bauwerksbezogenen Verunstaltungsverbot) auf das Verhältnis von Bauwerk und Umgebung. Zur **Umgebung** zählt dabei al-

---

23) OVG Berlin, BauR 1984, 624.
24) BayVGH, U. v. 4. 7. 1978 Nr. 114 I 76; Koch/Molodovsky/Rahm, a.a.O., Art. 12 Rz. 4.
25) OVG Bremen BRS 27 Nr. 111.
26) VGH Baden-Württemberg BRS 27 Nr. 112.
27) VGH Baden-Württemberg, U. v. 25. 11. 1982, 3 S 2138/81.
28) Simon, a.a.O., Art. 12 Rz. 15, S. 17 bezieht sich auf OVG Lüneburg DVBl. 1975, 952, übersieht jedoch, daß das dortige Verbot sprossenloser Fenster auf eine Ortsgestaltungssatzung gestützt war. Vgl. dazu auch Anm. von Wiechert DVBl. 1975, 954.
29) So aber Simon, a.a.O., Art. 12 Rz. 15, S. 17.
30) RArbBl. I, S. 50.
31) So aber ausdrücklich Simon, a.a.O., Art. 12 Rz. 16.
32) Simon, a.a.O., Art. 12 Rz. 24 ff., 35.

les, auf das sich die Ausführung der baulichen Anlage optisch prägend auswirken kann oder was seinerseits die Gestaltung der baulichen Anlage prägt oder beeinflußt[33]). Da es um gestalterischen Einfluß geht, ist Umgebung damit das, was vom Standpunkt eines fiktiven Betrachters aus optisch in einem Blickfeld liegt[33a]). Dies kann nach Art. 12 Abs. 2 BayBO das Orts-, Straßen- oder Landschaftsbild sein[34]).

Der Begriff der Verunstaltung ist beim umgebungsbezogenen Verunstaltungsverbot ebenso restriktiv auszulegen wie bei Art. 12 Abs. 1 BayBO.

Maßstab ist auch hier eine **gesteigerte** Beeinträchtigung; ein bloßer Gegensatz, das bloße Fehlen eines harmonischen Einfügens reichen nicht aus[35]). Der Gegensatz muß, so die Formulierung der Rechtsprechung, als „belastend und Unlust erregend" empfunden werden. Er muß das Gefühl des Mißfallens erwecken und zu Kritik und Abhilfe herausfordern[36]). Die „Schwelle von der Unschönheit zur Häßlichkeit" muß überschritten sein[37]).

Anders als das gebäudebezogene Verunstaltungsverbot ist das **Maß** der umgebungsbezogenen Gestaltungsanforderungen abhängig vom **gestalterischen Eigenwert der Umgebung**[38]). Bei gestalterisch wertvollen Ortsteilen und Straßenzügen wird die Grenze zur Verunstaltung schneller erreicht als in einer schlichten Umgebung[39]). Hier gilt ähnliches wie für bauliche Anlagen in der Nähe von Bau- und Naturdenkmälern; auch dort werden im Rahmen des Umgebungsschutzes erhöhte gestalterische Anforderungen gestellt[40]).

Beispiele für die **umgebungsbezogene** Verunstaltung:

(1) Baukörper
— Verunstaltung, wenn eine bebaute kleine Stadt auf einem Hang liegt und der vorgelagerte freie Hang mit einem Gebäude von 50 m² bebaut werden soll[41]). *OVG Münster*

---

33) BVerwGE 55, 369; Sauter, a.a.O., § 13 Rz. 27; ähnlich Koch/Molodovsky/Rahm, Art. 12 Rz. 5.2.
33a) Vgl. OVG Lüneburg BRS 47 Nr. 118.
34) Zu diesen Begriffen Simon, a.a.O., Art. 12 Rz. 20, S. 21.
35) Schwarzer, BayBO 1984, Art. 12 Anm. 1.
36) BVerwGE 2, 172, 177; VGH Bebenhausen NJW 1957, 275; Simon, a.a.O., Art. 12 Rz. 18; Sauter, a.a.O., § 13 Rz. 26. Auf die Sachbezogenheit der mit der Anlage verbundenen Nutzung kommt es dagegen nicht an, a. A. OVG Münster BRS 25 Nr. 125 zu einem Bretterzaun, mit dem eine von Nudisten genutzte abgelegene Waldwiese eingefriedet worden war.
37) OVG Berlin BRS 38 Nr. 71.
38) BayVGH, U. v. 25. 4. 74 Nr. 343 VI 71; VGH Baden-Württemberg BRS 44 Nr. 117; VGH Baden-Württemberg, U. v. 7. 8. 1986 8 S 994/86; OVG Lüneburg NVwZ 1988, 375; Simon, a.a.O., Art. 12 Rz. 20; Koch/Molodovsky/Rahm, a.a.O., Art. 12 Rz. 5.3.
39) So nach VGH Baden-Württemberg BRS 39 Nr. 144; OVG Hamburg BRS 42 Nr. 134; OVG Lüneburg NVwZ 1988, 375; Boeddinghaus/Hahn, a.a.O., § 12 BauO NW Rz. 35 mißt nur „planungsrechtlich bestimmten Baugebieten" Einfluß auf die Frage der Verunstaltung zu.
40) Vgl. dazu unten C. V.
41) OVG Münster BRS 30 Nr. 70.

— Verunstaltung einer durch Wald- und Wiesennutzung reizvoll geprägten Landschaft durch ein verfallenes Anwesen, das an einem freien Hang liegt und weithin einsehbar ist[41a]).

(2) **Dach**

— In einem Ortsbild, das durch eingeschossige Bauweise mit Flachdächern geprägt ist, kann ein Vorhaben mit Satteldach und Kniestock gegen Art. 12 Abs. 2 BayBO verstoßen[42]).

— Umgekehrt hat jedoch ein **Flachdachbau zwischen Steildächern** nicht in jedem Fall verunstaltende Wirkung[43]). Ein Haus mit Satteldach in der Umgebung mit (sonst) ausnahmslos Flachdachbungalows stellt auch allein noch keine Beeinträchtigung des Orts- und Straßenbildes dar[44]).

— Verunstaltend wirkt ein Terrassengeschoß mit Flachdach auf einem viergeschossigen Gebäude in einer Nebenstraße, wenn die Umgebungsbebauung erheblich niedriger ist[45]).

— Auch ein **Dach mit grell disharmonischer Farbgebung** kann verunstaltend wirken[46]).

— Nicht in jedem Fall verunstaltend wirken dagegen eine **von der Umgebung abweichende Dachform**[47]), eine größere **Firsthöhe** als in der Umgebungsbebauung[48]) oder ein **Dach mit Sonnenkollektoren**[49]).

— Keine Verunstaltung bewirkt auch eine **Dachneigung** von 42°, wenn in der Umgebung unterschiedliche Dachneigungen vorhanden sind[50]).

— Ob **Dachgauben** die Umgebung verunstalten, hängt vom Einzelfall ab[51]).

— Verunstaltend können eventuell **Asbestplatten** im oberbayerischen Alpenvorland[52]) wirken.

(3) **Fassaden**

— Fassadenverkleidungen aus Kunststoff neben einer romanischen Kirche können verunstalten[53]).

— Das Auswechseln von Sprossenfenstern durch **Einscheibenfenster** in einem Gebäude innerhalb einer anspruchsvollen Fassadengliederung in der Umgebung ist verunstaltend[54]).

41a) BayVGH BauR 1987, 189.

42) Vgl. OVG Saarlouis BRS 29 Nr. 108; ähnlich OVG Münster BRS 35 Nr. 130.

43) OVG Koblenz BRS 17 Nr. 13; BayVGH, U. v. 8. 7. 1968 Nr. 226 I 62; OVG Lüneburg BRS 35 Nr. 131; VGH Baden-Württemberg, U. v. 12. 10. 1983 3 S 1525/83; Simon, a.a.O., Art. 12 Rz. 20; zu Garagen vgl. Fn. 61 ff.

44) OVG Münster BRS 35 Nr. 130 (zur planungsrechtlichen Beeinträchtigung des Ortsbildes nach § 34 BauGB); ebenso Boeddinghaus/Hahn, a.a.O., § 12 BauO NW Rz. 33; ebenso OVG Lüneburg BRS 47 Nr. 118; a. A. allerdings OVG Saarland BRS 29 Nr. 108.

45) BayVGH, U. v. 4. 5. 1977 Nr. 334 II 73; zu weitgehend Simon, a.a.O., Art. 12 Rz. 20, S. 24.

46) BayVGH, 12. 6. 1970 Nr. 99 I 68.

47) OVG Münster BRS 35 Nr. 130; OVG Lüneburg BRS 35 Nr. 131.

48) BayVGH, 27. 7. 1971 Nr. 83 I 70.

49) Koch/Molodovsky/Rahm, a.a.O., Art. 12 Rz. 5.4; vgl. dazu auch Simon, a.a.O., Art. 12. Rz. 33; Simon/Wilsdorff, BayVBl 1979, 161. Die IMBek vom 30. 11. 1978 über die bauaufsichtliche Behandlung von Anlagen zur Nutzung der Sonnenenergie (MABl. S. 922, abgedruckt bei Koch/Molodovsky/Rahm, a.a.O., Bd. 2 Anh. 2.17) spricht Gestaltungsempfehlungen aus.

50) VGH Baden-Württemberg BRS 22 Nr. 124.

51) OVG Lüneburg BRS 32, 212; Sauter, a.a.O., § 13 Rz. 31.

52) Vgl. Simon, a.a.O., Art. 12 Rz. 20, S. 23, mit Verweis auf BayVGH, U. v. 24. 11. 1981 Nr. I B 80 A 1662.

53) BayVGH, U. v. 21. 12. 1977 Nr. 32 XV 77.

54) BayVGH BRS 35 Nr. 135.

— Dagegen verstößt eine **auffällige Holzverschalung** eines Innenstadtgebäudes nicht gegen das Verunstaltungsverbot[55]).

(4) **An- und Aufbauten, Nebenanlagen**
— Ein **Treppenhausanbau** kann das Ortsbild beeinträchtigen, wenn von ihm negative Veränderungen auf die von Einzelhäusern gebildete Silhouette einer Uferstraße ausgehen[56]).
— „**Antennenwälder**" wirken regelmäßig verunstaltend[57]).
— Ein **Vordach** an einem einzelnen Haus in einer Reihenhausanlage verunstaltet[58]).
— Ein zweigeschossiger **Anbau** bei einem von mehreren Reihenhäusern kann auch das Straßenbild beeinträchtigen[59]).
— Verunstaltend wirkt ein **Zigarettenautomat** in einem reinen Wohngebiet[60]).
— **Garagen** wirken verunstaltend, wenn sie im Vorgartenbereich von Reihenhaussiedlungen liegen[61]) oder wenn sie als Wellblechgarage in einem gepflegten Wohnviertel liegen[62]). Auch überlange sogenannte Garagenriegel verunstalten[63]). Dagegen verunstaltet eine Flachdachgarage regelmäßig ihre Umgebung nicht[63a]), auch wenn die Umgebung durch Satteldächer geprägt ist[63b]).

(5) **Einfriedungen**
— Ein **Tor,** das aus gemauerten Pfeilern und einem Eisenrohr besteht, in sonst offenen Vorgärten kann das Straßenbild stören[64]).
— **Strohmatten als Sichtschutz** vor oder an Zäunen können im Einzelfall verunstaltend wirken[65]).
— Ein **Zaun** ist im allgemeinen nur dort erträglich, wo er dem Charakter des Gebiets entspricht, mit anderen Worten, wo man ihn erwartet[66]).
— Auch der Bewuchs in Sommer- und Herbstmonaten heilt eine Verunstaltung eines **Zaunes** aufgrund seiner Parzellierungswirkung nicht[67]).
— Eine **Mauer** mit 2,30 m Höhe, die nur eine Fläche von 14 m² einfriedet, wirkt verunstaltend, weil die Höhe nicht mehr in angemessenem Verhältnis zur eingefriedeten Fläche steht[68]).
— Eine 180 m lange und 6 m hohe **Schallschutzwand** aus Eternitplatten in einer parkähnlichen, durch Felder und Wälder geprägten Landschaft beeinträchtigt die natürliche Eigenart der Landschaft und verunstaltet[69]).

---

55) VGH Baden-Württemberg BRS 28 Nr. 80.
56) OVG Lüneburg BRS 33 Nr. 53.
57) Sauter, a.a.O., § 13 Rz. 34.
58) BayVGH, 28. 1. 1975 Nr. 122 II 72.
59) OVG Bremen BRS 27 Nr. 111; Sauter, a.a.O., § 13 Rz. 32.
60) OVG Münster BRS 18 Nr. 106.
61) OVG Hamburg BRS 22 Nr. 126; OVG Bremen BauR 1973, 119.
62) VGH Baden-Württemberg, U. v. 12. 10. 1983 III S 1525/83.
63) Simon, a.a.O., Art. 12 Rz. 20.
63a) OVG Lüneburg BRS 47 Nr. 118.
63b) OVG Lüneburg BRS 35 Nr. 131; OVG Koblenz BRS 17 Nr. 13.
64) OVG Münster BRS 22 Nr. 127.
65) Vgl. die Nachweise bei Simon, a.a.O., Art. 12 Rz. 28.
66) VGH Baden-Württemberg BRS 27 Nr. 114.
67) VGH Baden-Württemberg, U. v. 27. 7. 1972 VIII 920/71.
68) OVG Münster BRS 15 Nr. 75.
69) OVG Münster BRS 23 Nr. 86 — zu § 35 BBauG.

— Daß eine Einfriedung nicht durchsichtig ist, führt allerdings allein nicht zur Verunstaltung[70]).

(6) **Farbe**
   — Ein Dach mit farblich erheblich unterschiedlichen Wellasbestplatten kann das Orts- und Straßenbild verunstalten[71]).

(7) **Umgebung**
   — Das krasse Abweichen vom herkömmlichen Baustil, der die Umgebung prägt, kann verunstaltend wirken[72]).
   — Der Werkstoff einer Tragluftschwimmhalle im Wohngebiet ist dagegen nicht verunstaltend, auch die Halle selbst muß keine solche Wirkung haben[73]).

(8) **Werbeanlagen**
   — **Großflächige Werbeanlagen** in einem allgemeinen Wohngebiet wirken verunstaltend[74]). Gleiches gilt für eine Werbetafel an einer Brauerei, für Werbeanlagen in primitiver Bauweise in einer repräsentativen Geschäfts- und Einkaufsstraße[75]).
   — Zwei großflächige Werbetafeln mit einer Höhe von 2,70 m in der Nähe eines gestalterisch besonders schutzwürdigen Gedenkplatzes können verunstalten[75a]).
   — Eine **Häufung von Werbeanlagen** an sich verunstaltet nicht[76]). Sie kann jedoch verunstalten, wenn eine Störung vorliegt[77]). Ob dies der Fall ist, ist gebietsabhängig. Es gilt der Grundsatz der Priorität[78]).
   — Eine 2,70 m × 3,70 m große Werbeanlage an der Giebelwand eines Hauses kann das Straßenbild verunstalten, wenn sie die Gliederungselemente der Giebelwand „unharmonisch verzerrt"[78a]).
   — Keine Verunstaltung stellen **Mastenschilder an Tankstellen** dar[79]), ebensowenig verunstalten Werbeanlagen in Gewerbe- und Industriegebieten[80]), auch wenn sich Werbeanlagen in Gewerbe- und Industriegebieten nicht generell störungsfrei einfügen[81]). Keine Verunstaltung sind auch ein Werbetransparent an einem neugebauten, der Umgebung angepaßten Wohn- und Geschäftshaus an einem historischen Marktplatz[82]) und eine großflächige Werbetafel am Bahnhof[83]).

Das Verunstaltungsverbot stellt somit eine relative Schranke dar; es bindet das Maß an Gestaltungsfreiheit an den gestalterischen Wert der Umgebung. Gleichwohl bleibt es eine (gesteigerte) Negativschranke.

---

70) OVG Berlin BRS 30 Nr. 113; Sauter, a.a.O., § 13 Rz. 33.
71) OVG Münster BRS 24 Nr. 120.
72) BVerwG BRS 33 Nr. 71.
73) OVG Münster BRS 28 Nr. 20 — bestätigt durch BVerwG BRS 30 Nr. 117.
74) OVG Berlin BRS 23 Nr. 119.
75) OVG Berlin BRS 23 Nr. 123.
75a) OVG Lüneburg NVwZ 1988, 375 f., im vorhergehenden Fall bejaht.
76) HessVGH BRS 25, 246.
77) OVG Berlin BRS 23, 194; Sauter, a.a.O., § 13 Rz. 56.
78) Sauter, a.a.O., § 13 Rz. 56; BVerwG BRS 27 Nr. 115; HessVGH BRS 20 Nr. 117.
78a) OVG Bremen BRS 46 Nr. 119.
79) BayVGH BRS 16 Nr. 77.
80) VGH Baden-Württemberg, U. v. 7. 8. 1986 8 S 994/86.
81) OVG Berlin BRS 44 Nr. 131.
82) HessVGH BRS 33 Nr. 123.
83) VGH Baden-Württemberg, U. v. 25. 2. 1977 III 720/76.

c) Verunstaltungsverbot für Außenbereichsvorhaben

Gebäude- und umgebungsbezogenes Verunstaltungsverbot gelten auch für **Außenbereichsvorhaben**[84]).

Beispiele:

— Selbst ein nach Planungsrecht privilegierter **Zaun** im Außenbereich kann gegen das Verunstaltungsverbot verstoßen[85]).
— Ein **Maschendrahtzaun** an Betonpfosten oder Eisenschienen kann verunstalten[86]).
— Gleiches gilt für einen 1,80 m hohen **Bretterzaun** zum Schutze einer Schonung[87]). Anders werden hingegen landwirtschaftliche Zäune beurteilt[88]).
— Der Bayerische VGH hat eine **Feldscheune**, deren Dach und Wände aus Wellaluminium hergestellt waren, als verunstaltend verurteilt[89]).
— Die Beeinträchtigung der Landschaft durch ihre **Parzellierung** stellt dagegen keinen Verstoß gegen Art. 12 Abs. 2 BayBO dar, sie ist eine zwangsläufige Folge der im Außenbereich privilegierten Nutzung[90]).
— In Gebieten mit ausgeprägter eigener Bauweise kann auch eine **fremde**, landschaftsgebundene **Bauweise** gegen Art. 12 Abs. 2 BayBO verstoßen[91]).
— Durch ein verfallenes landwirtschaftliches Anwesen, das an einem freien Hang lag und in der durch Wald- und Wiesennutzung reizvoll geprägten Landschaft weithin einsehbar war, wurde nach Auffassung des Bayerischen VGH die Landschaft verunstaltet[91a]).
— Keine verunstaltende Wirkung geht von einer 5,50 m hohen **Hubschrauberunterstellhalle** auf einer Weidefläche aus[92]).
— Daß ein **Bretterzaun** im Außenbereich **deshalb** das Landschaftsbild stören und verunstaltend wirken soll, weil er dem Zweck dient, eine abgelegene Waldwiese von Nudisten nutzen zu lassen[93]), ist unzutreffend: Der Nutzungszweck hat nichts mit der **gestalterischen** Wirkung zu tun.

3. Neuere Auffassungen zum Verunstaltungsverbot

a) Ausdehnende Auffassungen zum Verunstaltungsverbot

In den letzten Jahren zeigt sich eine Tendenz, das umgebungsbezogene Verunstaltungsverbot über seine negative Abwehrfunktion hinaus als Grundlage für

---

84) Vgl. dazu Simon, a.a.O., Art. 12 Rz. 20 ff.
85) VGH Baden-Württemberg BRS 38 Nr. 107.
86) VGH Baden-Württemberg BRS 27 Nr. 114.
87) OVG Münster BRS 18 Nr. 34.
88) VGH Baden-Württemberg BRS 38 Nr. 140.
89) BayVGH BRS 25 Nr. 124.
90) VGH Baden-Württemberg BRS 38 Nr. 107.
91) So schon VGH Baden-Württemberg VerwRspr. 12 Nr. 19; Simon, a.a.O., Art. 12 Rz. 20.
91a) BayVGH BauR 1987, 189, 190 (wohl zu weitgehend). Es handelte sich sogar um ein — allerdings nicht erhaltungswürdiges — Denkmal.
92) OVG Münster BRS 30 Nr. 114.
93) So aber OVG Münster BRS 25 Nr. 125.

positive gestalterische Anforderungen heranzuziehen. So vertrat das OVG Berlin im Beschluß vom 13. Januar 1984[94]) die Auffassung, nach dem heutigen ästhetischen Empfinden müßten sich das Straßenbild bestimmende Hausfassaden stärker an den Geboten der Stadtbildpflege und der architektonischen Harmonie ausrichten. Seit Kriegsende habe sich das ästhetische Empfinden gewandelt. Das Augenmerk müsse wieder stärker auf eine ansprechende Gestaltung des Orts- und Straßenbildes gerichtet werden. Das VG München hatte früher versucht, über den Begriff einer „schleichenden Verunstaltung" ein Bauwerk als verunstaltend zu qualifizieren, das selbst diese Wirkung nicht hatte, aber als Glied einer Kette ähnlicher Maßnahmen gesehen wurde, die in ihrer Gesamtheit ein überliefertes Ortsbild zerstören würden[95]). Zum Teil wird die Ansicht, Art. 12 Abs. 2 BayBO enthalte positive Gestaltungsanforderungen, damit begründet, daß es der Behörde gestattet sei, auch von der „beabsichtigten" Gestaltung des Straßen-, Orts- oder Landschaftsbildes Verunstaltungen abzuwehren. Eine verbindliche oder gar rechtssatzmäßige Festlegung sei nicht Voraussetzung; es reiche insoweit aus, daß die Absichten in Form von Einzelentscheidungen, Aktenvermerken oder Skizzen ihren Niederschlag gefunden haben[96]).

b) Unvereinbarkeit mit Verfassungsrecht

Diese **Versuche**, den **Verunstaltungsschutz auszudehnen**, sind entschieden **zurückzuweisen**. Sie verstoßen gegen Verfassungsrecht.

Zum einen überschreitet eine Anreicherung des (negativen) Verunstaltungsverbots mit positiven Gestaltungsforderungen die **Grenze des Wortlauts**. Dies ist mit den Grundsätzen zulässiger Auslegung nicht vereinbar[97]).

Zum anderen entsteht durch (nicht näher definierte) positive Gestaltungsanforderungen aus dem Verunstaltungsverbot ein Gestaltungsgebot nach Maßgabe der jeweiligen Umgebung oder nach Maßgabe nicht bestimmbarer Harmonieanforderungen. Dies ist (nach der Entscheidung des Bundesverwaltungsgerichtes aus dem Jahre 1955[98]) mit den verfassungsrechtlichen Anforde-

---

94) OVG Berlin BauR 1984, 624.
95) VG München, U. v. 19. 3. 1976 M 270 XI 75, zustimmend besprochen bei Maier BayVBl 1980, 5; ähnlich auch Simon, a.a.O., Art. 12 Rz. 20.
96) Simon, a.a.O., Art. 12 Rz. 21; Sauter, a.a.O., § 13 Rz. 37; hiergegen ausdrücklich Schlez, LBO für Baden-Württemberg, 3. Aufl. 1985, § 13 Rz. 21; HessVGH BRS 33 Nr. 123 unter Verweis auf das rechtsstaatliche Bestimmtheitsgebot; ähnlich auch Förster/Grundei/Steinhoff/Dagerförde/Wilke, Bauordnung für Berlin 1985, 4. Aufl. 1986, § 10 Rz. 12; VGH Baden-Württemberg, U. v. 10. 7. 1984 3 S 2200/84.
97) Vgl. dazu Larenz, Methodenlehre der Rechtswissenschaft, 5. Aufl. 1983, S. 328.
98) BVerwGE 2, 171; vgl. dazu oben S. 12.

rungen des **Bestimmtheitsgebots** nicht vereinbar[99]). Denn das Rechtsstaatsprinzip gebietet es, daß grundrechtsrelevante Vorschriften in ihren Voraussetzungen und ihrem Inhalt so klar formuliert sein müssen, daß die Rechtslage für den Betroffenen erkennbar ist und er sein Verhalten danach einrichten kann[100]). Das Bundesverwaltungsgericht wies in seiner Grundsatzentscheidung aus dem Jahre 1955 ausdrücklich darauf hin, daß die Baugestaltungsverordnung, die gleichfalls positive Gestaltungsanforderungen zugelassen hatte, nur dann den Erfordernissen ausreichender inhaltlicher Bestimmtheit genügt, wenn der Begriff als Verunstaltungsverbot eng ausgelegt wird[101]). Auch das Bundesverfassungsgericht betonte erst kürzlich, der Begriff der „Verunstaltung" sei (nur deshalb) mit dem Bestimmtheitsgebot vereinbar, weil er von langjähriger umfangreicher Rechtsprechung sowie von seinem **bauordnungsrechtlichen Schutzzweck** geprägt werde. Dieser Schutzzweck sei abzugrenzen von der anderweitig geregelten positiven Gestaltungspflege[102]). Ebenso lehnte es der 1. Senat des BayVGH ausdrücklich ab, aus dem Verunstaltungsverbot weitergehende Grundsätze positiver Gestaltungspflege abzuleiten[103]).

Es bleibt daher festzuhalten: Eine erweiternde Auslegung des Verunstaltungsbegriffs in Art. 12 BayBO verstößt gegen Verfassungsrecht. Verunstaltung und Gestaltung haben unterschiedliche Ziele. Art. 12 Abs. 1 und 2 BayBO setzen eine gesteigerte Beeinträchtigung voraus. Sie dienen der (negativen) **Gefahrenabwehr;** ihr Zweck ist der Schutz der öffentlichen Ordnung, nämlich des Orts-, Straßen- und Landschaftsbildes. Eine **Gefahr** für die öffentliche Ordnung liegt aber nur dann vor, wenn die negative Gestaltung objektiv verletzend wirkt. Jede andere Auslegung würde das Verunstaltungsverbot zum Instrument von Anpassung und Konservierung herkömmlicher Bauweisen und Baustile machen[104]).

4. Maßstab und gerichtliche Kontrolle

a) Beurteilungsmaßstab

Beurteilungsmaßstab für die Frage, ob eine Verunstaltung vorliegt, ist das ästhetische Empfinden eines sogenannten „**gebildeten Durchschnittsmen-**

---

99) So auch Gaentzsch, Öffentliches Baurecht, 1978, S. 244; Schlez, a.a.O., § 13 Rz. 21; vgl. schon PrOVGE 106, 80 zu § 1 BauGestaltVO.
100) BVerfGE 66, 116, 138; 52, 1, 41; 21, 73, 79; BVerfG BayVBl 1986, 143.
101) BVerwGE 2, 171, 176 f.
102) BVerfG BayVBl 1986, 143.
103) BayVGH BRS 30 Nr. 110.
104) BayVGH BRS 30 Nr. 110.

schen"[105]). Dieser Maßstab ist nicht in jedem Einzelfall faßbar. Er gewinnt seinen Gehalt vorwiegend aus der Abgrenzung einerseits zum ästhetisch besonders empfindsamen oder geschulten Betrachter (dem sensiblen Kunstkenner), andererseits zum Empfinden eines ästhetischen Eindrücken gegenüber gleichgültigen Betrachters. Abzustellen ist mithin auf ein **„Maß der Mitte".**

b) Standorte

Aus Art. 12 BayBO geht nicht hervor, auf welchen **Standort** zur Beurteilung der Gestaltung abzustellen ist. Verunstaltende Wirkung auf die **Umgebung** (Art. 12 Abs. 2 BayBO) können bauliche Anlagen nur haben, wenn sie **sichtbar** sind. Nur in diesem Fall kann die Umgebung (das Straßen-, Orts- oder Landschaftsbild) von den Gebäuden gestalterisch „beeinflußt" und damit auch i. S. v. Art. 12 Abs. 2 BayBO verunstaltet werden.

Beispiele:

— Bei einer versteckt liegenden Hütte verneinte der **VGH Baden-Württemberg** zu Recht eine Verunstaltung, weil eine Einwirkung auf das Straßen-, Orts- oder Landschaftsbild nicht vorliege[106]).

— Durch eine sichtschützende Bepflanzung kann eine Verunstaltung ausgeräumt werden. Ebenso können Bäume, die den Blick von der Straße verhindern, den negativen Eindruck einer baulichen Anlage mindern[107]).

Auch eine **gebäudebezogene** Verunstaltung (Art. 12 Abs. 1 BayBO) setzt voraus, daß das verunstaltende bauliche Gestaltungselement und seine Wirkung auf das Gebäude sichtbar sind. Denn nur dann liegt eine **Gefahr** für die öffentliche Ordnung vor, deren Abwehr Art. 12 BayBO dient[108]).

c) Volle gerichtliche Kontrolle

Der Begriff der Verunstaltung ist ein **unbestimmter Rechtsbegriff.** Ein Vorhaben ist entweder verunstaltend oder nicht. Den Behörden steht bei der Beurteilung des Vorhabens **kein Ermessen** zu. Ihre Entscheidung unterliegt **voller gerichtlicher Kontrolle.** Auch beurteilt das Gericht selbst, ob eine

---

105) BVerwGE 2, 172, 177; BayVGH BayVBl 1967, 280; ausführlich Simon, a.a.O., Art. 12 Rz. 36; Koch/Molodovsky/Rahm a.a.O., Art. 12 Rz. 2; der Maßstab stellt auf einen „in der Vorstellung gedachten Typus" ab, BVerwG DVBl. 1968, 507.

106) VGH Baden-Württemberg BRS 30 Nr. 122; zustimmend Schlez, a.a.O., § 13 Rz. 18; BayVGH BRS 30 Nr. 110; vgl. auch Sauter, a.a.O., § 73 Rz. 36.

107) BayVGH BRS 30 Nr. 110; VGH Baden-Württemberg ESVGH 8, 63; VGH Baden-Württemberg, 17. 9. 1970 III 520/68; 20. 7. 1971 III 350/68.

108) A. A. Simon, a.a.O., Art. 12 Rz. 10; Sauter, a.a.O. § 13 Rz. 28; Förster/Grundei/Steinhoff/Dagerförde/ Wilke, a.a.O., § 10 Rn. 11; OVG Berlin BRS 30 Nr. 113.

Verunstaltung vorliegt oder nicht. Der Heranziehung eines Sachverständigen bedarf es nicht[109]).

5. Art. 12 Abs. 3 BayBO

Art. 12 Abs. 3 BayBO enthält ein **gestalterisches Einfügungsgebot,** das der planungsrechtlichen Bestimmung des § 34 BauGB ähnelt:

Art. 12 BayBO
(1) . . .
(2) . . .
(3) Soweit kein Bebauungsplan oder keine örtliche Bauvorschrift über die Gestaltung besteht, sollen sich bauliche Anlagen in die Bebauung der näheren Umgebung einfügen.

Die Vorschrift ist 1982 neu in die BayBO aufgenommen worden.

a) Soll-Vorschrift

Art. 12 Abs. 3 BayBO ist im Gegensatz zu den Abs. 1 und 2 als „**Soll**"-**Vorschrift** ausgestaltet. Soll-Vorschriften sind „nachgiebiges", nicht „zwingendes" Recht[110]). Grundsätzlich begründen auch Soll-Vorschriften rechtlich bindende Verpflichtungen für Bauherren wie Behörden[111]). Allerdings kann von ihnen unter atypischen Umständen abgewichen werden: die Bauaufsichtsbehörden können in diesen Fällen Ausnahmen nach Art. 72 Abs. 2 BayBO zulassen[112]). Die Erteilung einer Ausnahme steht im pflichtgemäßen Ermessen der Behörde.

b) Art. 12 Abs. 3 BayBO als besondere Form des (negativen) Verunstaltungs- verbotes

Umstritten ist, **ob** das Einfügungsgebot des Art. 12 Abs. 3 BayBO eine **besondere Form** des (negativen) **Verunstaltungsverbotes** ist **oder** ob es **positive gestalterische Anforderungen** an das Bauvorhaben stellt.

---

109) OVG Berlin BRS 20 Nr. 122; Förster/Grundei/Steinhoff/Dagerförde/Wilke, a.a.O., § 10 Rn. 5.
110) Simon, a.a.O., Art. 72 Rz. 8, 9; zu Art. 12 Abs. 3 auch Boeddinghaus/Hahn, a.a.O., § 12 BauO NW Rz. 38.
111) Dies stellt auch die VollzBek des Bayer. Staatsministeriums des Innern vom 6. 8. 1982 (MABl. S. 474, abgedruckt bei Simon, a.a.O., Bd. 2 Anh. 15) in Ziff. 1.2. klar.
112) BayVGH BRS 39 Nr. 130; Simon, a.a.O., Art. 72 Rz. 9, 11; Schwarzer, a.a.O., Art. 12 Anm. 3, Art. 72 Anm. 3.

Der BayVGH hat im Urteil vom 14. 10. 1982[113]) zum Inhalt von Art. 12 Abs. 3 BayBO Stellung genommen. Er hat zu Recht darauf hingewiesen, daß die Vorschrift den rechtsstaatlichen Grundsätzen nur dann entspricht, wenn und soweit sich aus ihr mit ausreichender Bestimmtheit ermitteln lasse, was von den pflichtigen Personen verlangt werde.

„Obwohl das mit dem neuen Absatz 3 eingefügte bauordnungsrechtliche Einfügungsgebot **über** Art. 11 Abs. 2 BayBO 1974 **(Art. 12 Abs. 2 BayBO 1982) hinausgeht,** bleibt zu beachten, daß eine Vorschrift rechtsstaatlichen Grundsätzen nur dann entspricht, wenn und soweit sich aus ihr mit ausreichender Bestimmbarkeit ermitteln läßt, was von den pflichtigen Personen verlangt wird. Diese Bestimmbarkeit ist bei Fragen der Ästhetik, die in Art. 12 Abs. 3 BayBO 1982 geregelt ist, nicht schlechthin gegeben. Da eine allgemeingültige Richtschnur darüber, was ästhetisch befriedigend ist, fehlt, **kann der Zweck des neuen Absatzes 3 nicht darin liegen, jede Beeinträchtigung des ästhetischen Empfindens des Beschauers zu verhindern.** Die Forderung kann vielmehr nur dahin verstanden werden, die bauliche Anlage dürfe das Gesamtbild ihrer Umgebung nicht stören, der Gegensatz zwischen ihr und der Umgebung dürfe also von jedem für ästhetische Eindrücke offenen Betrachter nicht als belastend oder Unlust erregend empfunden werden (s. hierzu umfassend BVerwGE 2, 172/175 f.).“[114])

Danach handelt es sich auch bei Art. 12 Abs. 3 BayBO **nicht** um **positive Gestaltungspflege**[115]). Ein wesentlicher Unterschied zu Art. 12 Abs. 2 BayBO, dem umgebungsbezogenen Verunstaltungsverbot, besteht nicht, abgesehen davon, daß in Art. 12 Abs. 2 BayBO Bezug auf das Straßen-, Orts- oder Landschaftsbild genommen wird, Art. 12 Abs. 3 BayBO dagegen auf die **Bebauung** der näheren Umgebung abstellt. Damit hat der Gesetzgeber klargestellt, daß die umgebende Bebauung maßgebenden Einfluß auf die Beurteilung der Verunstaltung hat[116]). Art. 12 Abs. 3 BayBO enthält daher eine **besondere Form des umgebungsbezogenen Verunstaltungsverbots,** ohne indes höhere Anforderungen zu stellen als Art. 12 Abs. 2 BayBO. Maßgeblich ist beide Male die Grundsatzentscheidung des BVerwG aus dem Jahre 1955. Beurteilungsmaßstab ist wie in Art. 12 Abs. 2 BayBO das ästhetische Empfinden eines „gebildeten Durchschnittsmenschen".

---

113) BayVGH BRS 39 Nr. 130.
114) BayVGH BRS 39 Nr. 130.
115) Zustimmend Jäde BayVBl 1984, 10, 12; abgeschwächt Hüffer BayVBl 1984, 12 f.
116) Hierauf hat auch der VGH Baden-Württemberg hingewiesen, VGH Baden-Württemberg BRS 44 Nr. 117; VGH Baden-Württemberg, U. v. 27. 10. 1986 8 S 2651/86.

c) Kein Gebot positiver Gestaltungspflege

Demgegenüber sehen Simon[117]) und Koch/Molodovsky/Rahm[118]) in Art. 12 Abs. 3 BayBO ein Gebot **positiver Gestaltungspflege**. Art. 12 Abs. 3 BayBO verpflichte den Bauherrn im Regelfall zu einer weitergehenden Rücksichtnahme. Der Maßstab sei fachlich orientiert und in den Anforderungen strenger und qualitativer als die sich aus dem ästhetischen Empfinden des Durchschnittsbetrachters ergebenden Maßstäbe für das Verunstaltungsverbot. Das Vorhaben habe sich einwandfrei in die Architektur der Bebauung in der näheren Umgebung einzubinden, es müsse sich „im Sinne eines Anpassens unterordnen"[119]).

Eine solche Auslegung **verstößt gegen** das **verfassungsrechtliche Bestimmtheitsgebot.** Sie bewirkt im Ergebnis nicht anderes als eine an der Umgebung orientierte positive „anständige Baugesinnung", wie sie § 1 BauGestaltVO 1936 gefordert hatte. Gerade diese Auslegung hatte das Bundesverwaltungsgericht in seiner Grundsatzentscheidung vom 28. Juni 1955 als verfassungswidrig angesehen[120]).

Dem kann auch nicht entgegengehalten werden, Art. 12 Abs. 3 BayBO knüpfe an das planungsrechtliche Einfügungsgebot des § 34 Abs. 1 BauGB an, auch dort werde eine positives Einfügen vorausgesetzt. § 34 BauGB stellt auf **bodenrechtliche** Kriterien ab, nämlich Art und Maß der baulichen Nutzung, Bauweise und überbaute Grundstücksfläche.

Diese bodenrechtlichen Kriterien sind durch § 34 Abs. 1, 3 BauGB, die Baunutzungsverordnung und die Rechtsprechung hinreichend klar bestimmt[121]).

Im Planungsrecht gibt die nähere Umgebung nach Art und Maß der baulichen Nutzung, Bauweise und überbauten Grundstücksfläche einen Rahmen ab. Das Vorhaben fügt sich ein, wenn es sich innerhalb dieses Rahmens hält. Das kann anhand klar bestimmter Kriterien (Nutzungsart, GRZ, GFZ, offener oder geschlossener Bauweise) festgestellt werden. Überschreitet das Vorhaben den Rahmen, fügt es sich dann nicht mehr ein, wenn es bodenrechtliche, bewältigungsbedürftige Spannungen verursacht oder verstärkt, d. h. zu einer „Verschlechterung, Störung oder Belastung der Umgebung führt und damit eine ‚Unruhe' stiftet"[122]).

Der Grad der bodenrechtlichen Abweichung, der einen Verstoß gegen das planungsrechtliche Einfügungsgebot des § 34 Abs. 1 BauGB zur Folge hat, entspricht der verunstaltenden Wirkung eines Vorhabens in gestalterischer

---

117) Simon, a.a.O., Art. 12 Rz. 37.
118) Koch/Molodovsky/Rahm, a.a.O., Art. 12 Rz. 6.1, 6.4.
119) Simon, a.a.O., Art. 12 Rz. 37.
120) BVerwGE 2, 171, 176 f.
121) Grundlegend BVerwGE 55, 369.
122) BVerwGE 55, 369, 387; Battis/Krautzberger/Löhr, a.a.O., § 34 Rz. 18; Jäde BayVBl 1984, 10, 11.

Hinsicht[123]). Deshalb fügt sich ein Vorhaben gestalterisch in die Bebauung der näheren Umgebung ein, wenn von ihm im Hinblick auf den gestalterischen Eigenwert der Umgebung keine (negative) verunstaltende Wirkung ausgeht. Ein darüber hinausgehender Rahmen nach gestalterischen Gesichtspunkten, nach dem ästhetischen Empfinden ließe sich auch gar nicht bilden. Für ihn würden Maßstäbe fehlen, die so bestimmt oder bestimmbar wären wie diejenigen in § 34 Abs. 1 BauGB.

Bei der Auffassung Simons wird im übrigen nicht deutlich, anhand welches Beurteilungsmaßstabs darüber entschieden werden soll, ob sich die Bebauung „im Sinne eines Anpassens unterordnet". Soweit mit der von Simon und Koch/Molodovsky/Rahm geforderten weitergehenden Rücksichtnahme gemeint ist, daß nicht auf das ästhetische Empfinden des Durchschnittsbetrachters, sondern auf die strengeren und qualitativen Anforderungen fachlich orientierter Kreise abzustellen ist[123a]), gibt der Wortlaut des Art. 12 Abs. 3 BayBO dafür nichts her. Das „Einfügen" ist bei Art. 12 Abs. 3 sowenig wie bei § 34 BauGB eine von Sachverständigen zu beantwortende Frage. Andernfalls müßte die Bauaufsichtsbehörde bei jedem Vorhaben, bei dem ein Verstoß gegen das gestalterische Einfügungsgebot in Frage käme, ein Gutachten aus dem Bereich fachlich orientierter Kreise, m. a. W. renommierter Architekten, einholen. Damit würde lediglich erreicht, daß mit dem Mittel inhaltlich offener gesetzgeberischer Gestaltungsanforderungen architektonische Richtungsstreite ausgetragen würden.

Positive Gestaltungsanforderungen nach Maßgabe der Umgebungsbebauung können Art. 12 Abs. 3 BayBO daher nicht entnommen werden. Die Vorschrift macht daher örtliche Gestaltungssatzungen nicht überflüssig.

d) Voraussetzungen des Art. 12 Abs. 3 BayBO

Bei der Prüfung, ob ein Vorhaben mit Art. 12 Abs. 3 BayBO vereinbar ist, muß daher wie bei § 34 BauGB[123b]) zunächst in einem **ersten Schritt** die maßgebliche **„nähere Umgebung"** der baulichen Anlage ermittelt und abgegrenzt werden. Maßgeblich ist die tatsächlich vorhandene Bebauung in der prägenden Nachbarschaft; dabei muß „auch die Bebauung der weiteren Umgebung des Grundstücks insoweit berücksichtigt werden, als auch sie noch prägend

---

123) Jäde BayVBl 1984, 10, 11, der zu Recht auf BVerwG BayVBl 1979, 152, 155 verweist; vgl. auch BVerwGE 2, 171, 176 f.

123a) Simon, a.a.O., Art. 12 Rz. 37, S. 52 a).

123b) Vgl. hierzu die sog. „Rahmen"-Rechtsprechung des BVerwG: grundlegend BVerwGE 55, 369, 380 ff; weitere Nachweise bei Dolde NJW 1986, 1023.

auf dasselbe einwirkt"[123c]). Maßstab muß — „so wie es bei § 34 BauGB auf die ‚bodenrechtliche' Prägung ankommt" — die **gestalterische** Prägung und Beeinflussung sein. Entscheidend ist, welche Umgebung gestalterisch **zusammengehört.** Das kann eine Häusergruppe oder ein Straßenzug sein, genauso aber auch ein ganzer Block oder ein ganzes Viertel (z. B. Villenviertel, Siedlungen von Arbeiterwohnungen o. ä.). Zusammengehörigkeit ist aber nicht gleichzusetzen mit gestalterischer Einheitlichkeit. Die Zusammengehörigkeit, aus der die gegenseitige Einflußnahme der Bebauung folgt, kann, muß aber nicht in einer einheitlichen Gestaltung ihren Grund haben. Ein Gebiet, das gestalterisch zusammengehört und für die in ihm gelegene Bebauung maßgebende „nähere Umgebung" ist, kann sogar durch gestalterische **Vielfalt** gekennzeichnet sein. Dies wird z. B. bei einheitlich gewachsenen Vierteln, deren zusammenfügendes Element in einer „funktionellen" Gestaltung liegt, der Fall sein.

Beispiel:

— Einzelne Bereiche der „Verordnung der Landeshauptstadt München über Mindestabstandsflächen, Höhenlage von Gebäuden, Gestaltung von Dächern und von unbebauten Flächen bebauter Grundstücke in besonderen Siedlungsgebieten" vom 14. Dezember 1979 (ABl. 1979, S. 39) sind durch eine solche „funktionelle" gestalterische Zusammengehörigkeit geprägt; so das Villenviertel „Rondell Neu-Wittelsbach" oder die Bereiche Nymphenburg, Obermenzing oder Herzogpark.

Anschließend muß — in einem **zweiten Schritt** — der **gestalterische Rahmen** der Bebauung innerhalb dieser Umgebung **ermittelt** werden. Der rechtlich erhebliche Rahmen leitet sich wie bei § 34 BauGB aus dem **tatsächlichen** Bestand ab[123d]). Dies ergibt sich bereits unmittelbar aus dem Wortlaut des Art. 12 Abs. 3 BayBO. Es kommt nicht darauf an, welche Gestaltung innerhalb dieses Rahmens die Behörde für wünschenswert oder für „gute Gestaltung" hält. Denn sowenig wie § 34 BauGB Instrument gezielter Bauleitplanung ist und der Verwirklichung von Planungsabsichten dient[123e]), kann Art. 12 Abs. 3 BayBO Mittel zur Umsetzung gestalterischer Absichten und Konzepte sein. Dazu ist allein Art. 91 BayBO geeignet. Aus dem Rahmen leitet sich der gestalterische **Eigenwert** der Umgebung ab. Der Rahmen kann weit oder eng sein. Er kann sich auf unterschiedliche gestalterische Merkmale beziehen, soweit diese Merkmale innerhalb des Gebiets gestalterisch überhaupt Bedeutung besitzen.

123c) BVerwG DVBl 1987, 478, 481; BVerwGE 55, 369, 380.
123d) BVerwG NJW 1981, 139.
123e) BVerwG DVBl 1977, 194; Bielenberg/Dyong/Söfker, Das Bundesbaurecht, 4. Aufl. 1984, § 34 Rz. 20.

In einem **dritten Schritt** muß dann festgestellt werden, ob das Vorhaben sich gestalterisch innerhalb dieses Rahmens hält oder ob es diesen Rahmen mit verunstaltender Wirkung überschreitet. Je enger dabei der Rahmen ist, mit anderen Worten, je größer der gestalterische Eigenwert der Umgebung ist, desto eher wird eine Abweichung die Schwelle der Verunstaltung überschreiten. In diesem Fall — allerdings nur dann — verstößt das Vorhaben gegen Art. 12 Abs. 3 BayBO.

6. Bestehende bauliche Anlagen, Art. 63 Abs. 5, 6 BayBO

a) Anforderungen an bestehende bauliche Anlagen, Art. 63 Abs. 5 BayBO

Nach Art. 63 Abs. 5 BayBO darf die Baurechtsbehörde **bei bestehenden baulichen Anlagen** (durch Verwaltungsakt) **Anforderungen** stellen, wenn dies zum Schutze des Straßen-, Orts- oder Landschaftsbildes vor Verunstaltungen notwendig ist. Es handelt sich um eine besondere Form des **umgebungsbezogenen Verunstaltungsschutzes**. Grundsätzlich genießt die bauliche Anlage **Bestandsschutz,** der grundrechtlich durch Art. 14 Abs. 1 GG geschützt ist[124]). Ausdruck des Bestandsschutzes ist, daß an bestehende bauliche Anlagen nachträgliche Anforderungen nicht gestellt werden dürfen[125]). Art. 63 Abs. 5 BayBO stellt eine Ausnahme von diesem Grundsatz dar.

Die Verunstaltung kann sich **aus gezielten Veränderungen** an einer baulichen Anlage, aus **einer Verwahrlosung** oder aus **einem Verfall** der baulichen Anlage ergeben[126]). So darf die Bauaufsichtsbehörde bei einer schadhaften Fassade, die verunstaltend wirkt, Abhilfemaßnahmen verlangen. Es würde in diesem Fall zwar unverhältnismäßig, da nicht erforderlich sein, die **Erneuerung** der Fassade anzuordnen[127]). Eine solche Anordnung wäre daher rechtswidrig. Denn die Behörde ist zur Beachtung des verfassungsrechtlichen Verhältnismäßigkeitsgrundsatzes verpflichtet und darf nur den geringstmöglichen Eingriff wählen[128]). Jedoch darf die **Beseitigung der Verunstaltung** gefordert werden.

---

124) Schwarzer, a.a.O., Art. 63 Anm. 8; Simon, a.a.O., Art. 63 Rz. 46.
125) Zum Bestandsschutz vgl. Koch/Molodovsky/Rahm a.a.O., Art. 63 Rz. 6.2 m. w. N.; BVerwGE 25, 161; 26, 111; BVerwG BRS 25, 274; 42, 187; BayVGH BayVBl 1981, 433; 1985, 341; Grosse-Suchsdorf/ Schmaltz/Wiechert a.a.O., § 99 Rz. 14 ff.; König, a.a.O., S. 5 ff. BVerwGE 2, 171.
126) Grosse-Suchsdorf/Schmaltz/Wiechert a.a.O., § 53 Rz. 12; Gädtke/Böckenförde/Temme, Landesbauordnung Nordrhein-Westfalen Kommentar, 7. Aufl. 1986, § 12 Rz. 10. Solche gezielten Änderungen der äußeren Gestaltung sind in bestimmten Fällen genehmigungsfrei, so bei Fassadenveränderungen oder -verkleidungen oder -verblendungen, vgl. Art. 66 Abs. 3 BayBO; dazu Simon, a.a.O., Art. 66 Rz. 49.
127) Mißverständlich insoweit Simon, a.a.O., Art. 63 Rz. 46.
128) BayVGH BauR 1987, 189, 191; BayVBl 1974, 342; Simon, a.a.O., Art. 63 Rz. 51.

Der **BayVGH**[128a]) sah den auf Art. 63 Abs. 5 BayBO gestützten Abbruch eines alten Anwesens, das sich in ruinösem Bauzustand befand und das deshalb die Umgebung (Landschaftsbild) verunstaltete, als rechtmäßig an. Eine Wiederaufbauabsicht könne einem vollständigen Abbruch nur dann entgegenstehen, wenn sie bauplanungsrechtlich beachtlich sei. Da sich das Vorhaben im Außenbereich befand, kam es auf § 35 Abs. 5 S. 1 Nr. 2 BBauG (jetzt BauGB) an.

Ob und welche Maßnahmen verlangt werden, liegt **im Ermessen** der Bauaufsichtsbehörde. Im Einzelfall kann (bei Beachtung des Verhältnismäßigkeitsgrundsatzes) sogar eine Abrißanordnung gerechtfertigt sein[128b]).

Auf die **wirtschaftliche Zumutbarkeit** der Maßnahme stellt Art. 63 Abs. 5 BayBO nicht ab[129]). Jedoch wird die Zumutbarkeit der Ermessensausübung eine erhebliche Rolle spielen. Die Bauaufsichtsbehörde hat im Rahmen ihres „Anpassungsverlangens" auch die Folgen für den Betroffenen zu beachten[130]).

b) Anpassungsverlangen gemäß Art. 63 Abs. 6 BayBO

Art. 63 Abs. 6 BayBO sieht nachträgliche Anforderungen bei einer wesentlichen Änderung von bestehenden Anlagen auch für die **von der Änderung nicht berührten Teile** vor (sogenanntes **Anpassungsverlangen**). Die Anpassung muß jedoch aus Gründen der öffentlichen Sicherheit und Ordnung (Art. 3 Abs. 1 Satz 1 BayBO) erforderlich sein[131]). **Gestalterische Gründe** rechtfertigen ein Anpassungsverlangen **nicht**. Dies ergibt sich aus dem ausdrücklichen Bezug auf Art. 3 Abs. 1 Satz 1 BayBO, während die Gestaltung von Art. 3 Abs. 1 Satz 2 BayBO erfaßt wird[132]).

II.
Gestaltungsrechtliche Beschränkungen durch örtliche Bauvorschriften

Art. 91 BayBO ermächtigt die Gemeinden dazu, die Gestaltung ihres Orts-, Straßen- und Landschaftsbildes durch Ortsrecht näher zu regeln. Die örtlichen Gestaltungsvorschriften unterscheiden sich grundlegend von den Verunstaltungsverboten des Art. 12 BayBO. Sie erlauben es der Gemeinde, **positive**

128a) BayVGH BauR 1987, 189.
128b) BayVGH BauR 1987, 189, 190 f.
129) Simon, a.a.O., Art. 63 Rz. 51b.
130) OVG Berlin BRS 30 Nr. 97; Grosse-Suchsdorf/Schmaltz/Wiechert, a.a.O., § 99 Rz. 27.
131) Simon, a.a.O., Art. 63 Rz. 52 ff.; Koch/Molodovsky/Rahm, a.a.O., Art. 63 Rz. 6.4.4.5.
132) Ebenso Simon, a.a.O., Art. 63 Rz. 63; Koch/Molodovsky/Rahm, a.a.O., Art. 63 Rz. 6.4.4.4.

Baupflege zu betreiben. Art. 19 BayBO beschränkt den Inhalt der örtlichen Bauvorschriften auf die in Art. 91 Abs. 1 und Abs. 2 BayBO genannten Tatbestände.

Nicht alle der darin enthaltenen Ermächtigungen sind solche zu positiver Baugestaltung. Zum Teil handelt es sich um besondere Ermächtigungen zur Gefahrenabwehr. Damit befassen sich z. B. Art. 91 Abs. 1 Nr. 4 (Notwendigkeit und Höhe von Einfriedungen) oder Abs. 5 Nr. 5 (Schutzvorkehrungen gegen umweltschädigende Einwirkungen). Die Satzungsermächtigungen in Art. 91 Abs. 2 Nr. 4, 5, 6 BayBO stellen Grenzfälle zum Bauplanungsrecht dar[1]).

Die zentralen Ermächtigungstatbestände finden sich in Art. 91 Abs. 1 Nr. 1 und 2 BayBO:

„Art. 91 Örtliche Bauvorschriften
Die Gemeinden können durch Satzung örtliche Bauvorschriften erlassen
1. über besondere Anforderungen an die äußere Gestaltung baulicher Anlagen und an Werbeanlagen, soweit das zur Durchführung bestimmter städtebaulicher Absichten erforderlich ist,
2. über besondere Anforderungen an bauliche Anlagen und Werbeanlagen, soweit das zum Schutz bestimmter Bauten, Straßen, Plätze oder Ortsteile von geschichtlicher, künstlerischer oder städtebaulicher Bedeutung oder zum Schutz von Bau- und Naturdenkmalen erforderlich ist; auch können nach den örtlichen Gegebenheiten insbesondere bestimmte Arten von Werbeanlagen und die Werbung an bestimmten baulichen Anlagen ausgeschlossen und Werbeanlagen auf Teile baulicher Anlagen und auf bestimmte Farben beschränkt werden,
3. . . .“

Art. 91 Abs. 1 Nr. 3 BayBO gestattet, die Gestaltung von Gemeinschaftsanlagen und ähnlichen Anlagen (Stellplätze, Kinderspielplätze, Abfallbehälter, Garagen) zu regeln. Nr. 4 ermächtigt zu Gestaltungsvorschriften für Einfriedungen[2]).

1. Rechtsnatur und Verfahren

a) Rechtsnatur

Seit der Novellierung der BayBO im Jahre 1982 werden örtliche Bauvorschriften nicht mehr — wie nach Art. 107 der BayBO 1974 — als Verordnung, sondern als **Satzung** erlassen.

Ob der Erlaß solcher Gestaltungssatzungen zu den den Gemeinden übertragenen **Staatsaufgaben oder** zur ihren **eigenen Aufgaben** im Rahmen ihrer Selbstverwaltung gehört, ist **umstritten.** Der Bayerische VGH hat im Urteil

---

1)   Vgl. Simon a.a.O., Art. 91 Rz. 24; Koch/Molodovsky/Rahm a.a.O., Art. 91 Rz. 3.4 ff.
2)   Dazu Koch/Molodovsky/Rahm a.a.O., Art. 91 Rz. 2.5; VGH Baden-Württemberg NVwZ 1983, 165.

vom 29. Oktober 1985[3]) und im Beschluß vom 19. November 1985[4]) die — nicht entscheidungserhebliche — Auffassung vertreten, es handele sich wie beim gesamten Bauordnungsrecht um (staatliche) Aufgaben im übertragenen Wirkungskreis[5]). Dagegen spricht, daß den Gemeinden ein Selbstgestaltungsrecht, das heißt ein Recht, das Gepräge und die Struktur des Ortes zu bestimmen, zumindest in einem Kernbereich allgemein zugebilligt wird[6]). Der Bereich positiver Gestaltungspflege geht über die staatliche Aufgabe der Gefahrenabwehr hinaus. Er ist daher mit dem übrigen Bauordnungsrecht nicht vergleichbar und den eigenen Aufgaben der Gemeinde zuzurechnen.

b) Verfahren

Bauvorschriften in Bebauungsplänen, die ihre Grundlage im bundesrechtlichen Bauplanungsrecht finden, lassen sich von örtlichen Baugestaltungsvorschriften aufgrund der BayBO oft nur schwer abgrenzen. Die Gemeinden haben deshalb die Möglichkeit, örtliche Gestaltungsvorschriften als Festsetzung in den Bebauungsplan aufzunehmen. Der bayerische Gesetzgeber hat mit Art. 91 Abs. 3 BayBO von der bundesrechtlichen Ermächtigung in § 9 Abs. 4 BBauG Gebrauch gemacht und die Gemeinden ermächtigt, örtliche Gestaltungsvorschriften auch **durch Bebauungsplan** zu erlassen. Den Gemeinden steht es daher frei, für ein bestimmtes Gebiet gestalterische Anforderungen entweder allein oder im Zusammenhang mit bodenrechtlichen Bestimmungen in einem Bebauungsplan oder in einer Gemeindesatzung zu erlassen. Auch wenn örtliche Gestaltungsvorschriften „als Bebauungsplan-Festsetzung" bestehen, bleiben sie indessen **bauordnungsrechtliche** Bestimmungen, sie werden nicht zu Boden- bzw. Planungsrecht.

Deshalb findet § 36 BBauG auch keine Anwendung auf örtliche Gestaltungsvorschriften in Bebauungsplänen. Das Einvernehmen der Gemeinde darf aus Gründen, die in gestalterischen Festsetzungen nach Art. 91 BayBO liegen, nicht versagt werden[7]).

---

3) BayVGH BayVBl 1986, 213.
4) BayVGH DÖV 1986, 208.
5) Ebenso Koch/Molodovsky/Rahm a.a.O., Art. 91 Rz. 421; Simon a.a.O., Art. 91 Rz. 1; Schwarzer a.a.O., Art. 91 Anm. 1; a. A. BVerwGE 40, 94; Sauter a.a.O., § 73; Gädtke/Böckenförde/Temme a.a.O., § 81 Rz. 5; auch Simon a.a.O., in der Vorkommentierung zu Art. 91 BayBO; König a.a.O., S. 32; ebenso die VollzBekBayBO.
6) BayVGH DÖV 1986, 208 mit Nachweisen.
7) Simon a.a.O., Art. 91 Rz. 31; BayVGH DÖV 1986, 208, 209; OVG Lüneburg DVBl 1975, 959, 960; a. A. OVG Koblenz VerwRSpr 26 Nr. 91.
Das folgt allerdings nicht, wie Simon meint, im Umkehrschluß daraus, daß § 36 BBauG (jetzt: BauGB) in Art. 91 Abs. 3 BayBO nicht genannt ist (mißverständlich insoweit Simon a.a.O.). Denn Art. 91 Abs. 3 betrifft ausschließlich das Verfahren zur Aufstellung der Gestaltungsvorschriften, nicht das Baugenehmi-

2. Positive Gestaltungspflege

Nach einhelliger Auffassung ermächtigen örtliche Bauvorschriften zu „positiver" Gestaltungspflege[8]). Art. 91 BayBO beschränkt die Befugnis der Gemeinden, örtliche Bauvorschriften zu erlassen, zwar nicht ausdrücklich auf den Rahmen der Bauordnung, wie dies vergleichbare Ermächtigungsnormen in anderen Landesbauordnungen tun[9]). Ungeachtet dessen ergibt sich die Beschränkung jedoch schon aus den Kompetenzvorschriften des Grundgesetzes: Während dem Bund das Bodenrecht zugewiesen ist, fällt die Zuständigkeit für Regelungen des Bauordnungsrechts den Ländern zu[10]).

Umfang und Grenzen örtlicher Bauvorschriften nach Art. 91 BayBO bestimmen sich daher nach Art. 3 BayBO[11]). Dazu gehört gemäß Art. 3 Abs. 1 Satz 2 nicht nur das Verunstaltungsverbot, sondern auch die Forderung nach einwandfreier Gestaltung. Schon begrifflich unterscheiden sich Verunstaltung und Gestaltung durch ihre Intention: Verunstaltung wehrt negative Auswüchse ab, Gestaltung will dagegen positiven Einfluß nehmen. Die Bestimmungen der BayBO haben das Verunstaltungsverbot in Art. 12 konkretisiert. Der Begriff der Gestaltung ist in Art. 91 BayBO wieder aufgenommen.

3. Grenzen der Gestaltungspflege aufgrund Art. 91 BayBO

Die aufgrund Art. 91 BayBO erlassenen örtlichen Gestaltungsvorschriften sind nur zulässig, wenn sie sich im Rahmen der Ermächtigungsnorm halten. Daraus ergeben sich Grenzen der Gestaltungspflege.

---

gungsverfahren. Daß § 36 BauGB nicht anwendbar ist, ergibt sich vielmehr eben daraus, daß diese Vorschrift Ausfluß der Planungshoheit der Gemeinde im Bereich des Bodenrechts ist und das Einvernehmen der Gemeinde deshalb auf die Bereiche beschränkt ist, die die Planungshoheit der Gemeinde berühren können (Battis/Krautzberger/Löhr a.a.O., § 36 Rz. 1; Schlichter, in Schlichter/Stich/Tittel BBauG, 3. Aufl. 1979 § 36 Rz. 1; BayVGH DÖV 1986, 218). Der Wortlaut des neuen § 36 Abs. 2 BauGB stellt insoweit auch ausdrücklich klar, daß das Einvernehmen der Gemeinde aus den sich aus §§ 9, 31, 33, 34 und 35 ergebenden Gründen versagt werden darf.

8) Simon a.a.O., Art. 91 Rz. 5; Schwarzer a.a.O., Art. 19 Anm. 1; Koch/Molodovsky/Rahm a.a.O., Art. 91 Rz. 2.1; Boeddinghaus/Hahn, a.a.O., § 12 BauO NW, Rz. 11; OVG Münster BRS 38 Nr. 138; BRS 40 Nr. 152; Fehrmann BauR 1971, 15, 154; OVG Lüneburg BRS 39 Nr. 132 zu § 111 LBO Schleswig-Holstein; OVG Lüneburg BRS 46 Nr. 120 zu § 56 NBauO; VGH Baden-Württemberg BRS 39 Nr. 133; a. A. zu § 73 LBO Baden-Württemberg Schlez a.a.O., § 13 Rz. 21; § 73 Rz. 2; unklar König a.a.O., S. 33.
9) Vgl. z. B. § 73 LBO Baden-Württemberg; § 111 LBO Schleswig-Holstein.
10) Dazu grundlegend BVerfGE 3, 407, 430.
11) Simon a.a.O., Art. 3 Rz. 1 f.; Schwarzer a.a.O., Art. 3 Anm. 3.

a) Begrenzung durch das Bauordnungsrecht

Örtliche Bauvorschriften sind abgeleitete Rechtsnormen, die sich auf eine Ermächtigungsnorm stützen müssen. Sie haben sich daher im Rahmen der Zielsetzungen der ermächtigenden Norm zu halten[12]). Da der Landesgesetzgeber in Art. 91 BayBO nur Satzungsermächtigungen **im Rahmen des Bauordnungsrechts** schaffen konnte, sind die Gemeinden aufgrund Art. 91 BayBO nicht befugt, eigenes Bodenrecht zu setzen. Deshalb sind Regelungen, die die Bebaubarkeit eines Grundstücks ausschließen oder eine bestimmte Art oder das Maß der Nutzung vorschreiben oder untersagen (z. B. ein Verbot von Tankstellen), sowohl nach Nr. 1 als auch nach Nr. 2 des Art. 91 Abs. 1 BayBO unzulässig[13]). Unzulässig, da Bodenrecht, ist auch ein Verbot von Anbauten; ein solches Verbot kann nur durch Festsetzungen nach § 9 Abs. 1 Nr. 1 BauGB (überbaubare Grundstücksflächen) erreicht werden. Auch die Zahl der zulässigen Vollgeschosse kann nicht durch örtliches Baurecht, sondern nur durch einen Bebauungsplan bestimmt werden.

b) Baugestalterisches Konzept

Art. 91 Abs. 1 **Nr. 1** läßt örtliche Bauvorschriften nur zu, soweit ihnen **städtebauliche Absichten** zugrunde liegen. Das bedeutet zweierlei:

Erstens muß den örtlichen Bauvorschriften ein städtebauliches bzw. baugestalterisches **Konzept**, eine Art „Gestaltungsplanung"[14]) zugrunde liegen, das sich eigens auf den konkreten Geltungsbereich der Vorschriften, z. B. den Ortsteil oder den Straßenzug, bezieht. Die Gestaltungssatzung ist „das Pendant zum Bebauungsplan auf der Ebene des Gestaltungsrechts"[15]). Die Bauvorschrift muß sich aus diesem Konzept ableiten[16]). Es ist daher nicht ausreichend, wenn die Gemeinde bestimmte Bauformen, Materialien oder ähnliches generell als unerwünscht oder geschmacklos ansieht. Auch abstrakte ästhetische Forderungen rechtfertigen für sich nicht den Erlaß von Gestaltungsvorschriften[17]). Vor allem sind Einheitlichkeit und Uniformität kein ausreichen-

---

12) VGH Baden-Württemberg BRS 39 Nr. 133.
13) Vgl. BVerwGE 40, 94; Gädtke/Böckenförde/Temme a.a.O., Rz. 12; a. A. zu Tankstellen offenbar Simon a.a.O., Art. 91 Rz. 8. Schmaltz VR 1983, 217, 222 zweifelt an der Zulässigkeit eines Verbotes von Einzelantennen und Freileitungen ohne ausdrückliche Ermächtigung wie in § 56 Nr. 4 Niedersächsischer BauO.
14) So ausdrücklich § 103 Abs. 3 LBO 1970 Nordrhein-Westfalen; OVG Lüneburg BRS 46 Nr. 120.
15) So zu Recht Schmaltz VR 1983, 217, 219.
16) Vgl. BayVGH BRS 30 Nr. 109; OVG Lüneburg BRS 46 Nr. 120; Grosse-Suchsdorf/Schmaltz/Wiechert, NBauO a.a.O., § 56 Rz. 6; Simon a.a.O., Art. 91 Rz. 5 f.; Schmaltz VR 1983, 217, 219; Schwarzer a.a.O., Art. 91 Anm. 2.1.
17) Grosse-Suchsdorf/Schmaltz/Wiechert a.a.O., § 56 Rz. 6; Fehrmann BauR 1971, 155.

der Grund; sie drohen vielmehr, „öde" Gleichförmigkeit zu schaffen[18]). Das Konzept braucht umfassende oder gar abschließende Regelungen der Baugestaltung nicht zu enthalten; es muß jedoch eindeutig erkennbar und nachvollziehbar sein[18a]). Auch gestalterische Einzelfragen können dann durch Ortssatzung geregelt werden, wenn ihnen gerade für das betreffende Gebiet eine besondere Bedeutung zukommt. Das wird in Gebieten, die einen ausgeprägten eigenen Baustil ausweisen, eher der Fall sein als in Gegenden, in denen baugestalterische Vielfalt herrscht.

Der **Bayerische VGH** sieht deshalb Ortsvorschriften, die Dachaufbauten über Terrassengeschossen verboten und die höchstzulässige Höhenlage der Gebäude festlegten, in einem Gebiet als zulässig an, in dem eine aufgelockerte Bebauung mit überwiegend zweigeschossigen Einzelhäusern den Gebietscharakter entscheidend mitprägte[19]).

Das **OVG Lüneburg** bewertete eine Ortssatzung für die Gemeinde Kampen auf Sylt als rechtmäßig, in der die Hauswände sämtlicher Gebäude mit roten Vormauersteinen oder gleichformatigen Kalksteinen weißgeschlämmt auszuführen waren, um eine Einheitlichkeit des bestehenden Ortsbildes zu erreichen[20]).

Dagegen hat das **OVG Lüneburg** eine Gestaltungssatzung als unwirksam angesehen, bei der einschränkende Regelungen für Anlagen der Außenwerbung mit bankettartigen Ausführungen wie „Ausfallstraßen sind die Visiten einer Stadt" gerechtfertigt wurden[20a]).

Zweitens müssen die Absichten, zu deren Durchführung die örtliche Bauvorschrift erforderlich ist, „**städtebaulicher**" Art sein. Der Begriff ist mißverständlich. Er hat nicht den engen Bezug zum Bodenrecht. Als Ausgrenzungskriterium kommt ihm daher nur geringe Bedeutung zu. Jedoch können Gestaltungsvorschriften deshalb unzulässig sein, weil ihnen Absichten zugrunde liegen, die mit Bebauung nichts zu tun haben.

Beispiel:

— So ist eine Bauvorschrift, die Gemeinschaftsantennen verbietet, dann unzulässig, wenn sie erlassen wurde, um aus medienpolitischen Gründen die Verkabelung des Gebietes zu fördern.

— Einer Änderung gestalterischer Vorschriften (hier: Flachdachbauweise), die wegen der Reparaturbedürftigkeit der Dächer erfolgt, liegt keine städtebauliche Absicht zugrunde[20b]), selbst wenn man als „Reflex" dieser Änderung gleichzeitig Material und Farbe der Dachpfannen der neu zugelassenen Walmdächer festgelegt worden sind.

---

18) OVG Lüneburg BRS 35 Nr. 132; BRS 44 Nr. 116; ebenso Sauter a.a.O., § 73 Rz. 31; Schmaltz VR 1983, 217, 219.
18a) OVG Lüneburg BRS 46 Nr. 120.
19) BayVGH BRS 30 Nr. 109. Es sei nicht zu beanstanden, daß die Gestaltungsverordnung (nach Art. 107 BayBO a. F.) kein einheitliches gestalterisches Konzept für das **gesamte** Gebiet enthalte. Die Konzeption könne sich auf einzelne Fragen der Baugestaltung beschränken, wenn die Einzelregelungen gerade für das betreffende Gebiet besondere Bedeutung besäßen. Dies wurde für den entschiedenen Fall bejaht.
20) OVG Lüneburg BRS 35 Nr. 132; das BVerwG bestätigte die Entscheidung, BRS 35 Nr. 133.
20a) OVG Lüneburg BRS 46 Nr. 120.
20b) So ausdrücklich OVG Lüneburg BRS 47 Nr. 13; vgl. auch OVG Lüneburg, U. v. 4. 10. 1985 — 1 A 154/84; anders allerdings zu einem ähnlichen Sachverhalt HessVGH BRS 47 Nr. 120; zum Bauplanungsrecht wie das OVG Lüneburg auch OVG Koblenz BauR 1986, 412.

Die städtebaulichen, im öffentlichen Interesse liegenden Absichten müssen zudem von hinreichendem Gewicht sein, um den Erlaß oder die Änderung baugestalterischer Vorschriften zu begründen[20c]).

c) Erforderlichkeit der Gestaltungsanforderung

Die gestalterischen Anforderungen sind nur zulässig, wenn die Absichten der Gemeinde oder der Schutz der in Abs. 1 Nr. 2 genannten Anlagen sie **erfordern**. Die Gestaltungsregeln unterliegen schon vom ausdrücklichen Wortlaut der Ermächtigungsnorm her dem Gebot der Erforderlichkeit, das ein Strukturmerkmal des umfassenden verfassungsrechtlichen **Grundsatzes der Verhältnismäßigkeit** ist. Damit wird in besonderer Weise dem Umstand Rechnung getragen, daß Satzungen dieser Art immer eine den Eigentümer beschränkende Inhaltsbestimmung des Eigentums enthalten[21]). Hierin liegt die wichtigste Grenze für Gestaltungsregeln, um eine übermäßige Einschränkung der Gestaltungsfreiheit zu unterbinden.

Hierzu heißt es in der Broschüre der Obersten Baubehörde „**Alte Städte — alte Dörfer**"[22]) zutreffend:

„Die örtlichen Bauvorschriften müssen als solche und in ihren einzelnen Regelungen von der Stärke und von der Spannweite des Eingriffes her erforderlich sein, um den in Art. 91 Abs. 1 Nr. 2 BayBO genannten Schutzzweck zu erreichen. Es kann geboten sein, die Anforderungen auf einzelne Bereiche zu beschränken oder nach dem Grad der Schutzbedürftigkeit abzustufen. Es kann auch erforderlich sein, bestimmte Anforderungen, z. B. an Details der Fassadengestaltung, für die vom öffentlichen Verkehrsraum aus nicht einsehbaren Teile von Gebäuden abzumindern. Bei jedem einzelnen Regelungsgegenstand muß geprüft werden, ob er überhaupt regelungsbedürftig und auf bauordnungsrechtlicher Grundlage regelbar ist. Örtliche Bauvorschriften können Anforderungen an die Errichtung, Änderung und Unterhaltung baulicher Anlagen stellen. Bau-, Änderungs- und Abbruchgebote können durch sie ebensowenig festgesetzt werden wie das Verbot des gänzlichen Abbruchs baulicher Anlagen . . . Ihre ordnungsgemäße Instandhaltung kann dagegen nicht als Unterhaltungsmaßnahme verlangt werden. Nicht ausgeschlossen ist auch — als Veränderungsregelung — das Verbot, bestimmte Bauteile zu beseitigen. Ferner ist zu prüfen, ob eine zwingende Regelung erforderlich ist oder ob eine Soll- oder Kannvorschrift ausreicht und in welchem Umfange Ausnahmen von der Regelung geboten sind (Art. 72 Abs. 2, 3 BayBO). Für Ausnahmen und Befreiungen von örtlichen Bauvorschriften ist das Einvernehmen der Gemeinde erforderlich (Art. 72 Abs. 6 BayBO)."

Grundsätzlich gilt: Je weniger homogen ein Baugebiet ist, desto seltener werden Absichten der Gemeinde gestalterische Anforderungen „erfordern"; „erforderlich" bedeutet insoweit mehr als bloßes „Rechtfertigen".

20c) OVG Lüneburg BRS 47 Nr. 13; dies folgt auch aus dem Abwägungsgebot, siehe dazu unten III. 4. c.
21) Siehe unten, S. 47 ff.
22) Alte Städte — alte Dörfer. Gestalten und erhalten durch örtliche Bauvorschriften. Herausgegeben vom Bayer. Staatsministerium des Innern — Oberste Baubehörde — und vom Bayer. Staatsministerium für Unterricht und Kultus, September 1986, Seite 150.

Das **OVG Lüneburg** vertritt die Auffassung, es reiche aus, daß die einzelnen Gestaltungsanforderungen zur Durchführung städtebaulicher Absichten „vernünftigerweise geboten" seien, sie brauchten nicht das einzige Mittel für ihre Verwirklichung zu sein[23]). Diese Auffassung relativiert im Bereich von Grundrechtsbeschränkungen den Begriff der Erforderlichkeit gegen seinen klaren rechtsstaatlichen Inhalt. Erforderlichkeit bedeutet, daß nicht ein anderes, gleich wirksames, aber das Grundrecht nicht oder weniger fühlbar einschränkendes Mittel hätte gewählt werden können[24]).

Die Gestaltungsvorschrift darf daher nur so gering wie möglich in die baugestalterische Freiheit von Bauherr und Architekt eingreifen[25]). Während sich das **Erfordernis** gestalterischer Anforderungen nach Art. 91 Abs. 1 **Nr.** 1 BayBO auf die städtebaulichen Absichten, also auf das gestalterische Konzept der Gemeinde, beziehen muß, sind gestalterische Anforderungen nach Art. 91 Abs. 1 **Nr.** 2 BayBO nur zulässig, wenn sie zum Schutz der dort genannten baulichen Anlagen von geschichtlicher, künstlerischer oder städtebaulicher Bedeutung oder des Ensembles erforderlich sind[26]). Grundlage für solche Gestaltungsvorschriften sind also nicht planerische Absichten, sondern die **tatsächlichen Verhältnisse**[27]). Nur der derzeitige Bestand kann Schutzzweck sein. Nur wenn und soweit der tatsächliche Bestand in dem Gebiet, für das eine bestimmte Regelung gelten soll, gerade im Hinblick auf diese Regelung erstens genügend homogen ist und zweitens diese Homogenität schutzwürdig ist, sind Gestaltungsanforderungen nach Art. 92 Abs. 1 Nr. 2 BayBO gerechtfertigt. Zum Vergleich kann der Maßstab herangezogen werden, der nach § 34 BauGB bei der Ermittlung des „Rahmens" für die Art und das Maß der zulässigen Nutzung, die Bauweise und die überbaubare Grundstücksfläche zugrunde gelegt wird[28]). Die Voraussetzungen für den Erlaß von Satzungen nach Art. 91 Abs. 1 Nr. 2 BayBO sind daher deutlich höher als bei Nr. 1. Die Frage der Schutzwürdigkeit steht in Art. 91 Abs. 1 Nr. 2 nicht zur Disposition der Gemeinde.

d) Ausrichtung an örtlichen Verhältnissen

Die Gestaltungsanforderungen müssen sich an den **örtlichen Verhältnissen** ausrichten[29]). Dies folgt aus dem verfassungsrechtlichen **Bestimmtheits-**

---

23) OVG Lüneburg BRS 35 Nr. 132; so auch Koch/Molodovsky/Rahm a.a.O., Art. 12 Rz. 2.2.
24) BVerfGE 63, 88, 115; etwas abgeschwächt auch Schwarzer a.a.O., Art. 91 Anm. 2.1.
25) Bundesverwaltungsgericht BRS 16 Nr. 75; BVerwGE 40, 94; BVerwG NJW 1980, 2091; OVG Münster BRS 33 Nr. 115; OVG Lüneburg BRS 39 Nr. 132.
26) Bei diesen Anlagen muß es sich nicht um Denkmäler handeln.
27) Simon a.a.O., Art. 91 Rz. 9 a. E.; Schwarzer a.a.O., Art. 91 Anm. 2.2.
28) Im einzelnen dazu oben, S. 30 ff.; vgl. BVerwGE 55, 369, 380.
29) Simon a.a.O., Art. 91 Rz. 5; OVG Lüneburg BRS 40 Nr. 151; BRS 46 Nr. 120; BRS 47 Nr. 122; VGH Baden-Württemberg VerwRSpr 20 Nr. 693; 14 Nr. 19.

gebot[29a]). Das bedeutet, daß örtliche Bauvorschriften auf ganz bestimmte Teile eines Gemeindegebiets bezogen sein müssen und die beabsichtigte Gestaltung gerade dort ihre besondere Bedeutung haben muß. Auf die vorhandene oder in Bebauungsplänen verbindlich festgesetzte Gebietsart ist Rücksicht zu nehmen. Die Anforderungen sind in Gewerbe- und Industriegebieten naturgemäß anders als in Kern- und Dorfgebieten, die das Ortsbild prägen[30]). So darf die Gestaltungssatzung nicht das Verbot „abstrakt" verschärfen, sondern muß **konkrete**, in den örtlichen Gegebenheiten wurzelnde Anforderungen stellen.

Beispiele:
— Unzulässig ist es, den Maßstab vom Durchschnittsbetrachter zum Sachverständigen zu ändern[31]).
— Unzulässig sind Vorschriften, nach denen alle baulichen Anlagen so zu gestalten sind, daß sie „ein auf die Umgebung abgestimmtes Äußeres" erhalten, sich „in das Ortsbild gut einpassen" oder „gut oder harmonisch einfügen" müssen[32]) oder sich „an der ortsüblichen überkommenen Art der Bebauung ausrichten" müssen[33]).
— Unzulässig ist auch eine Bestimmung, nach der — insbesondere in großen, von unterschiedlicher Bebauung und unterschiedlichen Dachformen geprägten Gebieten — die Dächer von Gebäuden sich hinsichtlich Form, Neigung und Material „an die Bebauung der näheren Umgebung anpassen" müssen.

Das von der Regelung betroffene **Baugebiet muß dabei selbst** ein **Mindestmaß an Einheitlichkeit** aufweisen; diese Einheitlichkeit muß in der Regelung eindeutig erkennbar und nachvollziehbar ihre Entsprechung finden.

Sie kann sich aus einzelnen gestalterischen Merkmalen, aber auch aus planungsrechtlichen Kategorien ergeben.

Beispiele:
— So hat das **BVerwG** eine Ortsvorschrift, die in der Altstadt Lichtbildwerbung verbot, als rechtmäßig angesehen[34]).
— Nach einer Entscheidung des **OVG Lüneburg** ist der kleinstädtisch geprägte Stadtkern ein genügend homogenes Gebiet, um Einschränkungen für Werbeanlagen zu rechtfertigen[35]). Selbst der gesamte Ort Kampen auf Sylt wurde — zu weitgehend — vom OVG Lüneburg als genügend einheitlich angesehen, um eine einheitliche Gestaltung der Außenwände sämtlicher Gebäude zu rechtfertigen[36]).

29a) König a.a.O., S. 33, 84; OVG Lüneburg BRS 46 Nr. 120.
30) Demgemäß hat das BVerwG für Werbeanlagen generalisierende Regelungen, die die Zulässigkeit von der Art des Baugebiets abhängig machten, als vertretbar angesehen, BVerwG DVBl. 1965, 203; BVerwGE 40, 94, 99. Vgl. auch wie hier zum Verunstaltungsverbot VGH Baden-Württemberg BRS 44 Nr. 117.
31) Schmaltz VR 1983, 217, 227.
32) Beispiele von Schmaltz a.a.O.
33) So die Beispiele in der Broschüre der Obersten Baubehörde „Alte Städte — alte Dörfer" a.a.O., Seite 16.
34) BVerwG NJW 1980, 2091.
35) OVG Lüneburg BRS 40 Nr. 151.
36) OVG Lüneburg BRS 35 Nr. 132.

— Der **Hessische VGH** hielt gestalterische Anforderungen (an Werbeanlagen) in einem gewachsenen Dorfkern für zulässig, bei dem das Gebiet der Gestaltungssatzung, ausgehend von der historischen Ortskernentwicklung, anhand von Kartierungen aus den Jahren 1867 und 1904 abgegrenzt worden war[36a].

— Bei **Mischgebieten** (§ 6 BauNVO) fehlt es an einer hinreichenden Einheitlichkeit. Dort sind generelle Beschränkungen in aller Regel unzulässig, da es an einer einheitlichen Funktion und Eigentumssituation der Bauflächen fehlt.

Der Bezug auf die örtlichen Verhältnisse muß in der Satzung zum Ausdruck kommen. Dies gilt insbesondere, wenn auf ein einheitliches Straßen- oder Ortsbild oder auf Vorhandenes abgestellt wird. In diesen Fällen genügt die Satzung dem Bestimmtheitsgebot nur dann, wenn **anhand der Satzung** feststellbar ist, welche Charakteristika z. B. das Straßenbild aufweist und was davon als schützenswert angesehen wird. Diese Charakteristika müssen in ihren wesentlichen Zügen festgelegt werden. Bei Bezügen auf vorhandene Bauten, Straßen oder Plätze müssen die maßstabbildenden Elemente benannt werden[37].

— Begriffe wie „Einheitlichkeit des Straßenbildes", „auf die Umgebung abgestimmtes Äußeres" oder „gut/harmonisch einfügen" als Maßstab für Gestaltungsanforderungen oder die Zulässigkeit von Ausnahmen sind zu unbestimmt[38].

— Problematisch sind auch Anforderungen an die farbliche Gestaltung — z. B. „grelle Farben", „kontrastreiche Farben" —, wenn Präzisierungen fehlen.

e) Gestaltungsvorschriften für das gesamte Gemeindegebiet

Fraglich ist, ob Gestaltungsvorschriften möglich sind, die für das **gesamte Gemeindegebiet** gelten. Eine ausdrückliche Beschränkung auf bebautes Gebiet, Gemeinde- oder Ortsteile enthält Art. 91 BayBO wie schon der frühere Art. 107 BayBO 1974 nicht. Dadurch unterscheidet sich die bayerische Regelung von denen anderer Landesbauordnungen[38a].

Der räumliche Geltungsbereich wird jedoch dadurch eingeschränkt, daß für die Gestaltung eine planerische Konzeption vorliegen muß. Diese Konzeption muß ihre Entsprechung in einer charakteristischen Prägung desjenigen Gebietes haben, für das die Vorschrift gilt[39]. Eine einheitliche Prägung des gesamten Gemeindegebietes ist aufgrund der zwangsläufig ganz unterschiedlichen Nut-

---

36a) HessVGH BRS 47 Nr. 121.
37) Schmaltz VR 1983, 217, 227.
38) Schmaltz VR 1983, 217, 227.
38a) Vgl. zum Beispiel § 81 Abs. 1 Nr. 1 LBO Nordrhein-Westfalen, § 56 NBauO; vgl. dazu Gädtke/Böckenförde/Temme a.a.O., § 81 Rz. 11; Grosse-Suchsdorf/Schmaltz/Wiechert a.a.O., § 56 Rz. 8.
39) Vgl. oben c.

zungsweise der im Gemeindegebiet vorhandenen Bauflächen fast immer ausgeschlossen. Ortssatzungen für das gesamte Gemeindegebiet setzen deshalb eine besondere Homogenität der Gemeinde voraus. Dies ist nur bei kleinen, historisch einheitlich erhaltenen Dörfern zu finden[40]).

f) Gestaltungsvorschriften für den Außenbereich

Fraglich ist weiterhin, ob Gestaltungsvorschriften auch für den **Außenbereich** erlassen werden können.
Örtliche Bauvorschriften nach Art. 91 Abs. 1 **Nr. 2** BayBO dienen dem
Schutz besonderer baulicher Anlagen. Dabei kann die schutzwürdige Anlage
auch im Außenbereich liegen. Deshalb sind dort Anforderungen an bauliche
Anlagen, die in der Umgebung z. B. einer Kirche, eines Schlosses oder eines
charakteristischen Gutshofes liegen, möglich[41]).

Beispiel:

Die Gemeinde kann die Bebauung einer Zufahrtsstraße, die zu einem außerhalb sonstiger Bebauung stehenden Schloß führt, gestalterisch bestimmen.

Gestaltungsanforderungen nach Art. 91 Abs. 1 **Nr. 1** BayBO werden im Außenbereich nur in Ausnahmefällen zulässig sein. Nach Art. 91 Abs. 1 Nr. 1
BayBO sind Gestaltungsanforderungen nur zulässig, wenn **städtebauliche**
Absichten sie erfordern. Der Begriff „städtebaulich" bzw. „Städtebau" ist
zwar nicht auf „städtisches" Bauen beschränkt. Das Baugesetzbuch (BauGB),
das den Begriff vorwiegend verwendet, meint vielmehr mit städtebaulicher
Entwicklung zum Teil auch oder gerade den Außenbereich[42]).

Das **BVerfG** beschrieb als Gegenstand der städtebaulichen Planung „die Vorbereitung und Lei-
tung der gesamten Bebauung in Stadt und Land, der zu ihr gehörigen baulichen Anlagen und Ein-
richtungen sowie der mit der Bebauung in Verbindung stehenden Nutzung des Bodens"[43]).

Jedoch muß die städtebauliche Konzeption auf **Bebauung** ausgerichtet sein[44]).
Die städtebaulichen Absichten müssen ein Mindestmaß an Entsprechung im
räumlichen Geltungsbereich der Gestaltungsvorschrift finden. Ein einheitliches gestalterisches Gepräge einer im örtlichen Zusammenhang stehenden Bebauung setzt aber zwingend voraus, daß **überhaupt** eine zusammenhängende
Bebauung vorliegt. Fehlt es daran, können die planerischen Absichten höch-

---

40) Ebenso Broschüre der Obersten Baubehörde „Alte Städte — alte Dörfer" a.a.O., Seite 9.
41) So auch Simon a.a.O., Art. 91 Rz. 9.
42) Vgl. z. B. § 20 BauGB; ausführlich Weyreuther, Bauen im Außenbereich 1979, Seite 251 ff.
43) BVerfGE 3, 407, 423.
44) So BVerfGE 3, 407, 423. Vgl. oben b.

stens „landschaftpflegerischer" Art sein. Landschaftspflegerische Gestaltung ist rechtlich zwar möglich. Baugestaltungsvorschriften sind jedoch kein zulässiges Instrument dafür.

Baugestaltungsvorschriften setzen eine **zusammenhängende Bebauung** voraus. Das Bundesverwaltungsgericht spricht in seinen Entscheidungen zu örtlichen Gestaltungsvorschriften sogar von „Baugebieten"[45]. Das muß zwar kein Baugebiet im planungsrechtlichen Sinne sein. Erforderlich ist jedoch eine gestalterische Einheitlichkeit, die der städtebaulichen Einheitlichkeit eines Ortsteiles im Sinne von § 34 BauGB entspricht. Ein solcher „**Gestaltungszusammenhang**" der zusammengehörigen Bebauung wird im Außenbereich selten zu finden sein. Der Außenbereich ist nämlich, von privilegierten Vorhaben abgesehen, gerade vom Grundsatz geprägt, daß er von Bebauung freizuhalten ist[46]. Soweit dort Bebauung zulässig ist, ist für sie die Vielfalt ihrer Gestaltung charakteristisch. Im Außenbereich finden sich neben Vorhaben einheitlicher Nutzungsart wie landwirtschaftliche Betriebe z. B. auch standortgebundene gewerbliche Vorhaben wie Kraftwerke, Umspannwerke, Kiesgewinnungsanlagen usw.

Danach kommen Gestaltungsvorschriften im Außenbereich nur in seltenen Fällen in Frage. Eine zusammenhängende Bebauung mit einheitlichem Gepräge wird nahezu immer die Voraussetzungen eines „im Zusammenhang bebauten Ortsteiles" im Sinne von § 34 BauGB erfüllen.

g) Äußere Gestaltung

Regelungsgegenstand des Art. 91 Abs. 1 Nr. 1, 2 BayBO sind Normvorschriften über die **äußere Gestaltung**. Die geregelten Gestaltungsmerkmale müssen sichtbar sein[47].

Beispiele:

— Entgegen VG Augsburg[48] kann das Ortsbild nicht durch die sprachlichen Inhalte von Werbeanlagen geprägt werden. Gestaltungsvorschriften dürfen daher nicht auf die sprachliche Gestaltung der Werbeanlagen Einfluß nehmen. Deshalb ist es unzulässig, fremdsprachige Werbung durch eine Ortssatzung zu untersagen.
— Auch eine gestalterische Bestimmung, die die Begrünung von Dachflächen bei Flachdachbauten vorschreibt[49], kann am Erfordernis der Sichtbarkeit scheitern.

---

45) BVerwGE 40, 94; NJW 1980, 1091.
46) BVerwGE 28, 148.
47) Schwarzer a.a.O., Art. 91 Anm. 2.1; Sauter a.a.O., § 73 Rz. 36.
48) VG Augsburg, 14. April 1986, VK 85 A. 1512 Mue. — Im dortigen Fall hatte die Stadt Füssen versucht, fremdsprachige Werbung durch eine Ortssatzung zu untersagen.
49) Vgl. dazu Simon a.a.O., Art. 91 Rz. 7.

Für Art. 91 Abs. 1 Nr. 1 BayBO ergibt sich diese Beschränkung auf Regelungen über die äußere Gestaltung schon aus dem Wortlaut. Sie gilt jedoch auch für Vorschriften im Rahmen von Art. 91 Abs. 1 Nr. 2 BayBO. Gestalterische Anforderungen für geschichtlich, künstlerisch oder städtebaulich bedeutsame Ortsteile dienen der Wahrung des Orts- und Straßenbildes, nicht jedoch der Pflege und Sicherung alter Bausubstanz. Durch örtliche Bauvorschriften können deshalb keine Erhaltungsgebote erlassen werden[50]). Die Beseitigung originaler Bausubstanz und ihr Ersatz durch Kopien kann das Ortsgestaltungsrecht nicht verhindern.

4. Gegenstände örtlicher Gestaltungsvorschriften

Soweit sich die Gestaltungsvorschriften im Rahmen der genannten Voraussetzungen halten, können sie Maße, Proportionen, Oberflächenstruktur, Farben, die Zulässigkeit bestimmter Bauteile usw. betreffen. Allerdings sind Festsetzungen nach Art. 91 Abs. 1 **Nr. 1** BayBO dem klaren Wortlaut nach auf die Gestaltung der baulichen Anlage selbst beschränkt. Gestaltungsvorschriften nach Art. 91 Abs. 1 **Nr. 2** BayBO setzen voraus, daß das geregelte Gestaltungselement Einfluß auf die nach Art. 91 Abs. 1 Nr. 2 schutzwürdige Anlage hat. Als **Regelungsbereich** kommen in Frage:

a) Gebäudegestaltung

Regelungen über die zulässige **Höhe von Gebäuden** sind möglich[51]).

Die **Höhe der einzelnen Geschosse** darf festgelegt werden, nicht dagegen die Zahl der Vollgeschosse; diese hat allein planungsrechtlichen Charakter[52]). Die Höhenfestsetzung darf im Gegensatz zu den nach § 16 Abs. 3 BauNVO möglichen bodenrechtlichen Festsetzungen in Bebauungsplänen auch auf einzelne Gebäudeelemente wie Gesims und Traufe bezogen werden[53]).

Regelungen über die **Anordnung baulicher Anlagen** auf dem Grundstück sind nach Art. 91 Abs. 1 **Nr. 1** BayBO schon dem Wortlaut nach unzulässig. „Gestaltung der baulichen Anlage" ist etwas anderes als die Lage der Anlage auf dem Grundstück[54]). Daher scheidet auch die Festsetzung von seitlichen Baulinien oder Baugrenzen aus. Nach Art. 91 Abs. 1 **Nr. 2** BayBO sind Regelungen über die Anordnung baulicher Anlagen nur möglich, wenn sie gestalterischen, nicht bodenrechtlichen Zwecken dienen.

---

50) Sauter a.a.O., § 73 Rz. 46 f.
51) BayVGH BRS 30 Nr. 109.
52) Grosse-Suchsdorf/Schmaltz/Wiechert a.a.O., § 56 Rz. 17. Durch differenzierte Regelungen der Gebäudehöhe und Geschoßhöhe kann aber mittelbar auch die Zahl der Geschosse festgelegt werden.
53) Schmaltz VR 1983, 217, 220.
54) Grosse-Suchsdorf/Schmaltz/Wiechert a.a.O., § 56 Rz. 16; Schmaltz VR 1983, 217, 220.

Auch Vorschriften über die **Breite eines Gebäudes** sind gestalterisch nicht immer gerechtfertigt. Oft genügt eine Festsetzung über die **Fassadenbreite**[55]).

Die Festsetzung sogenannter **Traufgassen** zwischen giebelständigen Häusern kann höchstens nach Art. 91 Abs. 1 **Nr. 2** BayBO erfolgen. Voraussetzung sind jedoch auch hier gestalterische Gründe. Eine solche Festsetzung würde bauordnungsrechtlich mit dem grundsätzlichen Verbot enger Reihen kollidieren[56]). Sie ist allerdings planungsrechtlich als sogenannte „abweichende Bauweise" nach § 22 Abs. 4 BauNVO möglich[57]).

Nach zutreffender Ansicht sind Festsetzungen einer **Giebelstellung** oder einer **Firstrichtung** der Gebäude als Gestaltungsvorschrift zulässig. Zwar enthalten Bebauungspläne vielfach Festlegungen der Firstrichtung, ihre Zulässigkeit wird dabei auf § 9 Abs. 1 Nr. 2 BauGB (Stellung baulicher Anlagen) gestützt. Die einer Festsetzung im Bebauungsplan zugrundeliegenden Gesichtspunkte dürfen jedoch nur solche planerischer, das heißt bodenrechtlicher Art sein[58]), dazu gehört z. B. der Gesichtspunkt, das Ortsbild großräumig zu gestalten.

b) Baukörpergestaltung

Es kommen Anforderungen an die Gestaltung von **Fenstern, Türen, Toren, Balkonen, Erkern, Außenwänden oder Giebeln, Anbauten, Werbeanlagen** usw. in Betracht. Baugestaltungsvorschriften können sich auf sehr kleine Bauteile und „kleinste Zusätze" an Fassaden beschränken[59]).

Materialien sind nur in begrenztem Maße zulässiger Gegenstand von Gestaltungsanforderungen. Denn sie würden andere Materialien ausschließen, deren gestalterische Wirkung identisch wäre[60]). Bei Gestaltungssatzungen kann allein das Aussehen die Anforderung rechtfertigen. Qualität, Echtheit oder Haltbarkeit spielen — anders als im Denkmalschutz — keine Rolle. Die Gestaltungssatzung muß deshalb immer die Möglichkeit lassen, andere Materialien gleicher äußerer Wirkung zu verwenden.

c) Dachgestaltung

Geregelt werden können **Form, Neigung**[60a]), **Farbton, Aufbauten (vor allem Dachgauben), Einschnitte, Dachfenster, Vordächer, Vorsprünge, das Verbot von Dachständern oder Einzelantennen**[61]).

---

55) Schmaltz VR 1983, 217, 220.
56) Vgl. dazu BayVGH BayVBl 1977, 634; Simon a.a.O., Art. 6 Rz. 46, Art. 7 Rz. 9.
57) Vgl. Gelzer, Bauplanungsrecht, 4. Aufl. 1984 Rz. 82; a. A. Schmaltz VR 1983, 217, 221; zweifelnd auch Grosse-Suchsdorf/Schmaltz/Wiechert a.a.O., § 56 Rz. 16 mit Verweis auf OVG Lüneburg, U. v. 26. 11. 1980, 1 A 58/80; HessVGH BRS 36 Nr. 26.
58) Wie hier auch Gelzer a.a.O., Rz. 200; Schrödter a.a.O., § 9 Rz. 9; Kuhn DVBl. 1968, 497, 501; Schmaltz VR 1983, 217, 220.
59) BVerwG BRS 35 Nr. 133.
60) So auch Schmaltz VR 1983, 217, 221. Das OVG Lüneburg hielt eine Satzungsbestimmung (bei Ferienhäusern), „natürliche" Baustoffe zu verwenden, für rechtmäßig (BRS 35 Nr. 132).
60a) VGH Baden-Württemberg BRS 47 Nr. 11, 12; OVG Lüneburg BRS 47 Nr. 13.
61) Schmaltz VR 1983, 217, 222 zweifelt an der Zulässigkeit eines Verbotes von Einzelantennen und Freileitungen ohne ausdrückliche Ermächtigung wie in § 56 Nr. 4 Niedersächsische BauO.

d) Grundstücksgestaltung

Beispiele:

— Die Gestaltung von Stellflächen und Zufahrten, zum Teil nach Art. 91 Abs. 1 Nr. 3 BayBO, so durch Pflasterrasen[62]).
— Die Gliederung von Parkplätzen durch Bäume und Hecken[63]).
— Ohne eine entsprechende Festsetzung in einer Ortsbausatzung sind Auflagen in einer Baugenehmigung, die die Grundstücksgestaltung betreffen, in der Regel rechtswidrig.

III.
Die Vereinbarkeit von Gestaltungsanforderungen mit Art. 14 Abs. 1 GG

Örtliche Gestaltungssatzungen müssen nicht nur ihrer Ermächtigungsgrundlage, Art. 91 BayBO, entsprechen, sie müssen auch mit dem höherrangigen Verfassungsrecht vereinbar sein. Dazu gehören die Grundrechte. Durch gestalterische Anforderungen wird der Grundeigentümer, der bauen möchte, in der Freiheit beschränkt, die Vielfalt baulicher Gestaltungsmöglichkeiten auszunutzen. Er kann sein Grundeigentum nur noch im Rahmen der vorgegebenen Gestaltungsvorschriften nutzen. Gestaltungsanforderungen müssen deshalb mit dem Grundrecht nach Eigentum, Art. 14 Abs. 1 GG, vereinbar sein.

1. Baufreiheit und Eigentum

Art. 14 Abs. 1 Satz 1 GG gewährleistet das Eigentum. Sein Inhalt und seine Schranken werden gemäß Art. 14 Abs. 1 Satz 2 GG durch den Gesetzgeber bestimmt. Gegenstand und Umfang des verfassungsrechtlich gewährleisteten Eigentums ergeben sich aus der Gesamtheit der verfassungsmäßigen Gesetze. Dazu gehören öffentlich-rechtliche wie privat-rechtliche Vorschriften. Essentieller Bestandteil des Grundeigentums ist seine bauliche Nutzbarkeit[1]). Der

---

62) IMBek. vom 12. 2. 1978, Nr. 4.6, MABl. Seite 181, abgedruckt bei Simon a.a.O., Art. 55.
63) Nr. 4.6 der IMBek. vom 12. 2. 1978 ist allerdings als Soll-Bestimmung gefaßt und daher nicht bindend.
1) Papier, in Maunz/Dürig, Grundgesetz, Stand Januar 1987, Art. 14 Rz. 59; zur Baufreiheit vgl. BVerfGE 25, 112; Bryde, in: von Münch, Grundgesetz Kommentar Band I, 3. Auflage 1985, Art. 14 Rz. 14; Simon a.a.O., Art. 3 Rz. 5 ff. mit Nachweisen; zum Ganzen BVerfGE 58, 300, 336; Nüßgens/Boujong, Eigentum, Sozialbindung, Enteignung, 1987, Rz. 39 ff.

Gesetzgeber hat die Baufreiheit dabei in verfassungsrechtlich zulässiger Weise unter ein **Verbot mit Erlaubnisvorbehalt** gestellt. Die öffentlich-rechtliche Zulässigkeit der baulichen Nutzung eines Grundstücks wird durch die Baugenehmigung **konstitutiv** festgestellt[2]).

2. Baugestaltungsvorschriften als Inhaltsbestimmung

Das Eigentum kann vom Gesetzgeber auf unterschiedliche Weise durch Vorschriften tangiert werden: Der Gesetzgeber kann — erstens — das Eigentum durch die Bestimmung von Inhalt und Schranken **inhaltlich ausformen**, Art. 14 Abs. 1 Satz 2 GG. Damit werden auf der Ebene des objektiven Rechts diejenigen Rechtssätze geschaffen, die die Rechtsstellung des Eigentümers erst begründen oder sie ausformen. Der Gesetzgeber kann — zweitens — durch Gesetz konkrete Eigentumsrechte entziehen (sogenannte **Legalenteignung**) oder — drittens — die Exekutive zum Entzug von Eigentum ermächtigen (sogenannte **Administrativenteignung**), Art. 14 Abs. 3 Satz 2 GG[3]).

Ob ein Rechtsvorgang, der das Eigentum berührt, als Enteignung oder als Inhaltsbestimmung zu qualifizieren ist, hängt davon ab, ob der Rechtsvorgang die Rechtsposition des Eigentümers entzieht — dann Enteignung — oder sie lediglich umgestaltet — dann Inhaltsbestimmung[4]). Welche Befugnisse dem Eigentümer konkret zustehen, ergibt sich aus einer Gesamtschau der die Eigentümerstellung regelnden Vorschriften. Maßgeblich dafür ist die Gesamtheit der verfassungsmäßigen Rechte, die den Inhalt des Eigentums bestimmen.

Die Baufreiheit gilt nicht unbeschränkt. Inhalt und Umfang legt der Gesetzgeber im materiellen Baurecht fest. Die in der Weimarer Zeit vorherrschende Rechtsauffassung, die bereits dann eine Enteignung bejahte, wenn das Recht eines Eigentümers, mit einer Sache gemäß § 903 BGB nach Belieben zu verfahren, zugunsten eines Dritten beeinträchtigt wurde, wurde vom Bundesverfassungsgericht im Naßauskiesungsbeschluß ausdrücklich abgelehnt[5]). Die Baufreiheit steht, da sie notwendigerweise gestaltend auf die Umwelt einwirkt, in einem gesteigerten sozialen Bezug. Dem tragen die vielfältigen Bestimmungen

---

2) Vgl. Nüßgens/Boujong, a.a.O., Rz. 39 f. mit Nachweisen.
3) Zum Ganzen vgl. BVerfGE 68, 361, 367; 64, 87, 101; 58, 300, 331 f.; 52, 1, 27; Bryde, in: von Münch a.a.O., Art. 14 Rz. 48 ff.; ausführlich Nüßgens/Boujong, a.a.O., Rz. 127 ff., 324 ff. Bei den 3 Möglichkeiten handelt es sich um eigenständige Rechtsinstitute, deren Zulässigkeitsvoraussetzungen verschieden und die streng voneinander zu trennen sind, BVerfGE 58, 300, 331.
4) BVerfGE NJW 87, 1251 (Boxberg); 71, 137, 143; 70, 191, 199 f.; 58, 300, 330; 51, 1, 27 f.; Bryde, in: von Münch a.a.O., Art. 14 Rz. 52.
5) BVerfGE 58, 300, 335.

des Bauplanungs- und Bauordnungsrechts Rechnung. Auch die Baugestaltungsvorschriften gehören hierzu. Mit diesen Bestimmungen werden daher Inhalt und Schranken des Eigentums näher bestimmt, das Grundeigentum ausgeformt. Es handelt sich nicht um Enteignung, sondern um **Inhaltsbestimmung** des Eigentums[6]).

3. Allgemeine Grenzen der Inhaltsbestimmung

Auch die Befugnis des Gesetzgebers, Inhalt und Schranken zu bestimmen, unterliegt ihrerseits verfassungsrechtlichen Schranken. Das Bundesverfassungsgericht hat hierfür in den letzten Jahren allgemeine Maßstäbe entwickelt[7]). Danach muß der Gesetzgeber bei der Ausfüllung seines Auftrages, Inhalt und Schranken zu bestimmen, sowohl der grundgesetzlichen Anerkennung des Privateigentums durch Art. 14 Abs. 1 Satz 1 GG als auch der Sozialbindung in Art. 14 Abs. 2 GG in gleicher Weise Rechnung tragen. Die schutzwürdigen Interessen aller Beteiligten sind in einen gerechten Ausgleich und ein ausgewogenes Verhältnis zu bringen. Einseitige Bevorzugungen oder Benachteiligungen stehen mit den verfassungsrechtlichen Vorstellungen eines sozialgebundenen Privateigentums nicht in Einklang[8]).

Das Grundrecht auf Eigentum ist durch **Privatnützigkeit** und grundsätzliche Verfügungsbefugnis des Eigentümers über den Eigentumsgegenstand gekennzeichnet. Diese Privatnützigkeit ist jedoch durch ihren **sozialen Bezug** gebunden. Je größer der soziale Bezug und die soziale Funktion des Eigentums sind, je stärker der einzelne auf die Nutzung fremden Eigentums angewiesen ist, um so weiter ist der Gestaltungsspielraum des Gesetzgebers. Er verengt sich, wenn dies nicht oder nur in begrenztem Umfang der Fall ist[9]). Der Gesetzgeber ist aus diesem Grunde zu einer abgestuften Einwirkung auf das Eigentum befugt. Er muß dabei aber zugunsten des Eigentümers die Schranken der Verfassung beachten. Eine **übermäßige Einschränkung** des Eigentums ist **unzulässig**, sie verstößt gegen den **Grundsatz der Verhältnismäßigkeit**.

Dieser Verfassungsgrundsatz fordert für jeden gesetzgeberischen Eingriff einen rechtfertigenden Grund. Dabei hat der Gesetzgeber den Schutzzweck zu beachten, dem die Regelung dient. Einschränkungen der Eigentümerbefugnis-

---

6) BVerfGE 21, 131, 142; BGHZ 19, 1; Simon a.a.O., Art. 3 Rz. 6; vgl. auch (zum Denkmalschutz) Moench, NJW 1980, 1545; Nüßgens/Boujong, a.a.O., Rz. 219 ff.
7) BVerfGE 68, 361, 367; 64, 67, 101; 58, 300, 349 ff.; 52, 1, 29 ff.
8) BVerfGE 52, 1, 29.
9) BVerfGE 52, 1, 32; 50, 290, 340 f.

se sind durch diesen Schutzzweck begrenzt[10]). Der Gesetzgeber hat die **Gebote der Geeignetheit,** der **Erforderlichkeit** und der **Verhältnismäßigkeit**[11]) zu beachten. Schließlich hat das **Vertrauensschutzprinzip** Geltung[12]).

4. Grenzen der Inhaltsbestimmung der Baufreiheit

Ortsgestaltungssatzungen bestimmen Inhalt und Schranken der eigentumsrechtlich geschützten Baufreiheit. Sie müssen sich deshalb innerhalb der vom Bundesverfassungsgericht beschriebenen Grenzen halten.

a) Weiter Gestaltungsspielraum

Die Baufreiheit ist einerseits Ausdruck persönlicher Handlungsfreiheit am privaten Eigentum. Gerade in der konkreten Gestaltung des Bauwerks kommt ihr individueller Gehalt zum Ausdruck. Andererseits verwirklicht sich diese Freiheit fast immer auch durch Gestaltung der Umwelt. Jedes Bauwerk hat auch Außenwirkung. Diese Außenwirkung belegt den gesteigerten sozialen Bezug der Baufreiheit. Dementsprechend ist dem Gesetzgeber bei der Inhaltsbestimmung grundsätzlich ein **weiter Gestaltungsspielraum** zuzugestehen[13]).

b) Grundsatz der Verhältnismäßigkeit

Bei Erlaß örtlicher Gestaltungsvorschriften hat die Gemeinde den verfassungsrechtlichen **Grundsatz der Verhältnismäßigkeit** zu beachten. Dazu gehören die **Gebote der Sachgerechtigkeit,** der **Erforderlichkeit, Geeignetheit** und der **Verhältnismäßigkeit.** Die Gestaltungsvorschrift darf nur so gering wie möglich in die baugestalterische Freiheit des Bauherrn eingreifen[14]).

---

10) BVerfGE 50, 290, 341; 52, 1, 29 f.; Nüßgens/Boujong, a.a.O., Rz. 134.

11) Das vom Gesetzgeber eingesetzte Mittel ist zur Erreichung des erstrebten Zwecks **geeignet,** wenn mit seiner Hilfe der gewünschte Erfolg gefördert werden kann. Es ist **erforderlich,** wenn der Gesetzgeber nicht ein anderes, gleich wirksames, aber das Grundrecht nicht oder doch weniger fühlbar einschränkendes Mittel hätte wählen können (BVerfGE 30, 292, 316; 63, 88, 115; 70, 1, 26; 70, 278, 286). Die Grundrechtsbegrenzung ist **im engeren Sinn verhältnismäßig,** wenn sie in angemessenem Verhältnis zu dem Gewicht und der Bedeutung des Grundrechts steht. Bei einer Gesamtabwägung zwischen der Schwere des Eingriffs und dem Gewicht sowie der Dringlichkeit der ihn rechtfertigenden Gründe muß die Grenze der Zumutbarkeit noch gewahrt sein (BVerfGE 30, 292, 316; 67, 157, 173, 178).

12) BVerfGE 58, 300, 351 f.; 137, 148; 52, 1, 29; Papier, in Maunz/Dürig a.a.O., Art. 14 Rz. 258.

13) BVerfGE 52, 1, 31; 50, 290, 340 f.; 42, 263, 294.

14) BVerwG BRS 16 Nr. 75; BVerwGE 40, 94; BVerwG NJW 1980, 2091. Schon der Wortlaut des Art. 91 BayBO enthält den Erforderlichkeitsgrundsatz; OVG Münster BRS 33 Nr. 115; OVG Lüneburg BRS 39 Nr. 132.

Die Auffassung des **OVG Lüneburg**[15]), die Gestaltungssatzung betreffe lediglich „Modalitäten" der Bebauung, ihr komme „nicht im entferntesten die eigentumsrechtliche Bedeutung eines Bebauungsplanes" zu, bewertet das Gewicht des verfassungsrechtlichen Eigentumsschutzes zu niedrig. Gestaltungssatzungen könnten danach kaum jemals enteignende Wirkung erlangen. Auch das Schlagwort eines „ästhetischen Umweltschutzes"[15a]) birgt die Gefahr einer Relativierung des Grundrechts auf Eigentum. Es handelt sich nicht um eine juristische Kategorie.

In diesem Zusammenhang ist zu berücksichtigen, daß die Baufreiheit ohnehin in starkem Ausmaß durch das Bodenrecht (Bauplanungsrecht) und das herkömmliche Bauordnungsrecht eingeschränkt ist. Daraus folgt, daß in Gestaltungsvorschriften grundsätzlich ein **Rahmen** gesetzt werden darf. Dem Bauherrn muß ein genügender Spielraum für die eigene individuelle Gestaltung seines Eigentums verbleiben[16]).

Gestaltungsvorschriften dürfen die entwerfende Tätigkeit des Architekten auch im Teilbereich der äußeren — sichtbaren — Gestaltung der baulichen Anlage nicht ersetzen. Bauherren und Architekten muß die Möglichkeit verbleiben, dem Bauwerk ein eigenes Gesicht, eine eigene äußere Identität zu geben. Engen gestalterische Anforderungen die Baufreiheit über dieses Maß hinausgehend ein, sind sie wegen Verstoßes gegen Art. 14 Abs. 1 GG nichtig.

c) Abwägungsgebot

Aus verfassungsrechtlichen Gründen ist die Gestaltungsfreiheit des Ortssatzungsgebers wie bei der Bauleitplanung einem — verfassungsrechtlichen — **Abwägungsgebot** unterworfen[17]). Die Gestaltungsvorschriften müssen eine angemessene Abwägung zwischen dem öffentlichen Anliegen der Gestaltung des Straßen-, Orts- und Landschaftsbildes und den privaten Eigentümerbefugnissen erkennen lassen[18]).

Grundsätzlich stellt die gezielte Gestaltung einzelner baulicher Anlagen und des Straßen-, Orts- und Landschaftsbildes ein begründetes öffentliches Anliegen dar, das die Einschränkung des Eigentums rechtfertigen kann[19]). Das Eigentum steht im gesamten Städtebaurecht unter einem allgemeinen Planungs-

---

15) OVG Lüneburg BRS 39 Nr. 132.
15a) Vgl. HessVGH BRS 47 Nr. 121; OVG Münster NVwZ 1984, 319 = BRS 40 Nr. 152.
16) Simon a.a.O., Art. 91 Rz. 4; Schmaltz VR 1983, 217, 219. Grosse-Suchsdorf/Schmaltz/Wiechert a.a.O., § 56 Rz. 11; so ausdrücklich in § 56 Nr. 1 Niedersächsische BauO.
17) OVG Münster BRS 33 Nr. 121; 38 Nr. 138; 40 Nr. 152, 153; OVG Lüneburg BRS 39 Nr. 132; VGH Baden-Württemberg BRS 39 Nr. 133; vgl. zum Abwägungsgebot auch allgemein BVerwGE 34, 301, 309; 45, 309, 312 ff.; 59, 87, 98; zur Berücksichtigung der Eigentumsgarantie im Rahmen des Abwägungsgebots auch BGHZ 30, 338, 343 f.; 48, 193, 195 f.; BVerwGE 47, 144, 153. Bei Gestaltungsfestsetzungen, die als Festsetzungen in den Bebauungsplan aufgenommen werden, finden gemäß Art. 91 Abs. 3 BayBO Vorschriften des BBauG (jetzt BauGB) Anwendung, darunter § 1 Abs. 5—7, § 2 Abs. 5—7, § 2 a Abs. 6 BBauG (jetzt § 1 Abs. 5 u. 6, § 4 Abs. 1, § 2 Abs. 4 u. 3 BauGB). Damit gilt das Abwägungsgebot. Vgl. VGH Baden-Württemberg BRS 47 Nr. 12.
18) VGH Baden-Württemberg BRS 39 Nr. 133.
19) BVerwGE 21, 251, 255 f.; VGH Baden-Württemberg BRS 39 Nr. 133.

vorbehalt. Sein Gewicht in der Abwägung ist unterschiedlich groß. Verfestigte Eigentümerpositionen, ausgeübte Nutzungen oder genehmigte Nutzungen genießen größeren Schutz als zwar zulässige, aber noch nicht ausgeübte Nutzungen oder gar bloße Nutzungschancen. Gestaltungssatzungen gestalten das Eigentum nicht mit Wirkung auf bereits ausgeübte, sondern nur auf **zukünftig mögliche** Nutzungen. Wird den privaten Eigentümerbelangen dagegen nicht oder nicht in einer ihrem objektiven Gewicht entsprechenden Weise Rechnung getragen, verstößt die Satzungsbestimmung gegen das verfassungsrechtliche Abwägungsgebot und damit gegen Art. 14 Abs. 1 GG. Sie ist in diesem Fall nichtig. Entscheidend für eine angemessene Abwägung sind damit die Schutzwürdigkeit des fraglichen Gebiets einerseits und die Beschränkung der Gestaltungsfreiheit des Bauherrn und das Ausmaß der damit verbundenen Belastungen des Eigentums andererseits. Je schutzwürdiger das Gebiet ist, desto weiter können die gestalterischen Anforderungen an das Eigentum sein. Das Grundeigentum ist insoweit an die jeweilige Situation gebunden, in der es steht[20]). Der Ortssatzungsgeber muß deshalb die Schutzwürdigkeit des Gebiets, die regelungsbedürftigen Gestaltungsmerkmale und -elemente und die betroffenen Belange sorgfältig und hinreichend ermitteln und bewerten. Dies stellt Anforderungen auch an den **Verfahrensablauf.**

Beispielhaft für einen den rechtlichen Anforderungen genügenden Verfahrensablauf zum Erlaß einer Gestaltungssatzung ist das **Ablaufschema,** das in der Broschüre der Obersten Baubehörde „Alte Städte — Alte Dörfer" abgedruckt ist[21]). Es knüpft inhaltlich an die Darstellung der Ortsgeschichte an und gliedert sich wie folgt:

I   Beschreibung des Ortsbildes
   (= Analyse der geschichtlichen und räumlichen Entstehungs- und Entwicklungsbedingungen)
   1. Geographische, geologische, topographische Bedingungen
   2. Siedlungsgeschichtliche, landes- und ortsgeschichtliche, baugeschichtliche Bedingungen
   3. Erscheinungsbild der Siedlung in der Landschaft
   4. Erscheinungsbild der Räume (Straßen und Plätze), Quartierabgrenzung (zusammenhängende Bereiche mit einheitlichen Gestaltungsmerkmalen), typische Strukturelemente (Parzellenstruktur, Körnung)
II Beschreibung der Baugestaltung
   (= Analyse der baugeschichtlichen, stilgeschichtlichen, typologischen und formalästhetischen Bedingungen)
   1. Baualtersplan. Hierher gehört die möglichst umfassende Aufnahme des Gebäudebestands, die Zusammenfassung von Gebäudetypen zu Kategorien und die Beschreibung, wieweit

20)   Zur „Situationsgebundenheit des Eigentums" vgl. BGHZ 23, 30; Weyreuther, Die Situationsgebundenheit des Grundeigentums, 1983, Seite 119 ff. mit Nachweisen; Schmidt-Aßmann, Die Berücksichtigung situationsbestimmter Abwägungselemente bei der Bauleitplanung 1981, S. 98 ff.; Nüßgens/Boujong, a.a.O., S. 198 ff.

21)   „Alte Städte — alte Dörfer" a.a.O., Seite 11 bis 15 (am Beispiel der Stadt Coburg).

    entweder die Einheitlichkeit oder die Vielfalt von Gestaltelementen den Ortsbildcharakter bestimmt.

  2. Prägende Gestaltmerkmale

III Zusammenfassung

Hier sind die Gestaltelemente zu ermitteln und zu beschreiben, die für das Ortsbild prägend sind.

IV Auswertung
- Ergebnisse der Beschreibung
- Würdigung der herausgearbeiteten Ortsbildqualitäten, Benennung der zu regelnden Gestaltmerkmale, Formulierung eines Leitbildes für die gestalterische Entwicklung, Darstellung der Konflikte
- Empfehlungen zur Gewichtung der Regelungen
- Textentwurf für die Gestaltungssatzung

Die Ortsbildanalyse (I bis III) dient dazu, die Grundlage für die Begründung der Ortsgestaltungssatzung zu schaffen. Sie muß um so umfassender und aufwendiger durchgeführt werden, je größer der vorgesehene Gestaltungsbereich der Satzung ist und je detaillierter geregelt werden soll. Auch bei Satzungen, die nur auf einzelne Straßen oder nur einzelne Gestaltungsmerkmale abzielen, muß der Ablauf wenigstens in Grundzügen befolgt werden.

Nur Gestaltungssatzungen, die all diesen Anforderungen genügen, sind mit Art. 14 Abs. 1 GG vereinbar.

Ein **Verstoß gegen Art. 14 Abs. 1 GG** kommt z. B. in Betracht, wenn
- das betroffene Gebiet eine bei erheblichen gestalterischen Eingriffen vergleichsweise geringe eigene Prägung aufweist,
- im betroffenen Gebiet schutzwürdige Gestaltungsinteressen des Eigentums mißachtet werden,
- mit den gestalterischen Anforderungen erhebliche Mehrkosten oder sonstige Erschwernisse für die Eigentümerin verbunden sind[22]),
- dem gestalterischen Konzept im Verhältnis zur Belastung des Eigentums keine besondere Bedeutung oder Gewichtigkeit zukommt oder
- die Schutzwürdigkeit der Anlagen außer Verhältnis zur Belastung des Eigentums steht.

Der Abwägung kommt auch im Zusammenhang mit Einschränkungen der übrigen Grundrechte des Eigentümers Bedeutung zu.

So erklärte der **Bayerische VGH** eine Ortsgestaltungssatzung wegen Verstoßes gegen das Grundrecht der Informationsfreiheit, Art. 5 Abs. 1 Satz 1 GG, für nichtig. Die Satzung hatte zur Bewahrung des historischen Stadtbildes Außenantennen jeder Art dort für unzulässig erklärt, wo eine Anschlußnahme an das Breitbandkabelnetz der Post möglich war[23]).

---

22)   Simon a.a.O., Art. 91 Rz. 5.
23)   BayVGH BayVBl 1986, 44.

d) Verstöße gegen Art. 14 Abs. 1 GG

Die **Rechtsprechung** hat bei der Überprüfung örtlicher Gestaltungsvorschriften Verstöße gegen das Grundrecht auf Eigentum, Art. 14 Abs. 1 GG, bislang nur in wenigen Fällen bejaht. Die Entscheidungen betrafen — soweit erkennbar — ausschließlich Vorschriften über die Zulässigkeit von Werbeanlagen, bei denen die wirtschaftlichen Auswirkungen von Einschränkungen besonders groß waren.

Beispiel:

— Das **BVerwG** erklärte eine Gestaltungsvorschrift, nach der großflächige Werbung in einem Mischgebiet unzulässig sein sollte, für nichtig[24].
— Der **VGH Baden-Württemberg** sah Beschränkungen von Werbeanlagen auf die Stätte eigener Leistung in einem Industrie- und Gewerbegebiet mit Sondergebiet „Verbrauchermarkt" als unvereinbar mit Art. 14 Abs. 1 GG an[25].

e) Gerichtliche Kontrolle

Die Gestaltungssatzungen sind Rechtsnormen der Gemeinde, denen gestaltende, „kreative" Planung zugrunde liegt. Sie unterscheiden sich insoweit von der (Bau-)Ordnungsverwaltung im engeren Sinne.

Gestaltungssatzungen unterliegen daher nicht uneingeschränkt der Kontrolle durch die Gerichte. Die **gerichtliche Kontrolle** ist auf die Prüfung beschränkt, ob Umfang und Grenzen des Gestaltungsspielraums eingehalten wurden. Innerhalb dieser Grenzen sind die Gerichte zu eigenen Wertungen nicht befugt[26].

An die **Erkennbarkeit** der Abwägung sind jedoch hohe Anforderungen zu stellen. Die Absichten der Gemeinde müssen so konkret festgelegt sein, daß das darin liegende gestalterische Anliegen hinreichend nachvollziehbar ist[27]. Oft enthalten — vor allem frühere — Gestaltungssatzungen keine oder nur schlagwortartige Darlegungen der zugrundeliegenden besonderen Gestaltungsabsichten des städtebaulichen Konzepts. In diesen Fällen läßt sich das, was der Gemeinde bei Erlaß der Gestaltungsanforderungen vorschwebte, später kaum noch, oft gar nicht mehr nachvollziehen. Nur wenn die gestalterischen Absichten eindeutig feststellbar sind, kann aber beurteilt werden, ob das Abwägungsergebnis die öffentlichen und privaten Belange angemessen ausgleicht.

---

24) BVerwGE 40, 94.
25) VGH Baden-Württemberg, BauR 1981, 462.
26) OVG Münster, BRS 33 Nr. 115, 121; BRS 40 Nr. 152.
27) OVG Münster, BRS 38 Nr. 138; 40 Nr. 152; VGH Baden-Württemberg BRS 39 Nr. 133; zurückhaltender OVG Lüneburg BRS 39 Nr. 132.

Einer Gestaltungssatzung, die einschränkende Regelungen für Anlagen der Außenwerbung mit schlagwortartigen Zielsetzungen („Ausfallstraßen sind die Visiten der Stadt") begründet, fehlen die erforderlichen **besonderen** Gestaltungsabsichten; die Satzung ist daher nichtig[27a].

Der **VGH Baden-Württemberg** hat gefordert, daß eine konkrete Festlegung der gestalterischen Ziele in der Regel in der Satzung selbst erfolgen muß, es sei denn, daß sich die Absichten ohne weiteres aus dem vorhandenen Baubestand oder unmittelbar aus dem Inhalt der gestalterischen Anforderungen ablesen lassen[28].

Dagegen müssen nach Auffassung des **HessVGH** die planerischen Überlegungen, die für den Erlaß einer Gestaltungssatzung maßgeblich sind, nicht ausdrücklich in der Satzung ihren Niederschlag finden. Es komme auch nicht darauf an, ob die Satzung eine Begründung enthalte[28a].

Auch der **Abwägungsvorgang** muß hinreichend nachvollziehbar sein. Die Gemeinde muß ihre planerische Abwägung nachweisen, will sie nicht Gefahr laufen, daß ein Gericht, weil es nicht feststellen kann, ob und inwieweit abgewogen wurde, die Satzung für ungültig erklärt[29]. Selbstverständlich müssen die Gerichte dabei kontrollieren, ob das **Gewicht des Eigentums** in der Abwägung überhaupt und seiner objektiven Bedeutung entsprechend berücksichtigt wurde.

Schließlich unterliegt das **Abwägungsergebnis** insoweit der gerichtlichen Kontrolle, als der Ausgleich der betroffenen öffentlichen und privaten Belange in angemessenem Verhältnis zum objektiven Gewicht einzelner Belange stehen muß[30].

IV.
Vereinbarkeit von Gestaltungsanforderungen mit dem Grundrecht der Kunstfreiheit, Art. 5 Abs. 3 GG

In der Gestaltung des Bauwerks entfaltet der Architekt seine schöpferische Individualität. Aus diesem Grund steht Baugestaltung immer an der Schwelle künstlerischer Betätigung. Verunstaltungsverbote wie Gestaltungsanforderungen müssen deshalb mit dem **Grundrecht der Kunstfreiheit** vereinbar sein.

27a) OVG Lüneburg BRS 46 Nr. 120.
28) VGH Baden-Württemberg BRS 39 Nr. 133; so auch OVG Münster BRS 40 Nr. 132; a. A. OVG Lüneburg BRS 39 Nr. 132.
28a) HessVGH BRS 47 Nr. 121.
29) OVG Münster BRS 40, Nr. 152; a. A. OVG Lüneburg BRS 39 Nr. 132; HessVGH BRS 47 Nr. 121.
30) Vgl. BVerwGE 33, 301, 309; st. Rspr.

1. Schutzbereich der Kunstfreiheit

Art. 5 Abs. 3 GG gewährleistet die Freiheit der Kunst. Näher bestimmt ist der von Art. 5 Abs. 3 GG geschützte Freiheitsbereich nicht. Der verfassungsrechtliche **Kunstbegriff** unternimmt nicht den Versuch einer für alle künstlerischen Betätigungen gleichermaßen allgemeinen Bestimmung, sondern bleibt **weitgehend offen und relativ**[1]).

a) Kunst als „schöpferischer Akt"

Das BVerfG hat den grundrechtlich geschützten Bereich der „Kunst" in zwei bedeutsamen Entscheidungen zu beschreiben und abzugrenzen versucht: dem Beschluß vom 24. 2. 1971 (Mephisto)[2]) und dem Beschluß vom 17. 7. 1984 (Anachronistischer Zug)[3]). Das BVerfG verlangt als wesentlich für die künstlerische Betätigung lediglich eine „freie schöpferische Gestaltung, in der Eindrücke, Erfahrungen und Erlebnisse des Künstlers durch das Medium einer bestimmten Formensprache zu unmittelbarer Anschauung gebracht werden". Künstlerisches Schaffen sei „primär nicht Mitteilung, sondern Ausdruck, und zwar unmittelbarster Ausdruck der individuellen Persönlichkeit des Künstlers"[4]). Für den verfassungsrechtlichen Kunstbegriff in Art. 5 Abs. 3 GG ist daher entscheidend ein **schöpferischer Akt,** der sich durch eine **erkennbare geistige Struktur in kunsttypischer oder ähnlicher neuer Formgebung** auszeichnet[5]). Dabei ist der mit dem künstlerischen Akt verbundene Zweck unbeachtlich. Ebensowenig spielt eine Rolle, ob das Werk als Kunstwerk geschaffen wurde oder sich der Charakter erst später herausstellte[6]).

Die **Baukunst** gehört zum klassischen Bereich künstlerischer Ausdrucksformen[7]). Das Werk des Architekten fällt insoweit unter den Schutzbereich des Art. 5 Abs. 3 GG.

Auch wenn der vom BVerfG entwickelte verfassungsrechtliche Kunstbegriff weit ist, erfüllen nicht jedes Bauwerk und nicht jede Schöpfung des Architekten diese Anforderungen. Die große Menge der Zweckbauten enthält keine hinreichend kunsttypische geistig-schöpferische Eigenprägung und Gestal-

---

1) Scholz, in: Maunz/Dürig a.a.O., Art. 5 Abs. III Rz. 23.
2) BVerfGE 30, 173 — Mephisto.
3) BVerfGE 67, 213 — Anachronistischer Zug.
4) BVerfGE 30, 173, 188 f.; 67, 213, 216.
5) Von Mangoldt/Klein/Starck, Grundgesetz 3. Auflage 1985, Art. 5 Abs. III Rz. 186; vgl. auch von Münch a.a.O., Art. 5 Rz. 60; Scholz, in: Maunz/Dürig a.a.O., Art. 5 Abs. III Rz. 22 ff.
6) Von Mangoldt/Klein/Starck a.a.O., Rz. 189; auch eine vordergründig politische Motivation der künstlerischen Betätigung führt nicht dazu, daß der Grundrechtsschutz entfällt, BVerfGE 67, 213, 227 f.
7) Scholz, in: Maunz/Dürig a.a.O., Art. 5 Abs. III Rz. 73; von Mangoldt/Klein/Starck a.a.O., Rz. 186; BGHZ 24, 55, 65.

tung. Durchschnittliche Gestaltung im Rahmen des bekannten Formenschatzes, rein handwerksmäßige Anwendung gestalterischer Grundregeln oder technisch bedingte Leistungen stellen für sich genommen keine verfassungsrechtlich geschützte Kunst dar[8]).

Der geistig-schöpferische Gehalt eines Bauwerks kann auf verschiedene Weise begründet sein: Gesamtgliederung und -gestaltung des Bauwerks, kompositorische Zuordnung verschiedener Baukörper zu einem Gesamtkomplex (z. B. bei Fabrik- und Bürogebäuden), Außenflächen- und Fassadengestaltung in Materialien, Aufteilung, Maßen und Proportionen; selbst die Zuordnung zur landschaftlichen Umgebung[9]) oder zur Bebauung in der näheren Umgebung kann künstlerisches Merkmal eines Baukunstwerkes sein. Damit ist die gesamte Palette der durch Ortsgestaltung regelbaren Gestaltungselemente betroffen.

b) Werk- und Wirkbereich der Kunstfreiheit

Die Freiheitsverbürgung des Art. 5 Abs. 3 GG gewährleistet sowohl die **Herstellung** des Kunstwerks, den sogenannten „**Werkbereich**" des künstlerischen Schaffens, als auch die **Darbietung und Verbreitung** des Kunstwerks, den sogenannten „**Wirkbereich**", in dem der Öffentlichkeit Zugang zu dem Kunstwerk verschafft wird[10]). Zum Werkbereich gehören auch Tätigkeiten der Vorbereitung der eigentlichen Herstellung. Der **Wirkbereich** umfaßt die vermittelnden Tätigkeiten, soweit sie zur Herstellung von Beziehungen zwischen Künstler und Publikum erforderlich sind[11]).

Baukunst ist dabei durch die Besonderheit gekennzeichnet, daß sich bei ihr Werk- und Wirkbereich überlagern. Das Baukunstwerk findet Ausdruck erst in der Realisierung, nicht allein in der geistigen Idee, in Entwürfen, Plänen oder Modellen. Schöpferisches Werk und seine Außenwirkung auf die Umwelt fallen notwendigerweise zusammen[12]). Im Hinblick auf den Grundrechtsschutz hat dies jedoch keine Auswirkungen. Das BVerfG hat ausdrücklich darauf hingewiesen, daß beide Bereiche in gleicher Weise Schutz genießen und eine unlösbare Einheit bilden:

---

8) Vgl. zur Abgrenzung auch den urheberrechtlichen Begriff des Baukunstwerks in § 2 Abs. 1 Ziff. 4 UrhG, dazu Beigel, Urheberrecht des Architekten, 1984, Rz. 39 ff.; von Gamm BauR 1982, 97, 100 ff. Zum künstlerischen Gehalt von **Werbung** auch Lerche, Werbung und Verfassung 1967, Seite 88 ff., allerdings zu eng: Nach Auffassung Lerches (Seite 90) fehlt es der werblichen Formgebung regelmäßig „an der typischen Eigenschaft künstlerischer Gestaltungen". Auch innerhalb künstlerisch gefaßter Werbungsform überwiege der Grad des Zweckgebundenen derart, daß für eine eigene „Kunstfähigkeit" kein Raum bleibe. Diese Auffassung reduziert den Freiheitsbereich der Kunst auf die zweckfreie Gestaltung und nimmt die Baukunst völlig aus dem Schutzbereich heraus.
9) Scholz, in: Maunz/Dürig a.a.O., Art. 5 Abs. III Rz. 72 Fußnote 7.
10) BVerfGE 30, 173, 188 f.; 67, 213, 224.
11) BVerfGE 30, 173, 191; 66, 213, 224.
12) Von Mangoldt/Klein/Starck a.a.O., Rz. 219; Scholz, in: Maunz/Dürig a.a.O., Art. 5 Abs. III Rz. 72; ähnlich z. B. bei der künstlerischen Betätigung des sogenannten „Sprayers von Zürich" (Fall Naegeli), vgl. dazu BVerfG (Vorprüfungsausschuß) NJW 1984, 1293; Hoffmann NJW 1985, 237.

„Nicht nur die künstlerische Betätigung (Werkbereich), sondern darüber hinaus auch die Darbietung und Verbreitung des Kunstwerks sind sachnotwendig für die Begegnung mit dem Werk als eines ebenfalls kunstspezifischen Vorganges; dieser ‚Wirkbereich‘, in dem der Öffentlichkeit Zugang zu dem Kunstwerk verschafft wird, ist der Boden, auf dem die Freiheitsgarantie des Art. 5 Abs. 3 GG vor allem erwachsen ist. Ohne die Erstreckung des personalen Geltungsbereiches der Kunstfreiheitsgarantie auf den Wirkbereich des Kunstwerks würde das Grundrecht weitgehend leerlaufen“[13]).

c) Träger der Kunstfreiheit

Träger der Kunstfreiheit ist in erster Linie der Künstler selber. Der Schutz der Kunstfreiheit steht jedoch auch Dritten zu, wenn diese zur Verbreitung und Veröffentlichung des Kunstwerks erforderliche vermittelnde Tätigkeiten ausüben, so z. B. dem Roman-Verleger[14]).

Grundrechtsträger der Baukunstfreiheit ist zunächst der Künstler selbst, also der **Architekt.** „Kunst am Bau“ wird jedoch durch den Bauherrn vermittelt und umgesetzt. Auch der **Bauherr** kann daher das Grundrecht auf Kunstfreiheit beanspruchen.

2. Schranken der Kunstfreiheit

Das Grundrecht des Art. 5 Abs. 3 GG gewährleistet die Kunstfreiheit **ohne Gesetzesvorbehalt.** Die Verfassung sieht ausdrückliche Einschränkungsmöglichkeiten nicht vor.

a) Verfassungsrechtliche Schranken

Weder Art. 5 Abs. 2 GG, der die durch Art. 5 Abs. 1 gewährleisteten Grundrechte (Meinungs- und Informationsfreiheit) einschränkt, noch die Schranken der allgemeinen Handlungsfreiheit in Art. 2 Abs. 1 Satz 2 GG gelten unmittelbar oder analog[15]). Die Kunstfreiheit unterliegt nur sogenannten **„immanenten Schranken“,** die sich aus dem Grundsatz der „Einheit der Verfassung“ ergeben: Nur andere Rechtsgüter mit Verfassungsrang können zu Einschränkungen der Kunstfreiheit führen[16]).

Greift die künstlerische Betätigung in solche Rechtsgüter mit Verfassungsrang ein, besteht nicht eine automatische Duldungspflicht nur deshalb, weil der

---

13)   BVerfGE 30, 173, 189; so auch BVerfGE 36, 321, 331; 67, 213.
14)   BVerfGE 30, 173, 191; von Mangoldt/Klein/Starck a.a.O., Rz. 201.
15)   BVerfGE 30, 173, 191 f.; 47, 327, 368; 67, 213, 238; Scholz, in: Maunz/Dürig a.a.O., Art. 5 Abs. III Rz. 72.
16)   BVerfGE 67, 213, 228; zum Grundsatz der „Einheit der Verfassung“ vgl. allgemein K. Hesse, Grundzüge des Verfassungsrechts der Bundesrepublik Deutschland, 14. Auflage 1984, Seite 127 f. mit Nachweisen.

Eingriff in Form der verfassungsrechtlich besonders geschützten Kunst erfolgt. Die „Spannungslage" muß vielmehr durch eine **Abwägung im Einzelfall** gelöst werden[17]).

Durch einfache Gesetze kann das Grundrecht der Kunstfreiheit jedoch nicht konstitutiv eingeschränkt werden. Gesetzliche Bestimmungen — um diejenigen handelt es sich auch bei einer Ortssatzung — können nur solche Schranken umsetzen, die bereits auf Verfassungsebene angelegt sind. Einschränkungen der Kunstfreiheit zugunsten solcher öffentlicher Interessen, die keinen Verfassungsrang besitzen, sind verfassungswidrig.

b) Ortsgestaltungssatzungen und Kunstfreiheit

Hieraus folgt für das **Verhältnis von Verunstaltungsverbot und positiver Gestaltungspflege zur Kunstfreiheit:**

Ortsgestaltungsvorschriften gemäß Art. 91 BayBO dienen der **Pflege der Baukultur.** Sie könnten nach den oben beschriebenen Voraussetzungen nur dann das Grundrecht der Kunstfreiheit einschränken, wenn das Rechtsgut der „Pflege der Baukultur" verfassungsrechtlichen Rang besäße. Das ist jedoch nicht der Fall.

Eine ausdrückliche Nennung findet sich in der Verfassung nicht[18]). Auch das Sozialgebot in Art. 14 Abs. 2 GG hebt die „Pflege der Baukultur" nicht auf die Ebene der Verfassung. Zwar haben über Art. 14 Abs. 2 GG Gemeinwohlzwecke Verfassungsrang erhalten. Das Sozialgebot stellt jedoch eine Schranke des Eigentums dar, es statuiert eine Art Grundpflicht des Eigentümers und verpflichtet diesen unmittelbar[19]).

Die Wirkung des Art. 14 Abs. 2 GG bleibt beschränkt auf den Schutzbereich des Eigentums. Die Norm besitzt nicht die Qualität eines allgemeinen verfassungsrechtlichen Sozialgebotes mit grundrechtsbegrenzenden Pflichten.

Auch über Art. 141 Abs. 2 der Bayerischen Verfassung (BV), der den besonderen Schutz der kulturellen Überlieferung gewährleistet[20]), erlangt die „Pflege der Baukultur" keinen der Kunstfreiheit entsprechenden Rang. Es kann dabei dahingestellt bleiben, ob auch die „Pflege der Baukultur" zu den dort genannten Rechtsgütern gehört, deren Schutz Art. 141 Abs. 2 BV den Gemeinden zu-

---

17) Wobei allerdings der hohen Bedeutung der Kunstfreiheit Rechnung zu tragen ist, BVerfGE 67, 213, 228; Scholz, in: Maunz/Dürig a.a.O., Art. 5 Abs. III Rz. 57.

18) Dies ergibt sich schon daraus, daß es sich um Landesrecht handelt, vgl. BVerfGE 3, 407, 423.

19) Bryde, in: von Münch a.a.O., Art. 14 Rz. 65 ff. Dabei sind die Rechtswirkungen im einzelnen umstritten, vgl. Papier, in: Maunz/Dürig a.a.O., Art. 14 Rz. 250; Breuer a.a.O., Seite 42 mit Nachweisen.

20) Zu Art. 141 BV vgl. BayVerfGH BayVBl 1985, 683.

weist. Art. 141 BV besitzt zwar Verfassungsrang, ist aber nicht in der Lage, **bundes**verfassungsrechtlich gewährleistete Grundrechte einzuschränken. Insoweit geht schon aufgrund von Art. 31 GG Bundesrecht dem Landesrecht vor.

Gleiches gilt für das **Verunstaltungsverbot,** Art. 12 BayBO. Es dient dem Schutz der „öffentlichen Ordnung". Das Rechtsgut „öffentliche Ordnung" hat keinen Verfassungsrang[20a]).

Verunstaltungsschutz und Gestaltungspflege lassen sich demnach nicht auf Rechtsgut mit Verfassungsrang zurückführen. Sowohl das Verunstaltungsverbot in Art. 12 BayBO als auch Ortsgestaltungsvorschriften nach Art. 91 BayBO sind deshalb nicht geeignet, das Grundrecht der Kunstfreiheit einzuschränken. Ihre Anwendung auf Baukunstwerke wäre verfassungswidrig.

c) Anspruch auf Erteilung einer Befreiung

Soweit Rechtsnormen mit der Verfassung nicht im Einklang stehen, sind sie **nichtig.** Daraus folgt jedoch nicht die Nichtigkeit von Ortsgestaltungssatzungen bzw. von Art. 12, 91 BayBO schlechthin. Denn das Ortsgestaltungsrecht stellt nicht auf Baukunstwerke ab, sondern regelt den „Normalfall" architektonischer Gestaltung unterhalb der künstlerischen Ebene und damit den weiten Bereich des verfassungsrechtlich unbedenklichen Gestaltungsrechts[21]). Der Unanwendbarkeit bauordnungsrechtlicher Gestaltungsanforderungen auf „Baukunstwerke" kann dadurch Rechnung getragen werden, daß das Verunstaltungsverbot bzw. die Gestaltungssatzung im Einzelfall keine Anwendung findet. Die BayBO sieht diese Möglichkeit vor. Gemäß Art. 72 Abs. 6,5 BayBO kann auch von zwingenden bauordnungsrechtlichen Vorschriften befreit werden. Genießt ein Bauwerk den verfassungsrechtlichen Schutz des Art. 5 Abs. 3 GG, so besteht daher aus verfassungsrechtlichen Gründen ein **Anspruch auf Erteilung einer Befreiung** nach Art. 72 Abs. 5 BayBO. Das Vorhaben weicht in diesem Fall aufgrund seiner besonderen verfassungsrechtlichen Qualität vom typischen und normalen Bauwerk ab. Ein Festhalten an der Gestaltungsvorschrift stellte deshalb eine unbillige Härte gemäß Art. 72 Abs. 5 Nr. 1 BayBO dar[22]). Die Abweichung läßt sich auch mit öffentlichen Belangen vereinbaren. Wichtige baukünstlerische Gesichtspunkte können ein öffentliches Interesse begründen, welches eine Befreiung zum Wohl der Allge-

---

20a) Vgl. Drews/Wacke/Vogel/Martens, Gefahrenabwehr, 9. Aufl. 1986, § 16, S. 245 ff.

21) Vgl. dazu zuletzt BVerfGE 58, 137, 152.

22) Zu den Voraussetzungen einer Befreiung vgl. im einzelnen Simon a.a.O., Art. 72 Rz. 72 ff.; erst recht besteht in solchen Fällen ein Anspruch auf Erteilung einer Ausnahme gem. Art. 72 Abs. 2 BayBO von der Soll-Vorschrift des Art. 12 Abs. 3 BayBO.

meinheit (Art. 72 Abs. 5 Nr. 2 BayBO) rechtfertigt[23]). Deshalb dient die Beachtung des verfassungsrechtlichen Schutzes der Kunstfreiheit den öffentlichen Belangen. Für Baudenkmäler (Art. 1 DSchG) ist die Möglichkeit einer Befreiung in Art. 72 Abs. 3 BayBO sogar ausdrücklich vorgesehen. Kunstwerke im Sinne von Art. 5 Abs. 3 GG genießen keinen geringeren Schutz: Sie stellen „Denkmäler für die Zukunft" dar[24]).

Für Baukunstwerke im Sinne von Art. 5 Abs. 3 GG besteht deshalb ein Anspruch auf Befreiung vom Verunstaltungsverbot, Art. 12 BayBO, und von Gestaltungsvorschriften gemäß Art. 91 BayBO.

d) Rechtsprechung zur Baukunstfreiheit

Rechtsprechung und Schrifttum vertreten zum Teil **abweichende Auffassungen zur Baukunstfreiheit.**

Das **BVerwG** maß der Kunstfreiheit im Beschluß vom 10. Dezember 1979[25]) keine eigenständige Bedeutung für die Baukunst bei. Es vertrat die — unzutreffende — Auffassung, das Grundrecht der Kunstfreiheit gelte zwar neben dem Eigentumsschutz, gewährleiste jedoch keinen weitergehenden Schutz[26]).

Im **Schrifttum** werden unterschiedliche Lösungsansätze diskutiert, um die künstlerische Betätigung, soweit sie in die gesellschaftliche Zone hineinreicht, an die allgemeine Rechtsordnung zu binden. Scholz[27]) und Starck[28]) gehen dabei von abgestuften Schranken künstlerischer Betätigung aus.

Den hohen verfassungsrechtlichen Schutz genieße in erster Linie der Werkbereich (das „Ob" der Kunst); im Wirkbereich, also bei der Umsetzung des Kunstwerkes in die Wirklichkeit (dem „Wie" der künstlerischen Betätigung), müsse auf die allgemeine Rechtsordnung Rücksicht genommen werden.

Fielen die beiden Bereiche wie bei der Baukunst zusammen, erfolge also bereits die Schöpfung des Kunstwerkes gewissermaßen auf der Sozialebene, müsse auf die dafür geltenden allgemeinen

---

23) So ausdrücklich Simon a.a.O., Art. 72 Rz. 26.

24) Darauf wies auch der Bayer. Staatsminister des Innern, Dr. Hillermeier, in einer Rede am 23. April 1986 (anläßlich der Verleihung des Denkmalpreises der Hypo-Kulturstiftung) hin, vgl. Redemanuskript Seite 7.

25) BVerwG BRS 35 Nr. 133. Die Entscheidung ist nur knapp begründet.

26) BVerwG BRS 35 Nr. 133. Ursprünglich sah das BVerwG den Eigentumsschutz in Art. 14 Abs. 1 GG als Spezialregelung an, hinter die die Kunstfreiheit zurücktreten sollte, BVerwGE 2, 172, 179. Wie das BVerwG auch HessVGH VerwRspr 6, 483, 487. Diese Auffassung übersieht jedoch, daß es verfassungsrechtlich nicht zulässig ist, Schranken des einen Grundrechts auf ein strenger geschütztes Grundrecht zu übertragen. Damit würden die unterschiedlichen Schranken der einzelnen Grundrechte eingeebnet (BVerfGE 6, 32, 37; Ladeur, in: Grundgesetz, Alternativkommentar 1984, Art. 5 Abs. 3 II Rz. 11).

27) Scholz, in: Maunz/Dürig a.a.O., Art. 5 Abs. III Rz. 72.

28) Starck, in: von Mangoldt/Klein/Starck a.a.O., Rz. 219.

Schranken Rücksicht genommen werden[29]). Baukunst sei deshalb einerseits nicht isoliert von den Schranken des Eigentums, namentlich der Sozialbindung, Art. 14 Abs. 2 GG, zu beurteilen. Daraus rechtfertigen sich die allgemeinen Anforderungen Anstand, Sicherheit, Feuchtigkeitsschutz usw., aber auch das (negative) Verunstaltungsverbot. Andererseits bewirke die Kunstfreiheit, daß es dem Staat und den Kommunen untersagt sei, über das Verunstaltungsverbot hinaus eine bestimmte künstlerische Gestaltung im Wege der Lenkung durchzusetzen, also positive Gestaltungsanforderungen festzulegen[30]).

Geht man mit Scholz und Starck davon aus, das künstlerische Schaffen des Architekten unterliege wegen seiner „Sozialrelevanz" weiteren Schranken, bildet zwar das Verunstaltungsverbot in Art. 12 BayBO eine verfassungsrechtlich unbedenkliche gestalterische Grenze. Dagegen besteht auch in diesem Fall ein Anspruch auf Befreiung von gestalterischen Anforderungen in Ortsgestaltungssatzungen.

Wenn man dieser Auffassung folgt, muß jedoch zusätzlich differenziert werden. Es muß dem Umstand Rechnung getragen werden, daß das Bauwerk nicht wie Straßenkunst oder bewegliche Kunstwerke grundsätzlich ortsungebunden ist. Deshalb müssen gestalterische Anforderungen besonders streng beurteilt werden, wenn sie sich auf das Bauwerk selbst beziehen, da insoweit das Kunstwerk selbst gestalterisch bewertet wird und dem nicht durch Verwirklichung an einem anderen Ort ausgewichen werden kann. Deshalb ist unter Zugrundelegung dieser Rechtsauffassung zwar eine Einschränkung der Kunstfreiheit durch das **umgebungsbezogene** Verunstaltungsverbot, Art. 12 Abs. 2 BayBO, denkbar. Dagegen hätte ein Verstoß gegen das **gebäudebezogene** Verunstaltungsverbot, Art. 12 Abs. 1 BayBO, zur Folge, daß das Bauwerk an jedem denkbaren Ort unzulässig wäre. Dadurch wird der Werkbereich der Kunstfreiheit unmittelbar eingeschränkt. Dies ist unzulässig. Auch muß in diesem Fall berücksichtigt werden, daß die baukünstlerische Bedeutung des Vorhabens im Einzelfall gerade in seiner Einbindung in die Umgebung liegen kann. Ein Vorhaben kann auch aufgrund seiner Beziehung zur Nachbarschaftsbebauung oder zur Landschaft, in der es geplant wird, ein Kunstwerk sein. In diesem Fall hätte gerade der Verstoß gegen Art. 12 Abs. 2 BayBO einen — unzulässigen — Eingriff in die Kunstfreiheit zur Folge.

---

29) Scholz, in: Maunz/Dürig a.a.O., Art. 5 Abs. III Rz. 72; von Mangoldt/Klein/Starck a.a.O., Rz. 219; ähnlich Erbel, Inhalt und Auswirkungen der verfassungsrechtlichen Kunstfreiheitsgarantie, 1966, Seite 169, 171 f.: Erbel lehnt eine Übertragung der Schranken aus Art. 14 GG ab, unterwirft die Baufreiheit allerdings entsprechenden Schranken „aus der Natur der Sache"; vgl. im übrigen auch die umfangreiche Literatur zum Problem der Straßenkunst, etwa F. Müller, JZ 1970, 89 f.; neuerdings Bismark, NJW 1985, 246 mit Nachweisen; Hoffmann NJW 1985, 237; Zöbeley NJW 1985, 254; vgl. auch Häberle AöR 110 (1985) 577 mit Nachweisen.

30) Von Mangoldt/Klein/Starck a.a.O., Rz. 219; Scholz, in: Maunz/Dürig a.a.O., Art. 5 Abs. III Rz. 72.

Selbst unter Zugrundelegung gestufter Schranken der Baukunstfreiheit sind gestalterische Grenzen für Kunstwerke daher nur in engen Grenzen aufgrund des umgebungsbezogenen Verunstaltungsverbotes, Art. 12 Abs. 2 BayBO, denkbar. Voraussetzung ist, daß die Schutzwürdigkeit der Umgebung den Grundrechtschutz des Baukunstwerkes überwiegt.

C.
Beschränkungen der Gestaltungsfreiheit durch das Denkmalschutzrecht

Gestalterische Einschränkungen ergeben sich aus dem Denkmalschutzrecht. Anders als das bis in das letzte Jahrhundert zurückgehende bauordnungsrechtliche Gestaltungsrecht handelt es sich beim Denkmalschutzrecht um ein noch junges Rechtsgebiet. Die Denkmalschutzgesetze wurden von den Ländern erst in den 70er Jahren erlassen; schon infolge dieses jungen Alters sind deshalb viele Rechtsfragen bisher nicht oder nur unzureichend im Sinne einer opinio communis geklärt.

Das Denkmalschutzrecht ist Landesrecht. Die Länder haben von ihrer Kompetenz ohne Orientierung an einem Musterentwurf Gebrauch gemacht. Deshalb unterscheiden sich die Denkmalschutzgesetze der Länder zum Teil deutlich[1]. Jedoch liegt allen Denkmalschutzgesetzen ein einheitlicher **Schutzzweck** zugrunde. Denkmalschutz zielt auf die Erhaltung baulicher Anlagen aus historischen Gründen im weitesten Sinne. Er will durch sie geschichtliche, insbesondere kunst- oder architekturgeschichtliche Epochen und Entwicklungen, aber auch allgemein- oder sozialgeschichtliche Ereignisse oder Zeitabschnitte dokumentieren[2].

I.
Der Begriff des Denkmals

1. Rechtsbegriff des Denkmals

Der Begriff des Denkmals ist vielschichtig. Ursprünglich wurde er im Sinn von Dokument verstanden. Im heutigen Sprachgebrauch wird mit Denkmal „im **weiteren** Sinne jeder Kunst-, Kultur- oder allgemeingeschichtlich bedeut-

---

1) Vgl. dazu Erbguth/Paßlich/Püchel, Denkmalschutzgesetze der Länder, rechtsvergleichende Darstellung unter besonderer Berücksichtigung Nordrhein-Westfalens, 1984; allgemein auch Moench, ZfBR 1985, S. 114; NVwZ 1984, 146; NVwZ 1988, 304; Gebeßler/Eberl (Herausgeber), Schutz und Pflege von Baudenkmälern in der Bundesrepublik Deutschland, 1980; zum bayerischen Denkmalschutzrecht vor allem Eberl/Martin/Petzet, Bayerisches Denkmalschutzgesetz, Kommentar, 3. Aufl. 1985.
2) BVerwG, U. v. 3. 7. 1987, NVwZ 1988, 357; OVG Lüneburg, U. v. 21. 8. 1987, NVwZ 1988, 375.

same Gegenstand" bezeichnet, „im **engeren** Sinn ein zur Erinnerung an bestimmte Personen oder Ereignisse errichtetes Werk der Bau- oder Bildhauerkunst"[3]).

Der allgemeine umgangssprachliche Denkmalbegriff ist vom **Rechtsbegriff** des Denkmals zu unterscheiden. Denkmalrechtliche Beschränkungen aufgrund des Bayerischen Denkmalschutzgesetzes (BayDSchG)[4]) setzen die Existenz eines **Denkmals im Rechtssinne** voraus. Nur wenn ein Denkmal im normativen Sinne vorliegt, greifen die gesetzlichen Einschränkungen ein. Das gilt für das Veränderungsverbot gleichermaßen wie für den Umgebungsschutz und die Einschränkungen des Eigentümers im Bereich eines Ensembles. Ausgangspunkt aller Überlegungen, ob und in welchem Umfange der Architekt und Eigentümer eines Gebäudes oder eines Grundstückes denkmalrechtliche Beschränkungen hinzunehmen haben, ist daher die Frage, ob das Gebäude, um dessen (Umgebungs-)Schutz es geht, ein Denkmal im normativen Sinne ist. Die vielfältigen durch das bayerische Denkmalschutzgesetz statuierten Rechtsfolgen knüpfen mithin an den Rechtsbegriff des Denkmals an.

2. Denkmalbegriff in Art. 1 BayDSchG

Der Denkmalbegriff ist in Art. 1 BayDSchG definiert. Die dortige **Legaldefinition** lautet:

(1) Denkmäler sind von Menschen geschaffene Sachen oder Teile davon aus vergangener Zeit, deren Erhaltung wegen ihrer geschichtlichen, künstlerischen, städtebaulichen, wissenschaftlichen oder volkskundlichen Bedeutung im Interesse der Allgemeinheit liegt.

(2) Baudenkmäler sind bauliche Anlagen oder Teile davon aus vergangener Zeit, soweit sie nicht unter Absatz 4 fallen, einschließlich dafür bestimmter historischer Ausstattungsstücke und mit der in Absatz 1 bezeichneten Bedeutung. Gartenanlagen, die die Voraussetzungen des Absatz 1 erfüllen, gelten als Baudenkmäler.

(3) Zu den Baudenkmälern kann auch eine Mehrheit von baulichen Anlagen (Ensemble) gehören, und zwar auch dann, wenn nicht jede einzelne dazugehörige bauliche Anlage die Voraussetzungen des Absatz 1 erfüllt, das Orts-, Platz- oder Straßenbild aber insgesamt erhaltungswürdig ist.

(Absatz 4 betrifft Baudenkmäler, die hier nicht weiter interessieren.)[5])

---

3) Brockmann, Enzyklopädie, 17. Aufl. 1968, 4. Bd., Art. „Denkmal, Monument"; zur Entwicklung des Denkmalbegriffes H. Scharf, Kleine Kunstgeschichte des Deutschen Denkmals, 1984, S. 8 ff.

4) Gesetz zum Schutz und zur Pflege der Denkmäler (Denkmalschutzgesetz — DSchG) vom 25. Juni 1973, GVBl. S. 928 in der zuletzt geänderten Fassung vom 7. 9. 1982, GVBl. S. 722 (BayRS 2242-1-K).

5) Die anderen Denkmalschutzgesetze enthalten ähnliche Definitionen, vgl. z. B. § 2 DSchG Nordrhein-Westfalen:
    Begriffsbestimmungen
    (1) Denkmäler sind Sachen, Mehrheiten von Sachen und Teile von Sachen, an deren Erhaltung und Nut-

Dies ist die einzige und allein maßgebliche Definition des Denkmals. Weder das Bundesrecht noch das sonstige bayerische Recht spezifizieren diesen Begriff weiter[6]).

a) Offener Denkmalbegriff

Der Begriff des Denkmals ist **offen,** vielschichtig und auslegungsbedürftig. Dem Gesetz läßt sich nicht ohne weiteres entnehmen, wann ein Denkmal vorliegt. Dies gilt nicht nur wegen der Verwendung der unbestimmten Rechtsbegriffe der geschichtlichen, künstlerischen usw. Bedeutung (man spricht insoweit von den **Bedeutungskategorien**). Vor allem entzieht sich der Denkmalbegriff exakter begrifflicher Umschreibung wegen seiner Bezugnahme auf das **Interesse der Allgemeinheit.** Die Denkmaleigenschaft ist insoweit nicht quantifiziert oder quantifizierbar. Im Einzelfall wird es daher immer Abgrenzungsschwierigkeiten und unterschiedliche Auffassungen geben[7]).

b) Unbestimmter Rechtsbegriff

Der Denkmalbegriff ist ein **unbestimmter Rechtsbegriff.** Trotz der Offenheit des Begriffes haben Verwaltung, Fachbehörde und Gemeinderat bei der

---

zung ein öffentliches Interesse besteht. Ein öffentliches Interesse besteht, wenn die Sachen bedeutend für die Geschichte des Menschen, für Städte und Siedlungen oder für die Entwicklung der Arbeits- und Produktionsverhältnisse sind und für die Erhaltung und Nutzung künstlerische, wissenschaftliche, volkskundliche oder städtebauliche Gründe vorliegen. Die Vorschriften des Landschaftsgesetzes bleiben unberührt.

(2) Baudenkmäler sind Denkmäler, die aus baulichen Anlagen oder Teilen baulicher Anlagen bestehen. Ebenso zu behandeln sind Garten-, Friedhofs- und Parkanlagen sowie andere von Menschen gestaltete Landschaftsteile, wenn sie die Voraussetzungen des Absatzes 1 erfüllen. Historische Ausstattungsstücke sind wie Baudenkmäler zu behandeln, sofern sie mit dem Baudenkmal eine Einheit von Denkmalwert bilden.

(3) Denkmalbereiche sind Mehrheiten von baulichen Anlagen, und zwar auch dann, wenn nicht jede dazugehörige einzelne bauliche Anlage die Voraussetzungen des Absatzes 1 erfüllt. Denkmalbereiche können Stadtgrundrisse, Stadt-, Ortsbilder und -silhouetten, Stadtteile und -viertel, Siedlungen, Gehöftgruppen, Straßenzüge, bauliche Gesamtanlagen und Einzelbauten sein sowie deren engere Umgebung, sofern sie für deren Erscheinungsbild bedeutend ist. Hierzu gehören auch handwerkliche und industrielle Produktionsstätten, sofern sie die Voraussetzungen des Absatz 1 erfüllen.

(4) bis (6) . . . .

Vgl. zum DSchG Nordrhein-Westfalen Gahlen/Schönstein, Denkmalrecht Nordrhein-Westfalen, Kommentar, 1981; Rothe, Denkmalschutzgesetz Nordrhein-Westfalen, Kommentar, 1981; ausführlich Bülow, Rechtsfragen flächen- und bodenbezogenen Denkmalschutzes, 1986.

6) Auch Art. 141 der Verfassung des Freistaates Bayern enthält insoweit keine weitergehende oder konkretisierende Begriffsbestimmung; vgl. dazu Neder, Die Verfassung des Freistaates Bayern, Kommentar, 3. Aufl. 1985, Art. 141 Anm. 2 a.

7) Dazu ausführlich Hönes, Die Unterschutzstellung von Kulturdenkmälern, 1987, S. 71 ff.; Moench, NVwZ 1984, 146 f., m. w. N.

Bestimmung der Denkmaleigenschaft **keinen Beurteilungsspielraum;** ebensowenig haben sie eine Ermessensentscheidung zu treffen. Die Verwaltung unterliegt bei der Subsumtion unter den Denkmalbegriff uneingeschränkt der gerichtlichen Kontrolle. Das ist in Literatur und Rechtsprechung — entgegen früheren Tendenzen — heute die ganz vorherrschende Meinung[8]).

c) Beurteilungsmaßstab

Da die Verwaltung keinen Beurteilungsspielraum hat, stellt sich die Frage, anhand welchen **Beurteilungsmaßstabes** im Einzelfall darüber zu entscheiden ist, ob aus einem der angeführten Gründe (Bedeutungskategorien) ein Interesse der Allgemeinheit an der Erhaltung des Bauwerkes besteht. Als Maßstab für die Beurteilung der gesetzlichen Tatbestandsmerkmale ist der **Wissens- und Erkenntnisstand eines breiteren Kreises von Sachverständigen** zugrunde zu legen[9]). „Denn nur sie verfügen über die notwendigen Kenntnisse und Informationen, um in objektivierbarer Weise Gründe für ein über den persönlichen Bereich hinausgehendes Interesse an der Erhaltung des Bauwerks herauszuarbeiten"[10]). Nicht maßgebend ist die allgemeine Anschauung der Bevölkerung, eine (fiktive) Mehrheitsentscheidung oder der quivis ex populo. Der anzulegende Maßstab setzt Wissen und die Fähigkeit zur Bildung von Relationen und zur Relativierung voraus. Das kann nur der umfassend Informierte. Allein sein Urteil ist hinreichend rational.

Es sei betont, daß es hier nicht auf den besonders empfindsamen, eine Mindermeinung vertretenden Sachverständigen ankommt. Maßgebend ist, daß die Denkmalwürdigkeit in das Bewußtsein „mindestens eines **breiten** Kreises von Sachverständigen eingegangen ist"[11]). Aus diesem Grund

---

8) BayVGH BayVBl 1979, 118; VGH Baden-Württemberg, Denkmalschutz-Informationen (DSI) 5 (1981), S. 30; U. v. 10. 5. 1988, 1 S 1949/87; DÖV 1982, 703; NVwZ 1986, 240; OVG Koblenz DVBl. 1985, 406, 407; OVG Lüneburg VerwRspr Bd. 31 (1980), 185; OVG Münster, U. v. 12. 5. 1986, 7 A 2944/83, S. 8 UA; OVG Berlin, U. vom 10. 5. 1985, UPR 1986, 73 = BRS 44 Nr. 122; BGH NJW 1979, 210; Eberl/Martin/Petzet, a.a.O., Art. 1 Rz. 2; ebenso zu den Voraussetzungen der Eintragung in das Verzeichnis national wertvollen Kulturgutes VGH Baden-Württemberg NJW 1987, 1440; zur Frage der Kontrolldichte der Gerichte vgl. neuerdings Schmitat, Denkmalschutz und gemeindliche Selbstverwaltung, 1988, S. 53 ff. m. N. — Ausdrücklich abweichend das OVG Bremen (NVwZ 1983, 234), das der bremischen Denkmalschutzbehörde bei der Eintragung eines Baudenkmales einschließlich eines Ensembles Ermessen einräumt. Das Ziel des Denkmalschutzes sei gegenüber anderen Ländern zurückhaltender formuliert. Wir halten die Entscheidung für falsch.

9) BVerwGE 24, 60, 64; BayVGH, U. v. 21. 2. 1985, BayVBl 1986, 399, 400; VGH Baden-Württemberg BWVPr 1976, 84; OVG Lüneburg, VerwRspr Bd. 30 (1979), 186; OVG Berlin DÖV 1985, 836.

10) BayVGH BayVBl 1986, 399, 400. Das OVG Koblenz (Urteil vom 10. 10. 1985, 1 a 71/84) vertritt die Auffassung, daß für die Beurteilung der Frage, ob eine Anlage zu den kennzeichnenden Merkmalen der Städte und Gemeinden (§ 3 Ziff. 1 c DSchG Rheinland-Pfalz) gehört, nicht auf den Wissensstand des Sachverständigen abzustellen sei.

11) OVG Berlin DÖV 1985, 836; OVG Koblenz DVBl. 1985, 406.

ist auch das Urteil der zuständigen Fachbehörde keineswegs (allein) maßgeblich. Da die dort tätigen Beamten auf die Erhaltung von Bauwerken aus vergangener Zeit fixiert sind, fällt ihre Stellungnahme oftmals einseitig aus. Es ist daher zu fordern, daß sich der Richter im gerichtlichen Verfahren der Urteilskraft **unabhängiger** Sachverständiger bedient. Von den Vertretern staatlicher Instanzen ist im gerichtlichen Verfahren schwerlich einen neutrale, unbefangene Stellungnahme zu erwarten. Denn es geht in den Prozessen gerade um die Richtigkeit der von ihnen bzw. ihrer Behörde zuvor gefällten Entscheidung. Zwangsläufig wird ihre Stellungnahme daher in aller Regel eine Rechtfertigung bereits gefällter Entscheidungen darstellen. Es fehlt hier die Distanz für die kritische Reflexion. Gleichwohl bedienen sich die Gerichte leider häufig der Stellungnahmen der staatlichen Fachbehörden[12]).

Im Einzelfall kann allerdings auf die Stellungnahme eines Sachverständigen verzichtet werden, wenn und soweit bestimmte Tatsachen offenkundig sind oder das Gericht selbst sachverständig ist[13]).

3. Merkmale des Denkmalbegriffes

Der Denkmalbegriff besteht aus drei voneinander zu unterscheidenden Tatbestandsmerkmalen:

— Es muß sich um ein Bauwerk aus **vergangener Zeit** handeln.
— Für die Erhaltung dieses Bauwerks müssen **geschichtliche, künstlerische, städtebauliche, wissenschaftliche oder volkskundliche Gründe** (sog. **Bedeutungskategorien**) streiten.
— Schließlich muß die **Erhaltung** aus diesen Gründen **im Interesse der Allgemeinheit** liegen.

a) Bauwerk aus vergangener Zeit

Das Denkmal muß aus **vergangener Zeit** stammen. Das ist im Bayerischen Denkmalschutzgesetz — im Gegensatz zu einigen anderen Denkmalschutzgesetzen[14]) — ausdrücklich normiert.

Umstritten ist, ob nach den Regelungen der anderen Denkmalschutzgesetze die Herkunft aus einer vergangenen Zeit ein ungeschriebenes, dem Denkmalbegriff immanentes Tatbestandsmerkmal ist[15]). Unseres Erachtens ist das zu bejahen. Das Alter einer Sache ist **unselbständiges Krite-**

---

12) Vgl. VGH Baden-Württemberg VBlBW 1985, 456; OVG Lüneburg BRS 47 Nr. 125; NuR 1988, 254.
13) Moench NVwZ 1988, 304.
14) Ebenso wie in Bayern § 3 DSchG Rheinland-Pfalz und § 1 Abs. 2 DSchG Schleswig-Holstein; vgl. dazu Herter, in Gebeßler/Eberl, a.a.O., S. 240 m. N.; T. Breuer, in Gebeßler/Eberl, a.a.O., S. 24; zum Merkmal der „vergangenen Zeit" in § 3 DSchG Rh.-Pf. OVG Koblenz, U. v. 11. 7. 1985, 1 A 120/83.
15) So Eberl, in: Gebeßler/Eberl, a.a.O., S. 17; T. Breuer, in: Gebeßler/Eberl, a.a.O., S. 24, 40 ff.; Moench NJW 83, 2000; Dörffeldt, Hessisches Denkmalschutzgesetz, 1977, § 2 Rz. 5; a. A. Erbguth/Paßlick/Püchel, a.a.O., S. 7 f.; Gahlen/Schönstein, a.a.O., § 2 Rz. 9; Watzke ZfBR 1981, 11.

rium im Rahmen der jeweiligen Bedeutungskategorie und damit dem Denkmalbegriff immanent. Es wirkt sich darüber hinaus auch bei der Prüfung des öffentlichen Erhaltungsinteresses aus.

Wo die Zäsur zur Gegenwart verläuft, ist in der Rechtsprechung ungeklärt. „Vergangen" ist die Zeit dann, wenn die Epoche, aus der die Anlage stammt, abgeschlossen und insoweit historisch ist[16]). Ein bestimmtes Mindestalter ist nicht fixiert[17]). Es ist anerkannt, daß Gebäude aus der Zeit des Historismus, des Bauhauses und auch aus dem Dritten Reich Kulturdenkmäler sein können. Dagegen reicht es nicht aus, daß es sich bei dem Bauwerk um ein hervorragendes Beispiel heutigen Bauens handelt. Denn Vergangenheit ist nicht Gegenwart. Zutreffend weist Eberl[18]) darauf hin, daß es sich um Anlagen handeln muß, „die aus der Vergangenheit, aus einer geschichtlich gewordenen und in der Gegenwart nicht mehr fortgeführten Epoche stammen". Selbst herausragende Beispiele heutigen Bauens können mithin nicht unter Denkmalschutz gestellt werden.

Diese gesetzgeberische Entscheidung ist auch rechtspolitisch richtig. Andernfalls würden gerade ambitionierte Bauherren (vor allem institutionelle Anleger) nur davon abgehalten, angesichts der mit dem Denkmalstatus verbundenen erheblichen Einschränkungen künstlerisch bedeutsame oder kühn-wegweisende Bauten zu errichten.

b) Kategorie des Geschichtlichen

Art. 1 BayDSchG nennt die **Gründe, die Voraussetzung für die Einstufung als Kulturdenkmal** sind (Bedeutungskategorie). Zu diesen Bedeutungsmerkmalen liegen inzwischen zahlreiche gerichtliche Entscheidungen vor. Gleichwohl ist die Ungewißheit über das Vorliegen der gesetzlichen Tatbestandsvoraussetzungen im Einzelfall nicht beseitigt. Es fehlt in den Entscheidungen überwiegend an präzisen, subsumtionsfähigen Obersätzen. Zwangsläufig leidet darunter die Nachvollziehbarkeit der Subsumtion und damit letztlich die Rechtssicherheit. Zwar werden die einzelnen Bedeutungsmerkmale durch die zentrale Kategorie des **Geschichtlichen** „verklammert"[19]). Oft sind auch ver-

---

16) Eberl/Martin/Petzet, a.a.O., Art. 1 Rdz. 4. Hönes NuR 1986, 225, 230, erklärt, daß ein Objekt „der unmittelbaren Gegenwart" noch kein Denkmal sein könne, wohl aber ein solches der „jüngsten Vergangenheit". Da die „jüngste Vergangenheit" gewissermaßen gestern beginnt, führt diese Aussage nicht weiter.

17) Regelungen oder Empfehlungen, die darauf abstellen, bergen nur die Gefahr in sich, daß schematisch auf Jahreszahlen abgestellt wird. Vgl. die Durchführungsvorschriften zum DSchG Schl.-H. vom 25. 4. 1974 (Nachrichtenblatt des Kultusministers Schl.-H., S. 140), wonach ein Denkmal in der Regel nicht jünger als dreißig Jahre sein soll.

18) Eberl, in Gebeßler/Eberl, a.a.O., S. 17; ebenso T. Breuer, in: Gebeßler/Eberl, a.a.O., S. 24, 40 ff.

19) OVG Koblenz, U. v. 30. 5. 1984, 8 A 180/83, S. 6 UA; OVG Lüneburg NVwZ 1983, 231; T. Breuer, in: Gebeßler/Eberl, a.a.O., S. 62; Gassner VR 1981, 158; a. A. ersichtlich nur Kummer, Denkmalschutzrecht als gestaltendes Baurecht, 1981, S. 39.

schiedene Merkmale miteinander verknüpft oder überlappen sich. Dies rechtfertigt jedoch nicht die undifferenzierte Handhabung und Vermengung der einzelnen Begriffe.

Die Aufzählung der Bedeutungsmerkmale in Art. 1 BayDSchG ist allerdings auch nicht abschließend. So werden z. B. in § 2 Abs. 1 DSchG Baden-Württemberg nur die wissenschaftlichen, künstlerischen und heimatgeschichtlichen Gründe ausdrücklich genannt, letztere bleiben dagegen in Art. 1 BayDSchG unerwähnt[20]).

(1) **Geschichtliche** Gründe rechtfertigen die Erhaltung eines Bauwerkes als Denkmal, wenn „es in irgendeiner Weise historische Ereignisse oder Entwicklungen heute oder für zukünftige Generationen anschaulich" macht[21]). Ein solches „Anschaulichmachen" liegt dann vor, wenn es sich bei dem Gebäude um eines der wenigen noch erhaltenen Bauwerke einer bestimmten Stilrichtung handelt. Die Bedeutung kann aus allen Zweigen der Geschichte (Militär-, Religions-, Wirtschafts-, Geistes-, Industrie- und Technik-, Kunst- und Sozialgeschichte) stammen[22]). Neben diesem „Aussagewert" oder „Anschauungswert" kann die geschichtliche Bedeutung eines Gebäudes auch aus seinem „Erinnerungswert" herrühren, den ein Gebäude als Wirkungsstätte namhafter Personen oder als Schauplatz historischer Ereignisse haben kann (nicht muß). Schließlich kann die geschichtliche Bedeutung darin liegen, daß das Gebäude einen im Bewußtsein der Bevölkerung vorhandenen Bezug zu bestimmten politischen, kulturellen oder sozialen Verhältnissen seiner Zeit herstellt und ihm insofern ein „Assoziationswert" zukommt[22a]).

Beispiele:
— Der **Bayerische VGH** begründete die historische Bedeutung eines Zehentstadels damit, daß es sich um einen die Menschen und Machtverhältnisse damals „symbolisierenden" Bau handle[23]).
— Der **BayVGH** bejahte die Denkmaleigenschaft eines spätklassizistischen Gebäudes aus der Mitte des 19. Jahrhunderts, das als charakteristisch für eine damalige Badestadt angesehen wurde[24]).
— Das **OVG Lüneburg** begründete mit ähnlichen Erwägungen die Denkmaleigenschaft eines 1773 errichteten Speichergebäudes (Kanalpackhaus) am Eider-Kanal als „herausragendes historisches Zeugnis der Handels- und Verkehrsbauten des ausgehenden 18. Jahrhunderts in

---

20) Gegen eine Aufzählung und Differenzierung daher ausdrücklich T. Breuer, in: Gebeßler/Eberl, a.a.O., S. 41 f.; Kummer, a.a.O., S. 39 f.
21) OVG Lüneburg OVGE 37, 241.
22) Vgl. Eberl/Martin/Petzet, a.a.O., Art. 1, Rdz. 11.
22a) VGH Baden-Württemberg, U. v. 10. 5. 1988, 1 S 1949/87, DVBl. 1988, 1219 = DÖV 1989, 79 m. Anm. Hönes; U. v. 10. 5. 1988, 1 S 524/87.
23) BayVGH, U. v. 15. 12. 1981 Nr. 12 I 78.
24) BayVGH BayVBl. 1978, 118; ebenso OVG Lüneburg VwRspr 1979, Nr. 47.

Schleswig-Holstein"; es bringe für jedermann Geschichte zur Anschauung („Aussagewert")[25]).

— Einem niederdeutschen Bauernhaus aus dem Jahr 1812 wurde vom OVG Lüneburg die Denkmaleigenschaft zugesprochen. Das Gebäude dokumentiere „auf anschauliche Weise, wie ein Wohn- und Wirtschaftsgebäude eines wohlhabenden Bauern kurz nach 1800 im weiteren Umkreis Lüneburgs errichtet wurde"[26]).

— Der **VGH Baden-Württemberg** begründete die Denkmalschutzeigenschaft eines königlichen Reitstalles aus der Mitte des 19. Jahrhunderts mit geschichtlichen Gründen („Erinnerungswert")[27]).

— Einem im Jahr 1461 erbauten Pfarrhaus im Remstal sprach der VGH Baden-Württemberg einen — allerdings geringen — geschichtlichen Aussagewert zu, weil es im Dreißigjährigen Krieg einen Machtkampf zwischen dem evangelischen Pfarrer und den katholischen Mönchen eines nahegelegenen Klosters um das Gebäude gegeben haben soll, das Pfarrhaus insoweit ein „Primärdokument" sei, das den Zugang zu (heimat)geschichtlichen Vorgängen erleichtere[27a]).

— Nach Auffassung des **OVG Münster** handelte es sich bei einem Stiftsgebäude aus der Zeit um 1800 wegen seiner geschichtlichen Bedeutung um ein Denkmal, da das Gebäude „einen maßgeblichen Aussagewert für die stadtgeschichtliche architektonische Entwicklung des Kernbereichs von Bad N." habe[28]). Allgemein stellte das OVG fest, geschichtliche Bedeutung komme einem Bauwerk zu, „wenn es in besonderem Maße zum Aufzeigen oder Erforschen geschichtlicher Entwicklungen geeignet ist". Diese Bedeutung sei zu bejahen, „wenn das Gebäude für das Leben bestimmter Zeitepochen sowie für die politischen, kulturellen und sozialen Verhältnisse einen Aussagewert hat". Die geschichtliche Bedeutung könne sich auf die Zeit wie auch auf die Heimatgeschichte beziehen.

— Dagegen verneinte das **OVG Lüneburg** die geschichtliche Bedeutung einer Siedlung, die 1919 bis 1921 im Rahmen des sozialen Siedlungsbaues vom Stadtbaumeister P. Wolf errichtet wurde[29]). Sie sei weder von allgemeingeschichtlicher noch von baugeschichtlicher Bedeutung; sie hebe sich in soziologischer und historischer Sicht nicht wesentlich von anderen Bauvorgängen jener Zeit ab[30]).

Die geschichtliche Bedeutung im denkmalrechtlichen Sinne liegt jedoch nicht schon dann vor, wenn ein Gebäude auf einem für die Stadtgeschichte interessanten Platz steht, es zu den geschichtlichen Ereignissen aber keinen Bezug hat oder wenn sich früher einmal auf dem Grundstück des Gebäudes etwas ereignet hat was für die Geschichte der Stadt bemerkenswert ist[31]).

Generalkonservator i. R. Gebhard zählt als Faktoren des Geschichtswertes den dokumentarischen Wert, den Alterswert und den (relativen) Seltenheitswert auf; daneben kann auch der Erinnerungswert eine Rolle spielen, der jedoch nicht im Vordergrund stehen solle[32]).

---

25) OVG Lüneburg DSI 1980, 21 = BRS 42 Nr. 141.
26) OVG Lüneburg, U. v. 30. 5. 1984, 1 A 180/83; zur Denkmalwürdigkeit einer als Landwehr im 16. Jahrhundert hergestellten Wallanlage (Rödenbecker Landwehr) vgl. OVG Lüneburg, U. v. 9. 4. 1987, NuR 1988, 254.
27) VGH Baden-Württemberg DSI 1981, 30.
27a) VGH Baden-Württemberg DVBl. 1988, 1219 = DÖV 1989/79 — Pfarrhaus Rudersberg.
28) OVG Münster, U. v. 12. 5. 1986, OVGE 38, 28.
29) OVG Lüneburg OVGE 37, 240, 241.
30) Das OVG bejahte hingegen die Bedeutung der Anlage in städtebaulich-künstlerischer Hinsicht.
31) HessVGH BRS 32 Nr. 116.
32) Gebhard DSI 1982, 43 ff.

Die geschichtliche Bedeutung einer baulichen Anlage ergibt sich nicht daraus, daß die Anlage auf einen früheren (denkmalwürdigen) Zustand hinweist, wenn sie diesen Zustand nicht auch selbst dokumentiert. Deshalb können Gedenktafeln, Standbilder, Grab- oder Krieger„denkmäler", sog. **„gewollte Denkmäler"**, nicht schon deshalb auch Denkmal im Rechtssinne sein[33]). Sie müssen vielmehr selbst eine geschichtliche Bedeutung besitzen.

Beispiel:

— Das **OVG Lüneburg** sprach einem als Gedenkplatz ausgestalteten Synagogenplatz die Denkmalqualität ab[34]). Der Platz war mit Pflasterung, Gedenkstein, Kandelaber, Parkbänken und einer Grünanlage angelegt. Überreste der früheren Synagoge waren nicht mehr vorhanden. Das OVG stellte fest, die Anlage weise nur auf den früheren Zustand hin, dokumentiere ihn aber — anders als z. B. etwa ein Barockgarten — nicht. Sie stelle lediglich den Rahmen für die Erinnerung an ein nicht mehr vorhandenes Bauwerk und die mit ihm verknüpften geschichtlichen Vorgänge dar.

Die geschichtliche Bedeutung liegt auch **nicht alleine im Alter**. Altes mag „in" sein, nicht jedoch ist es zwangsläufig ein Denkmal im Rechtssinne. Vor einer undifferenzierten Handhabung des Denkmalbegriffes ist zu warnen. Denkmalschutz darf nicht zur Petrifizierung der Vergangenheit, zu ihrer linearen Fortsetzung in die Zukunft führen. Es kommt hier vielmehr maßgeblich auf den Wert der baulichen Anlage als **Dokument** für eine vergangene Epoche an. Der exemplarische Charakter steht im Vordergrund.

Zu Recht hat Generalkonservator i. R. Gebhard davor gewarnt, alte Gebäude nur wegen ihres Alters schematisch zum Denkmal zu erklären. „Manchmal hat man den Eindruck, als genüge es zur Zeit, daß ein Bauwerk 100 Jahre alt ist, um es als denkmalwürdig zu erklären. Solche Unschärfe im Urteil muß unter allen Umständen vermieden werden."[35]) Ebenso betonte das OVG Koblenz[36]), das Alter sei „lediglich eines von mehreren Tatbestandsmerkmalen, die erfüllt sein müssen, um eine Unterschutzstellung zu rechtfertigen". Nur so sei gewährleistet, daß das Erhaltenswerte von sonstigen schlichten Altbauten unterschieden und nur hervorgehobene Werke als Denkmal unter Schutz gestellt werden.

Der denkmalrechtliche Wert muß — zumindest in seinen wesentlichen Charakteristika — nach außen wirken. Insoweit ist das Denkmalschutzrecht im weiteren Sinne Gestaltungsrecht[37]). Die geschichtliche Bedeutung ist daher nur dann denkmalrechtlich von Belang, wenn die im Gegenstand enthaltene historische Bedeutung auch im ursprünglichen Wortsinne **anschaulich** ist.

---

33) Grosse-Suchsdorf/Schmaltz/Wiechert, Niedersächsische Bauordnung, Niedersächsisches Denkmalschutzgesetz, 4. Aufl. 1987, § 3 NDSchG, Rz. 1; OVG Lüneburg NVwZ 1988, 375.
34) OVG Lüneburg NVwZ 1988, 375.
35) Gebhard DSI 1982, 43 f.
36) OVG Koblenz, U. v. 11. 7. 1985, 1 A 120/83.
37) Vgl. den Titel der Monographie von Kummer, Denkmalschutzrecht als gestaltendes Baurecht, 1980.

„Das heißt, der Gegenstand muß in der Lage sein, dem Betrachter die Botschaft zu vermitteln, die er verkörpert oder deren Träger er ist. Für ein Denkmal, das ja vom Begriff her eine körperliche Gegenwart verlangt, ist die optische Wahrnehmbarkeit seiner historischen Aussage charakteristisch."[38])
Zu den geschichtlichen Gründen zählen auch die in anderen Denkmalschutzgesetzen ausdrücklich genannten **heimatgeschichtlichen** Gründe, ebenso die **ortsgeschichtlichen** Gründe.

Beispiele:

— Der **Bayerische VGH** bejahte die ortsgeschichtliche Bedeutung eines im Jahr 1821 im Ortszentrum einer Gemeinde errichteten ehemaligen Schulhauses[39]).

— Das **OVG Lüneburg** bejahte die ortsgeschichtliche Bedeutung eines Wasserturmes aus dem Jahre 1909 im Hinblick auf die Entwicklungsgeschichte der Stadt Q.[40]).

— Der **VGH Baden-Württemberg** bejahte die heimatgeschichtliche Bedeutung eines 1932 errichteten Schwarzwaldgasthauses, das in besonderer Weise mit Schnitzereien (Heimatkunst) verziert war[41]). In einer weiteren Entscheidung rechtfertigte der VGH Baden-Württemberg die Annahme der Denkmaleigenschaft einer fränkisch-bäuerlichen Hofanlage aus dem 18. Jahrhundert. Sie sei für die Region typisch und nur noch selten in dieser Vollständigkeit anzutreffen[42]).

— Dagegen erfüllen nach Auffassung des **VGH Baden-Württemberg** allein die Funktion eines Gebäudes (hier: Dorfgasthaus) und sein Alter nicht die heimatgeschichtliche Bedeutungskategorie, wobei der Senat freilich offen ließ, welche positiven Anforderungen er an dieses Merkmal stellt[43]).

— Der **Hessische VGH** führte in gleicher Weise aus, die Nutzung eines Bauwerkes als Pfarrei über einen Zeitraum von 140 Jahren rechtfertige nicht schon die Annahme ortsgeschichtlicher Bedeutung, und zwar selbst dann nicht, wenn das Gebäude früher weitgehend Mittelpunkt des gemeindlichen Lebens war[44]). Etwas anderes könne dann gelten, wenn das Gebäude durch besondere ortsgeschichtliche Umstände (beispielsweise die Wirkungsstätte eines bedeutsamen Pfarrers) hervorgerufen werde.

— Das **OVG Koblenz**[45]) brachte die Heimatgeschichte in einen Zusammenhang mit der Heimatverbundenheit und dem „Erinnerungswert", der das Gefühl des „Daheim" wecke. Soweit ein Gebäude die Heimatgeschichte insoweit nachvollziehbar verkörpere, könne das die Unterschutzstellung rechtfertigen.

(2) Bei der Beurteilung der **künstlerischen** Bedeutung eines Gebäudes ist dessen gestalterische Qualität zu anderen Bauten der gleichen Stilepoche in Bezie-

---

38) W. Brönner, Der Denkmalwert, in: Was ist ein Baudenkmal?, Mitteilungen aus dem Rheinischen Amt für Denkmalpflege, Heft 5, April 1983, S. 16.

39) BayVGH BayVBl 1979, 615. Der Senat stützte die Denkmaleigenschaft zusätzlich auf künstlerische Gründe (charakteristisches Schopfwalmdach, in den Formen der Biedermeierzeit gehaltenes Türportal mit Inschrifttafel aus Ruhpoldinger Rotmarmor) und auf eine volkskundliche Bedeutung.

40) OVG Lüneburg, U. v. 19. 2. 1986, 6 OVG A 17/85, S. 5 u. a.

41) VGH Baden-Württemberg NVwZ 1986, 240.

42) VGH Baden-Württemberg VBlBW 1987, 66 = BRS 44 Nr. 128.

43) VGH Baden-Württemberg, U. v. 25. 9. 1986, 5 S 837/86.

44) HessVGH DVBl. 1985, 1187 = NVwZ 1986, 237.

45) OVG Koblenz, U. v. 30. 5. 1984, 8 A 180/83.

hung zu setzen. Das Denkmal in diesem Sinne ist ein Kunstdenkmal, ein Kunstwerk, das nicht alltäglich ist[46]). Hier kommt es entscheidend auf die gestalterische Qualität an. Das ästhetische Empfinden wird angesprochen[47]). Die ästhetische Wirksamkeit eines Gebäudes ist aber nur ein, wenn auch wichtiges Indiz, nicht hingegen zwingende Voraussetzung für die Bejahung der künstlerischen Bedeutung; denn Kunst hat nicht zwangsläufig etwas mit Ästhetik zu tun[48]).

Beispiele:

— Der **Bayerische VGH** bejahte die baukünstlerische Bedeutung eines klassizistischen Gebäudes aus dem Jahre 1844/45[49]); es weise mit einzelnen aufgeführten Stilelementen starke Anklänge an das italienische Quattrocento auf.
— Das **OVG Lüneburg** bejahte die Denkmalwürdigkeit einer Gartenlaube aus künstlerischen Gründen; ihr komme „wegen der sorgfältigen Gestaltung der reichhaltigen und kunstvoll ausgeführten Schnitz- und Sägearbeiten in den Formen des Jugendstiles eine besondere künstlerische Bedeutung" zu[50]). Dagegen verneinte es die künstlerische Bedeutung eines aus dem 18. Jahrhundert stammenden Fachwerkhauses mit modernen Veränderungen[51]). Der Fachwerkbauweise an sich könne eine künstlerische Qualität nicht zugesprochen werden. Sie müsse zumindest gegenüber der damals üblichen Bauweise irgendeine Besonderheit aufweisen, z. B. Zierfachwerk.
— Das **OVG Berlin** bejahte aus künstlerischen Gründen die Denkmaleigenschaft des Deutschen Arbeitsschutzmuseums aus dem Jahr 1906[52]), das durch eine aus Eisen konstruierte Ausstellungshalle in der Tradition des 19. Jahrhunderts gekennzeichnet sei. Das Gericht führte aus, die künstlerische Bedeutung eines Bauwerks setze nicht voraus, daß sich in ihm die künstlerische Phantasie „zweckfrei entfaltet" habe; es reiche aus, wenn es seinem Gestalter darum gegangen sei, „daß Form und Zweck des Bauwerkes sich möglichst vollkommen entsprechen". Ferner hänge die künstlerische Bedeutung nicht davon ab, wer der geistige Urheber sei.
— Das **OVG Koblenz** verneinte die künstlerische Bedeutung bei Malereien, die aus Musterbüchern (hier: des Régence) freihändig abgemalt wurden[53]); es fehle insoweit der eigenständige künstlerische Ausdruck.

(3) **Städtebauliche** Gründe rechtfertigen die Einstufung als Kulturdenkmal, wenn das Bauwerk die Erscheinung eines Orts-, Platz- oder Straßenbildes in charakteristischer Weise seit alters bestimmt oder wenn es kennzeichnender, elementarer Bestandteil einer typisch historischen Stadtstruktur ist[54]).

---

46) BayVGH BayVBl. 1979, 119; OVG Lüneburg VerwRspr. 31 (1980), 135; Siebertz, Denkmalschutz in Bayern, Diss. München 1979, 105, zu weit dagegen Grosse-Suchsdorf/Schmaltz/Wiechert, a.a.O., § 3 NDSchG Rz. 10; VGH Baden-Württemberg DVBl. 1988, 1219 = DÖV 1989, 79 m. Anm. Hönes — Pfarrhaus Rudersberg; BWVPr 1976, 84 — Schwabenhaus; BVerwGE 11, 32.
47) BVerwGE 11, 32; OVG Münster, U. v. 10. 6. 1985, BRS 44 Nr. 123; Eberl/Martin/Petzet, a.a.O., Art. 10 Rz. 12; Grosse-Suchsdorf/Schmaltz/Wiechert, a.a.O., § 3 NDSchG Rz. 10.
48) VGH Baden-Württemberg, U. v. 1. 12. 82, 5 S 2069/82; Moench ZfBR 1985, 114.
49) BayVGH, U. v. 9. 1. 1985, Nr. 14 B 82 A. 2190.
50) OVG Lüneburg, U. v. 21. 5. 1985, 6 OVG A 150/85.
51) OVG Lüneburg BRS 39 Nr. 135.
52) OVG Berlin NVwZ 1986, 239 = BRS 44 Nr. 122.
53) OVG Koblenz, U. v. 11. 7. 1985, 1 A 120/83.
54) BayVGH BayVBl 1979, 118; BayVBl 1987, 368.

Der **Hessische VGH**[55]) hebt maßgebend auf den das Orts- bzw. Straßenbild **prägenden** Charakter des Objektes ab.

Das **OVG Lüneburg**[56]) verlangt, daß die Anlage Ausdruck eines historischen, städtebaulichen **Gestaltungsprinzips** ist.

Der **VGH Baden-Württemberg**[56a]) schließt für § 2 Abs. 1 DSchG BW städtebauliche Gründe als selbständiges Bedeutungsmerkmal aus, da es dort nicht genannt sei. Solche Gründe könnten unter dem Blickwinkel des Denkmalschutzrechts nur für den Umgebungsschutz eines (eingetragenen) Denkmals und für die Reichweite des Ensembleschutzes eine Rolle spielen sowie für die gesetzlichen Schutzgründe von unterstützender Bedeutung sein.

Maßgebend ist, daß das Bauwerk — in der Regel wird es sich um ein Ensemble handeln — das Orts- und Straßenbild in spezifischer Weise historisch prägt. Eine gewisse Dominanz ist erforderlich; die bauliche Anlage darf nicht nur „beiläufige Zutat" einer bestimmten städtebaulichen Struktur sein. Bei der Annahme städtebaulicher Gründe ist besondere Zurückhaltung geboten. Denn jede ältere Stadt — zumal wenn es sich um einen kleineren Ort handelt — wird durch alte Gebäude geprägt. Das reicht nicht aus. Die Prägung muß vielmehr ihren Ausdruck in einer eigenen typischen Stadtstruktur oder einem eigenen historisch bedeutsamen Stadtbild finden. Darin liegt der Denkmalwert. Ohne diesen Denkmalwert kommt ein Schutz nur durch örtliche Bauvorschriften in Frage[57]).

Beispiele:

— Der **Bayerische VGH** bejahte die städtebauliche Bedeutung des Antonierhauses in Memmingen wegen dessen „stadtbildprägender Wirkung", die „durch die stattlichen Gebäudeproportionen mit Steildächern und die Situierung der einzelnen Gebäude im Verbund mit der topographischen Situation besonders zum Tragen" kommt[58]).

— Der **Hessische VGH** stufte ein Pfarrhaus aus dem Beginn des 19. Jahrhunderts, dessen Standort bewußt und für die damalige Epoche zeittypisch gegenüber der mittelalterlich strukturierten Ortskernbebauung auf einem Gartengrundstück festgelegt wurde, aus städtebaulichen Gründen als Denkmal ein[59]). Die Vielzahl der festgestellten baulichen Besonderheiten habe Seltenheitswert.

— Das **OVG Münster** hielt einen Bauernhof aus dem Jahre 1863 aus städtebaulichen Gründen für ein Kulturdenkmal[60]). Das Gebäude präge aufgrund seiner stattlichen Größe und seiner exponierten Lage den Gesamtcharakter des ländlichen Ortsteils C. Es repräsentiere den Typ des niederdeutschen Hallenhauses, das in früheren Zeiten Wohnen, Arbeiten und Viehhal-

---

55) HessVGH, U. v. 24. 3. 1981; IX OE 167/79.
56) OVG Lüneburg NVwZ 1983, 231.
56a) VGH Baden-Württemberg, U. v. 10. 5. 1988, DVBl. 1988, 1219 — Pfarrhaus Rudersberg; U. v. 10. 5. 1988, 1 S 524/87 — Villa Breuninger.
57) Vgl. Eberl BayVBl 1987, 353 m. N.; Simon, a.a.O., Art. 91 Rz. 2, 9; zu örtlichen Bauvorschriften s. o. B II; zum Verhältnis von Denkmalschutz und örtlichen Bauvorschriften s. unten C VII.
58) BayVGH BayVBl 1987, 368.
59) HessVGH DVBl. 1985, 1187.
60) OVG Münster BRS 44 Nr. 123.

tung „unter einem Dach" ermöglicht habe. In städtebaulicher oder volkskundlicher Hinsicht sei nicht erforderlich, daß sich das Gebäude als einzigartig oder herausragend erweise[61]. In städtebaulicher Hinsicht komme es auch nicht darauf an, daß die handwerkliche Ausführung insgesamt oder im Detail das ästhetische Empfinden in besonderem Maße anspreche[62].

— Das **OVG Koblenz** verneinte städtebauliche Gründe bei einem Einzelbauwerk (Scheune aus dem 17./18. Jahrhundert) als Teil einer Gebäudezeile[63]. Städtebauliche Gründe setzten voraus, daß das Bauwerk „in irgendeiner Weise für die städtebauliche Ordnung prägend ist". Es müsse zur Darstellung eines charakteristischen Ortsgrundrisses geeignet sein.

Nicht zu den städtebaulichen Gründen gehören die Belange des **Milieu- und Psychotop-Schutzes**[64]. Gassner weist zutreffend darauf hin, daß Milieuwerte und die „gestalterisch-humane Perspektive" nicht schon per se Denkmalwerte seien. Der Milieuschutz ist grundsätzlich Sache der Bauleitplanung und des § 172 BauGB (bisher § 39 h BBauG). Denkmalschutz ist kein Ersatz für unterlassene oder schlechte städtebauliche Planung.

(4) Das Interesse an der Erhaltung eines Denkmales kann auch durch **wissenschaftliche** Gründe begründet sein. Das ist dann der Fall, wenn das Bauwerk Zeugnis für einen bestimmten Wissensstand in einer Epoche leistet. Auf den Wissenschaftszweig kommt es nicht an. Es muß sich um **wissenschaftsgeschichtliche** Gründe handeln, nicht hingegen genügt es, daß das Objekt Gegenstand wissenschaftlicher Arbeit ist; denn das kann buchstäblich bei jedem Gegenstand der Fall sein[65].

Zu den danach geschützten Objekten können beispielsweise alte Brücken, besondere technische Dachkonstruktionen, Schleusen, Wasserhäuser, Mühlen, Zechentürme und dgl., gehören.

Beispiele:

— Das **OVG Koblenz** meinte in bereits zitierter Entscheidung, in der es die künstlerische Bedeutung von Malereien verneinte (Fn 46) nicht nur das künstlerische, sondern auch das wissenschaftliche Interesse an der Erhaltung bemalter und stuckierter Decken. Da die Decken offenbar aus Musterbüchern abgemalt seien, gebe es kein wissenschaftliches Interesse an ihrer Erhaltung; die „handwerkliche Technik dieser Malerei (sei) offensichtlich aufgrund der Musterbücher hinlänglich bekannt"[66].

— Der **VGH Baden-Württemberg** bejahte wegen der wissenschaftlichen Bedeutung die Denkmalwürdigkeit eines im Kern aus dem 15. Jahrhundert stammenden, in den letzten Jahrhun-

---

61) OVG Münster, a.a.O.; ebenso OVG Münster, U. v. 25. 1. 1985, 11 A 1801/84.
62) OVG Münster, a.a.O.; U. v. 19. 10. 1984, 11 A 1350/83.
63) OVG Koblenz, U. v. 26. 4. 1984, 1 A 76/83.
64) So zutreffend Gassner, a.a.O., S. 159; Dilcher, in: Festschrift für Coing, Bd. II, 1982, S. 82; Gebeßler, in: Gebeßler/Eberl, a.a.O., S. 63; a. A. VG München BayVBl 1974, 649; Rothe, a.a.O., § 2 Rz. 12; Grosse-Suchsdorf/Schmaltz/Wiechert, a.a.O., § 3 NDSchG Rz. 13.
65) T. Breuer, in: Gebeßler/Eberl, a.a.O., S. 42; a. VGH Baden-Württemberg DVBl. 1988, 1219 = DÖV 1989, 79 — Pfarrhaus Rudersberg, mit der Einschränkung, es müsse ein hinreichend konkretes Forschungsvorhaben erkennbar sein.
66) OVG Koblenz, U. v. 11. 7. 1985, 1 A 120/83.

derten mehrfach umgebauten evangelischen Pfarrhauses in Rudersberg[66a]). Das Gebäude entfalte zwar in seiner Gesamtheit keine spezifische Aussagekraft, jedoch sei die im Ursprung aus dem 15. Jahrhundert stammende Fachwerkkonstruktion von baugeschichtlichem Interesse. Wesentlich für den VGH war dabei, daß das Gebäude als „Baustein" einer historischen Entwicklung mit Gegenstand eines Hochschulsonderforschungsbereichs war.

— Ebenso wurde vom VGH Baden-Württemberg die wissenschaftliche Bedeutung einer im Jahr 1913 für einen Fabrikanten errichteten Villa („Villa Breuninger") bejaht[66b]). Bei dem Bauwerk handele es sich um ein wichtiges Beispiel für die architektonische Gesamtentwicklung vor dem Ersten Weltkrieg. Die Villa sei Vorläufer des Stils der Neuen Sachlichkeit.

(5) Schließlich kann auch die **volkskundliche** Bedeutung die Denkmaleigenschaft begründen. Zu dieser Bedeutung gibt es, soweit ersichtlich, kaum gerichtliche Entscheidungen. Von volkskundlicher Bedeutung sind solche Bauwerke, die die Gepflogenheiten, sozialen Verhaltensweisen und Auffassungen der Bevölkerung oder bestimmter Bevölkerungskreise in besonderer Weise dokumentieren[67]).

Beispiel:

Der **Bayerische VGH** stützte die Denkmaleigenschaft eines ehemaligen Schulhauses aus dem Jahr 1821 neben ortsgeschichtlichen auch auf volkskundliche Gründe[68]). Es handele sich um ein für Ort und Zeit typisches, die damaligen äußeren Schulverhältnisse veranschaulichendes Sachgut.

Das Merkmal kommt wohl vor allem bei beweglichen Denkmälern (Einrichtungs- und Gebrauchsgegenständen, Kleidung usw.) zum Tragen.

(6) Die in Art. 1 BayDSchG **aufgezählten Bedeutungsmerkmale** sind abschließend, soweit sie den Bezug zum Geschichtlichen voraussetzen. Eine Bedeutung von Gebäuden ohne Bezug zum Geschichtlichen vermag die Denkmaleigenschaft nicht zu begründen. Darüber hinaus sind die Bedeutungsmerkmale nicht abschließend[69]). Aus den unterschiedlich genannten Bedeutungsmerkmalen in den Denkmalschutzgesetzen der Länder folgen daher keine Unterschiede im Denkmalbegriff, soweit die Bedeutungsmerkmale Ausdruck der Kategorie des Geschichtlichen sind.

Allerdings weist das **Denkmalschutzgesetz Rheinland-Pfalz** eine **Besonderheit** auf, die nicht auf die Denkmalschutzgesetze der übrigen Länder übertragbar ist. Das Denkmalschutzgesetz Rheinland-Pfalz normiert als eigenständige Bedeutungskategorie des Denkmalbegriffes die „Belebung und Werterhöhung der Umwelt" (§ 3 Ziff. 1 Buchst. c DSchG Rheinland-Pfalz). Dieses Bedeutungsmerkmal ist abgelöst von der Kategorie des Geschichtlichen. Sein Bezug zum **Denkmalschutz** ist fraglich. Es handelt sich wohl eher um eine dem Ortsgestaltungsrecht zuzuordnende Bestimmung, die im Denkmalrecht systemfremd wirkt.

66a) VGH Baden-Württemberg, U. v. 10. 5. 1988, DVBl. 1988, 1219.
66b) VGH Baden-Württemberg, U. v. 10. 5. 1988, 1 S 524/87.
67) Eberl/Martin/Petzet, a.a.O., Art. 1 Rz. 15; ebenso Rothe, a.a.O., § 2 Rz. 11.
68) BayVGH BayVBl 1979, 616.
69) Vgl. T. Breuer, in: Gebeßler/Eberl, a.a.O., S. 41 f.; OVG Koblenz, U. v. 30. 5. 1984, 8 A 180/83.

Das **OVG Koblenz** legte dieses Merkmal aus rechtsstaatlichen Gründen und wegen der Eigentumsgewährleistung des Art. 14 GG restriktiv aus[70]). Erforderlich sei, daß die Umwelt „in positiver Weise bereichert oder belebt wird. Dies ist etwa dann der Fall, wenn ältere Fachwerkhäuser, die selbst nur geringe geschichtliche oder künstlerische Bedeutung haben, in zentraler Lage einer Gemeinde dazu beitragen, daß der Ort abwechslungsreich, lebendig oder wohnlich wirkt, ein unverwechselbares Gesicht behält und seinen Bewohnern das Gefühl gibt, dort heimisch zu sein"; der Verlust des Gebäudes müsse als „schmerzlicher Verlust" empfunden werden[71]).
Der **VGH Baden-Württemberg** hält die Aufzählung der Bedeutungskategorien in § 2 Abs. 1 DSchG BW für abschließend[71a]). Danach können andere als wissenschaftliche, künstlerische oder heimatgeschichtliche Gründe als selbständige Bedeutungsmerkmale nicht herangezogen werden.

c) Öffentliches Erhaltungsinteresse

Eine Baulichkeit ist nicht schon dann Denkmal im normativen Sinne, wenn sie aus den angeführten Gründen bedeutsam ist.

Vielmehr muß als **eigenständiges** Tatbestandsmerkmal ein **öffentliches Erhaltungsinteresse** (Interesse der Allgemeinheit) aus eben diesen Gründen hinzutreten[72]). Das Tatbestandsmerkmal „Interesse der Allgemeinheit" ist trotz seiner Offenheit in vollem Umfang gerichtlich kontrollierbar (justitiabel). Die Verwaltung hat keinen Beurteilungsspielraum und kein Ermessen. Das ist heute in der Rechtsprechung praktisch einhellige Auffassung[73]). Im Schrifttum wird dagegen z. T. die Auffassung vertreten, die Entscheidungsprärogative liege bei der Verwaltung, bei der Entscheidung über das „öffentliche Erhaltungsinteresse" komme ihr ein gerichtlich nur begrenzt überprüfbarer Beurteilungs- oder Ermessensspielraum zu[74]). Diese Auffassung verkennt aber, daß das Tatbestandsmerkmal „öffentliches Interesse" im Denkmalschutzrecht

---

70) OVG Koblenz, U. v. 10. 10. 1985, 1 A 71/84; U. v. 26. 4. 1984, 1 A 76/83.
71) OVG Koblenz, U. v. 10. 10. 1985, 1 A 71/84, S. 9 u. a. Im Urteil vom 26. 4. 1984 (1 A 76/83) hatte ders. Senat ergänzend ausgeführt, daß die „mit der Unterschutzstellung verbundene Sozialbindung des Eigentums objektiv vernünftig sein müßte. Eine zu weite Fassung des Denkmalbegriffes müßte letztlich dazu führen, daß jedes alte Gebäude als Denkmal anzusehen wäre, wodurch die Schutzfunktion des Gesetzes nicht mehr erreicht werden könnte, da sie für die Allgemeinheit nicht mehr tragbar wäre und auch zu einer Überalterung der Bausubstanz führen würde, weil jede Stadtsanierung zwangsläufig am Denkmalschutz scheitern müßte."
71a) VGH Baden-Württemberg, U. v. 10. 5. 1988, DVBl. 1988, 1219 — Pfarrhaus Rudersberg.
72) BVerwG NJW 1988, 505; OVG Berlin NVwZ 1986, 239 = BRS 44 Nr. 122; HessVGH DVBl 1985, 1187; OVG Koblenz, U. v. 11. 7. 1985, 1 A 120/83; OVG Lüneburg NVwZ 1983, 231; Finkelnburg, in: Festschrift zum 125jährigen Bestehen der Juristischen Gesellschaft zu Berlin, 1984, 129; a. A. Hönes, Die Unterschutzstellung von Kulturdenkmälern, 1987, S. 98 ff., 105, der diesem Tatbestandsmerkmal nur „deklaratorische" Bedeutung zubilligt.
73) Vgl. nur BayVGH BayVBl 1986, 399; HessVGH DVBl 1985, 1187 (unter ausdrücklicher Aufgabe seiner früheren Rechtsprechung); zuletzt ausdrücklich BVerwG, NJW 1988, 505.
74) Grosse-Suchsdorf/Schmaltz/Wiechert, a.a.O., § 3 NDSchG, Rz. 20 m. N.; Kummer, a.a.O., S. 35 ff.; Namgalies DÖV 1984, 239, 674; dagegen Hönes DÖV 1984, 671.

aus verfassungsrechtlichen Gründen (Schutz des Eigentums, Art. 14 GG) ganz spezifische, tatbestands**begrenzende** Funktionen besitzt[75]).

(1) Das Tatbestandsmerkmal „Interesse der Allgemeinheit" ist im bayerischen Denkmalschutzgesetz **nicht näher konkretisiert.**

Auch die anderen Denkmalschutzgesetze der Länder enthalten keine nähere Begriffsbestimmung des „Interesses der Allgemeinheit" oder des synonym verwendeten „öffentlichen Interesses"; es gibt nur eine Ausnahme: **§ 2 Abs. 1 DSchG Nordrhein-Westfalen** definiert „das öffentliche Interesse":

Es „besteht, wenn die Sachen bedeutend für die Geschichte des Menschen, die Städte und Siedlungen oder für die Entwicklung der Arbeits- und Produktionsverhältnisse sind und für die Erhaltung und Nutzung künstlerische, wissenschaftliche, volkskundliche oder städtebauliche Gründe vorliegen".
Verfassungsrechtliche Bedenken gegen die Verwendung dieses offenen Begriffes bestehen nicht. Der Rechtsbegriff des „öffentlichen Interesses" bzw. „Interesses der Allgemeinheit" findet sich in zahlreichen Gesetzen wieder (vgl. § 6 WHG; § 31 Abs. 2 BauGB; Art. 14 Abs. 3 GG).

Der Begriff „Interesse der Allgemeinheit" entzieht sich einer exakten begrifflichen Bestimmung. Er ist von der ihm vom Denkmalschutzgesetz zugedachten Funktion her auszulegen. Danach ist ein „Interesse der Allgemeinheit" an der Erhaltung anzunehmen, „wenn eine allgemeine Überzeugung von der Denkmalwürdigkeit einer baulichen Anlage und der Notwendigkeit ihrer Erhaltung besteht"[76]). Dies setzt voraus, daß die Denkmalwürdigkeit entweder in das Bewußtsein der Bevölkerung oder eines breiten Kreises von Sachverständigen eingegangen ist[77]).

Der **Bayerische VGH** wies zu Recht darauf hin, daß dem — auch einstimmigen — Votum eines Gemeinderates zur Denkmalwürdigkeit keine ausschlaggebende Bedeutung zukomme[78]). Das „Interesse der Allgemeinheit" stehe nicht zur Disposition mehr oder minder großer Personenkreise oder des für Belange des Denkmalschutzes offenen Durchschnittsbetrachters.

Auch wenn insoweit auf das Bewußtsein der Bevölkerung abgestellt wird, ändert dies nichts daran, daß Beurteilungsmaßstab für das Vorliegen der Bedeutungsmerkmale der Wissens- und Erkenntnisstand eines breiteren Kreises von Sachverständigen ist[79]).

(2) Das Tatbestandsmerkmal „Interesse der Allgemeinheit" hat eine **doppelte Funktion:**
Erstens wirkt das Merkmal als Korrelat, um die „vom Gesetzgeber nicht ge-

---

75) So ausdrücklich BVerwG NJW 1988, 505.
76) OVG Berlin NVwZ 1986, 239 = BRS 44 Nr. 122.
77) OVG Berlin NVwZ 1986, 239; OVG Rheinland-Pfalz DVBl 1985, 406; OVG Lüneburg NVwZ 1983, 231; DVBl 1975, 956, 958; Erbguth/Paßlick/Püchel, a.a.O., S. 13; Herter, in: Gebeßler/Eberl, a.a.O., S. 246 f.
78) BayVGH BayVBl 1986, 399.
79) Siehe dazu oben 2 c.

wollte sinnlose Ausweitung des Begriffes ‚Kulturdenkmal' zu verhindern"[80]). Ausgegrenzt werden sollen individuelle Vorlieben oder private Liebhaberinteressen, „die nicht durch allgemeine oder wenigstens unter Fachleuten anerkannte Kriterien gestützt werden"[81]). Damit verlangt das „Interesse der Allgemeinheit" eine besondere Denkmal**qualität** gemäß den oben dargestellten Bedeutungskategorien.

Das **OVG Lüneburg** stellt insoweit zu Recht darauf ab, mit welcher „Nachhaltigkeit" die „Erhaltungsbedürftigkeit des Bauwerkes einsichtig" ist[82]). Das spezifische Interesse der Allgemeinheit an der Erhaltung eines Denkmales habe die Aufgabe, dem Eigentümer „einen hinreichenden Schutz" vor einer „zu weitreichenden Einbeziehung in die mit dem Denkmalschutz verbundenen Pflichten und Lasten" zu gewährleisten[83]).

Seine Korrektivfunktion offenbart dieses Tatbestandsmerkmal vor allem dann, wenn zahlreiche vergleichbare Objekte noch vorhanden sind. Denn die Existenz „weiterer Exemplare eines Typs relativiert nicht den geschichtlichen oder wissenschaftlichen Wert des einzelnen. Wohl aber kann sowohl die besondere Bedeutung eines Kulturdenkmals, die seine Eintragung in das Denkmalbuch rechtfertigt, als auch das öffentliche Interesse an der Erhaltung einer geschichtlichen oder wissenschaftlich wertvollen Sache davon abhängen, in wieviel Exemplaren sie vorhanden ist"[84]).

In ähnlicher Weise prüfte der **VGH Baden-Württemberg**[85]), ob bei einem größeren wissenschaftlich und heimatgeschichtlich wertvollen Komplex von Werkswohnungen (sog. Spiegelkolonie) das öffentliche Interesse für die Erhaltung **aller** Gebäude streite oder ob nicht die Erhaltung eines kleineren Teils dieser Kolonie ausreiche.

Durch das Abheben auf das „Interesse der Allgemeinheit" soll damit sichergestellt werden, „daß nur **herausgehobene Werke** als Denkmal angesehen werden"[86]).

Dies setzt zwar keine Einmaligkeit voraus. Die Erhaltungsbedürftigkeit muß sich aber gerade in Relation zu anderen Anlagen — oder einem Fehlen solcher Anlagen — aufdrängen. Je mehr Exemplare es aus der Sicht des Betrachters in der Nähe gibt, um so geringer ist tendenziell das öffentliche Interesse an der

---

80) HessVGH DVBl 1985, 1187; VG Frankfurt, U. v. 27. 10. 1981, DVBl 1982, 367; OVG Lüneburg OVGE 37, 246 f.; Dörffeldt, Hessisches Denkmalschutzrecht, Kommentar, 1975, § 2, Rz. 6; ausführlich dazu Grosse-Suchsdorf/Schmaltz/Wiechert, a.a.O., § 3 Rz. 17.

81) BayVGH BayVBl 1986, 399, 400; ebenso BayVGH BayVBl 1987, 154.

82) OVG Lüneburg UPR 1983, 236; ebenso VGH Baden-Württemberg, U. v. 10. 5. 1988 1 S 524/87 — Villa Breuninger.

83) OVG Lüneburg, a.a.O.

84) OVG Lüneburg DSI 1980, 25; ebenso BayVGH BayVBl 1986, 399; BayObLG BayVBl 1987, 154.

85) VGH Baden-Württemberg, U. v. 11. 8. 1976, III 206/76.

86) OVG Koblenz, U. v. 26. 5. 1983, XII A 54/81; ebenso U. v. 11. 7. 1985, 1 A 120/83; U. v. 26. 4. 1984, 1 A 76/83; VG Münster DVBl. 1984, 643.

Einstufung als Denkmal, wobei freilich auch hier wiederum eine Beziehung zur objektiven Gewichtigkeit der im Einzelfall zu bejahenden Bedeutungsmerkmale herzustellen ist.

Wegen der nur „mittelmäßigen" Ausführungen eines Gebäudes aus dem Jahr 1792 verneinte das **OVG Koblenz** daher folgerichtig die Denkmaleigenschaft[86a]). Das Gebäude sei „lediglich eines von vielen"; die Bauausführung aus dieser Zeit sei bekannt und in anderen denkmalwürdigen Bauwerken enthalten. Zu Recht weist das OVG Koblenz damit implizit auf die Bedeutung der Singularität eines Denkmales hin.

Die **zweite** wichtige Funktion des Tatbestandsmerkmales „Interesse der Allgemeinheit" ist Folge der durch den Denkmalschutz bewirkten **Sozialbindung des Eigentums**, die sich an der Eigentumsgarantie des Art. 14 GG messen lassen muß[86b]). Nur wenn es ein spezifisches öffentliches Erhaltungsinteresse gibt, muß der Eigentümer die mit dem Denkmalschutz verbundenen Pflichten und Beschränkungen als Ausdruck der Sozialbindung hinnehmen. Nur dann ist auch die in letzter Konsequenz gemäß Art. 18 BayDSchG mögliche Enteignung zulässig[86c]).

(3) Das „Interesse der Allgemeinheit" an der Erhaltung umfaßt nicht die Pluralität der öffentlichen Interessen schlechthin, sondern nur die **denkmalspezifischen Belange**, die den Wert der Anlage im denkmalrechtlichen Sinn bewirken. Dazu zählt auch das Alter des Gebäudes[86d]). Allerdings wird das öffentliche Interesse an der Erhaltung einer Anlage nicht zwangsläufig durch das Alter eines Bauwerks indiziert[86e]). Das öffentliche Interesse muß sich auf die in Art. 1 Abs. 1 BayDSchG normierten Bedeutungskategorien und die dadurch begründete Denkmaleigenschaft beziehen[86f]).

Andere öffentliche Interessen (etwa städtebaulicher, touristischer, nutzungsbezogener Art), auch etwaige dem Erhaltungsinteresse entgegenstehende Interessen haben mit der Begründung des Denkmalcharakters nichts zu tun. Sie wirken sich weder zugunsten noch zu Lasten der Denkmaleigenschaft aus[86g]).

86a) OVG Koblenz, U. v. 26. 5. 1983, 12 A 54/81.

86b) OVG Koblenz, U. v. 26. 4. 1984, 1 A 76/83; HessVGH DVBl. 1985, 1187, 1188; Moench NVwZ 1984, 146, 148 m. w. N.

86c) VGH Baden-Württemberg, U. v. 11. 8. 1976, III 2006/76; vgl. auch OVG Lüneburg OVGE 37, 247.

86d) Moench NVwZ 1988, 304; HessVGH DVBl. 1985, 1187, 1188 = NVwZ 1986, 237, 238, Hönes DÖV 1981, 957.

86e) BayObLG BayVBl 1987, 154.

86f) Erbgut/Paßlick/Püchel, a.a.O., S. 14; Hönes NVwZ 1983, 213; OVG Koblenz DÖV 1984, 76, HessVGH, U. v. 8. 6. 1982, IX OE 58/79; HessVGH DVBl. 1985, 1187, 1188; VGH Baden-Württemberg DVBl. 1988, 1219 = DÖV 1989, 79 m. Anm. Hönes.

86g) Vgl. Kummer, a.a.O., S. 46; Dörffeldt, a.a.O., § 2 Rz. 7; Hönes NuR 1986, 285, 230; HessVGH, U. v. 8. 6. 1982, IX OE 58/79; HessVGH DVBl. 1985, 1187, 1188.

Demzufolge steht beispielsweise das öffentliche Interesse an der Errichtung bestimmter Anlagen (Straßen, öffentliche Bauten etc.) an der Stelle eines Kulturdenkmales nicht der Denkmaleigenschaft entgegen. Der Ausgleich der konfligierenden öffentlichen Interessen findet erst auf der zweiten Stufe statt: wenn über das Beseitigungsgesuch zu entscheiden ist.

(4) Auf das Interesse der Allgemeinheit an der Erhaltung eines Denkmals hat der **Erhaltungszustand** eines Gebäudes **grundsätzlich keinen Einfluß**[86h]); gleiches gilt für die Renovierungsbedürftigkeit[87]). Auch ein schlecht erhaltenes Baudenkmal ist erhaltenswert, wenn die historische Bausubstanz die im Einzelfall einschlägige Bedeutungskategorie gemäß Art. 1 Abs. 1 BayDSchG vermitteln kann. Nur wenn der Zustand des Gebäudes so schlecht ist, daß es unter Wahrung seiner Ursprünglichkeit nicht erhalten werden kann, oder wenn feststeht, daß das Gebäude in naher Zukunft unabwendbar untergehen wird, ist dies von Belang[88]).

Beispiele:

— Der **Bayerische VGH** verneinte deshalb die Denkmaleigenschaft bei einem Gebäude, bei dessen Sanierung aufgrund eines „ruinösen Bauzustandes" ein „rekonstruierter Neubau" entstanden wäre[89]).

— Das **OVG Münster** läßt die Denkmaleigenschaft entfallen, wenn das Gebäude nach Durchführung der Erneuerungsmaßnahmen gewissermaßen eine „Kopie des Originals" darstellen würde[90]).

— Nach Auffassung des **VGH Baden-Württemberg** sprachen der Erhaltungszustand und die erforderlichen Wiederherstellungsarbeiten bei einem Pfarrhaus, von dem bei einer Sanierung allenfalls 10—15 % Originalsubstanz hätten erhalten werden können, gegen die Erhaltung[90a]).

Fraglich ist, ob die Identität noch gewahrt ist, wenn ein zerstörtes Bauwerk durch Zusammensetzung der noch vorhandenen originalen Trümmer am selben Platz in einer dem Original entsprechenden Weise wieder errichtet wird (sog. **Anastylose**). Nach Auffassung von Eberl/Martin/Petzet[91]) ist in einem solchen Fall dieselbe bauliche Anlage wieder zusammengesetzt, es liege damit wieder ein Denkmal vor. Dagegen handele es sich, wenn die Wiedererrichtung an einem anderen Platz erfolge, um keine Anlage aus vergangener Zeit, sondern eine solche aus der Gegenwart[92]). U. E. entsteht auch im Fall der Anastylose mit der Wiedererrichtung, egal an welchem Ort, **nicht** das originale historische Zeugnis wieder, sondern lediglich eine Anlage aus der Gegenwart. Zwar mag an dem „neuen" Gebäude ein öffentliches Erhaltungsinteresse bestehen. Die Identität des

---

86h) BayVerfGH BayVBl 1981, 429; BayVGH BRS 47 Nr. 127 m. N.; VGH Baden-Württemberg BRS 39 Nr. 134; BRS 44 Nr. 128.

87) BayVGH VGHE 32, 140, 143; OVG Berlin BRS 44 Nr. 122; VGH Baden-Württemberg BRS 39 Nr. 134; OVG Münster, Urteil vom 12. 5. 1986, 7 A 2944/83; OVG Koblenz, U. v. 10. 10. 1985, 1 A 71/84.

88) BayVGH, U. v. 19. 10. 1981 Nr. 82 XIV 78; VGH Baden-Württemberg BRS 44 Nr. 128; ähnlich OVG Lüneburg, U. v. 10. 1. 1986, 1 OVGA 109/83; nach Auffassung des OVG spielen die Kosten für die Erhaltung insoweit keine Rolle; Moench NVwZ 1984, 146, 148 m. N.

89) BayVGH BayVBl. 1987, 597.

90) OVG Münster BRS 44 Nr. 138 = OVGE 38, 1118.

90a) VGH Baden-Württemberg DVBl. 1988, 1219.

91) Eberl/Martin/Petzet, a.a.O., Art. 1 Rz. 23.

92) Eberl/Martin/Petzet, a.a.O., Art. 1 Rz. 24.

Bauwerks aus vergangener Zeit und damit die Denkmaleigenschaft hat die Anlage jedoch mit der Zerstörung unwiederbringlich verloren.

(5) In grundsätzlich gleicher Weise ist zu beurteilen, ob **nachträglich erfolgte Änderungen** (Um- und Anbauten usw.) der Denkmaleigenschaft entgegenstehen. Das ist dann nicht der Fall, wenn die Bedeutungskategorie gewahrt bleibt, die Änderung mithin nicht den spezifischen Denkmalwert entfallen läßt[93]). Auch eine „Stilmischung" läßt die „Denkmaleigenschaft" nicht notwendigerweise entfallen[94]).

Beispiele:

— Der **Bayerische VGH** bejahte die Denkmaleigenschaft eines spätklassizistischen Bauwerks aus dem Jahre 1844/45, obgleich das Gebäude durch den Einbau von unmaßstäblichen Schaufenstern, einer Eingangspassage und eines Vordaches schwer beeinträchtigt worden sei[95]). Zur Begründung wies das Gericht darauf hin, daß jedenfalls die Obergeschosse in ihrem ursprünglichen Zustand erhalten geblieben seien.
— Der **VGH Baden-Württemberg** begründete den relativ geringen Denkmalwert eines Pfarrhauses aus dem Jahr 1461 mit erheblichen konstruktiven und sonstigen baulichen Eingriffen (An- und Umbauten) in das Gebäude im Laufe der Jahrhunderte[96]).
— Das **OVG Münster** hielt nachträgliche Änderungen an einem niederdeutschen Bauernhof aus dem Jahr 1863 (teilweise Beseitigung einer Traufwand; Stallanbau; nachträglicher Einbau von Fenster- und Türöffnungen; Stilmischungen durch Verzierung und Bemalung des Vordergiebels in den 30er Jahren) für unbeachtlich[97]). Die Bedeutungskategorien und die besondere Bedeutung im Rahmen des öffentlichen Erhaltungsinteresses seien „verhältnismäßig umfassend. Sie beziehen sich nicht nur auf Objekte, die in ihrer Bausubstanz und äußeren Gestalt im Urzustand bestehengeblieben sind. Spätere Zusätze und Änderungen, die dem jeweiligen Zeitgeschmack entsprechen, werden gerade bei älteren Gebäuden häufig auftreten. Sie prägen dann in aller Regel das Erscheinungsbild des Denkmales mit." Dies ist richtig. Je älter ein Gebäude ist, um so unwahrscheinlicher ist es, daß es dem Originalzustand entspricht. In fast allen Zeiten der Baugeschichte wurden alte Gebäude nach dem jeweiligen Zeitempfinden geändert, gewissermaßen alt und neu kombiniert. Selten nur war der Zeitgeist auf eine puristische Bestandserhaltung gerichtet[98]). Im übrigen kann im Einzelfall auch die Behandlung eines charakteristischen Bauwerks in nachfolgenden Epochen ein öffentliches Erhaltungsinteresse aus geschichtlichen Gründen begründen.

(6) Die Länder haben teilweise versucht, das öffentliche Erhaltungsinteresse in **Richtlinien** näher zu bestimmen.

So werden in den „Richtlinien des Kultusministeriums Baden-Württemberg für die Erfassung

---

93) VGH Baden-Württemberg, U. v. 24. 7. 1986, 5 S 1045/86.
94) OVG Münster BRS 44 Nr. 123 = OVGE 38, 48.
95) BayVGH, U. v. 9. 1. 1985 Nr. 14 D 82 A. 2190.
96) VGH Baden-Württemberg DVBl. 1988, 1219, 1222.
97) OVG Münster BRS 44 Nr. 123.
98) Vgl. auch zur Bedeutung des Erhaltungszustandes bei Art. 6 Abs. 2 Satz 1 BayDSchG BayVGH BayVBl 1982, 278, 279 f.

von Kulturdenkmalen in einer Liste" vom 23. 12. 1977[99]) folgende „wertende Gesichtspunkte" für das öffentliche Erhaltungsinteresse genannt:

— Singularität,
— Bedeutung für die Umgebung,
— wissenschaftlich-dokumentarischer Wert,
— Vorbildhaftigkeit für eine Tradition,
— Bedeutung für die Volksbildung,
— Bedeutung für die Deutung einer Epoche
  oder eines
— Ereignisses der Geschichte,
— Bedeutung für die Kulturlandschaft,
— Erlebnis- und Erinnerungswert,
— Bedeutung für das Ortsbild und die Ortsgeschichte,
— künstlerischer Rang[100]).

Solche Hilfen für die Anwendung unbestimmter Rechtsbegriffe im Verwaltungsvollzug sind legitim. Darüber hinaus kommt ihnen jedoch keine Bedeutung zu. Sie sind nicht Maßstab für die Beurteilung von Bauwerken durch Sachverständige oder Gerichte[101]).

Hervorzuheben ist der Hinweis in Ziff. 1.2.3 der Richtlinie:

„Die fachlich-konservatorische Begründung des öffentlichen Interesses an der Erhaltung des Kulturdenkmales muß wissenschaftlich abgesichert, verbalisierbar und nachvollziehbar sowie in verwaltungsrechtlichen und verwaltungsgerichtlichen Verfahren nachprüfbar sein."

d) Keine Bedeutung privater Eigentümerbelange

Bei der Frage, ob ein allgemeines Interesse an der Erhaltung eines Gebäudes aus den in Art. 1 BayDSchG genannten Gründen besteht, spielen **private Belange** des Eigentümers **keine Rolle**. In diesem Zusammenhang kommt es weder auf die finanziellen Möglichkeiten des Eigentümers zur Erhaltung des Denkmales an noch auf sein Interesse an einer wirtschaftlichen Nutzung des Gebäudes. Das ist inzwischen allgemeine Auffassung[102]).

---

99) „Richtlinie des Kultusministeriums Baden-Württemberg für die Erfassung von Kulturdenkmalen in einer Liste" vom 23. 12. 1977, GABl. 1978, S. 240; ähnlich die Broschüre „Denkmalschutz in Hessen", hrsg. v. Hess. Landesamt für Denkmalpflege, 1978; das Niedersächs. Ministerium für Wissenschaft und Kunst hat im Runderlaß v. 9. 8. 1983 (Nds. MBl., S. 753; abgedr. z. T. bei Grosse-Suchsdorf/Schmaltz/Wiechert, a.a.O., §§ 4, 5 NDSchG, Anhang) Richtlinien für die Eintragung von Bau- und Bodendenkmälern in das Verzeichnis der Kulturdenkmale aufgestellt und dabei das öffentliche Erhaltungsinteresse und die Bedeutungskategorien näher spezifiziert.

100) Richtlinie des Kultusministeriums Baden-Württemberg für die Erfassung von Kulturdenkmalen in einer Liste vom 23. 12. 1977, S. 240, 241.

101) Auf die Richtlinie wird auch hingewiesen bei Herter, in: Gebeßler/Eberl, a.a.O., S. 241; Erbguth/Paßlick/Püchel, a.a.O., S. 13 f.

102) VGH Baden-Württemberg VBlBW 1985, 456; HessVGH DVBl. 1985, 1187 = DÖV 1985, 837; OVG Koblenz, U. v. 26. 5. 1983, 12 A 54/81; OVG Berlin DÖV 1985, 836; Moench NJW 1983, 1998; Brohm DVBl. 1985, 599; Eberl/Martin/Petzet, a.a.O., Art. 1 Rz. 9.

e) Mehrheit von Anlagen als Einzeldenkmal

Vom Denkmalbegriff werden nicht nur einzelne bauliche Anlagen erfaßt. Auch eine **Mehrheit von Anlagen** kann Denkmalschutz genießen. Hier ist die Rechtslage in Bayern allerdings anders als die anderer Bundesländer. Während nach den meisten Denkmalschutzgesetzen eine Mehrheit von Anlagen zum einen ein aus mehreren Anlagen bestehendes **Einzel**denkmal, zum anderen ein **Ensemble** (Denkmalbereich, Denkmalzone) sein kann[103]), faßt Art. 1 Abs. 3 BayDSchG eine Mehrheit von baulichen Anlagen generell unter den Rechtsbegriff des Ensembles. Die Abgrenzung zwischen einem aus mehreren Anlagen bestehenden Einzeldenkmal und dem Ensemble ist daher für das Bayerische Denkmalschutzgesetz ohne Bedeutung[104]).

Im Denkmalschutzrecht der übrigen Bundesländer spielt die Frage, wann eine Mehrzahl baulicher Anlagen als (Einzel-)Denkmal geschützt ist und wann sie lediglich den Schutz des Ensembles erfahren, aus zwei Gründen eine nicht unerhebliche Rolle: Zum einen wird das Ensemble **verfahrensrechtlich** häufig anders unter Schutz gestellt als das Einzeldenkmal; das wirkt sich besonders aus, wenn das Einzeldenkmal — anders als das Ensemble — den Schutz ipso lege genießt. Zum anderen hat dies auch **materiell-rechtliche** Konsequenzen: Beim Ensemble wird nur das Erscheinungsbild geschützt, während beim Einzeldenkmal auch die Substanz und Originalität des Bauwerkes Schutz genießen[105]).

Das **OVG Koblenz** hat zu dieser Abgrenzung im Zusammenhang mit der Unterschutzstellung einer Mühlenanlage (bestehend aus mehreren Gebäuden) Stellung genommen[106]). Danach handele es sich bei der Denkmalzone (Ensemble) zumeist um flächenmäßig ausgedehnte, mehrere Grundstücke mit verschiedenen Eigentümern umfassende Komplexe, ohne daß die flächenmäßige Ausdehnung jedoch allein hinreichendes Unterscheidungskriterium sei. Entscheidend komme es im Hinblick auf die Schutzwürdigkeit darauf an, ob die Denkmalwürdigkeit allein im Erscheinungsbild der Gesamtanlage in der Wirkung des Ensembles liege — dann komme nur der Ensembleschutz in Frage — oder ob auch die einzelnen Teile der Anlage als Denkmal zu qualifizieren seien — dann handele es sich insgesamt um ein Einzeldenkmal[107]).

---

103) Verallgemeinerungsfähige Aussagen sind schwierig, da die Gesetze im Wortlaut und von der Regelungssystematik voneinander abweichen (so vor allem § 5 DSchPflG Rheinland-Pfalz).

104) Der Rechtslage in Bayern entspricht die Europäische Konvention zum Denkmalschutzrecht (unterzeichnet in Granada am 3. 10. 1985, abgedr. in DSI 1986/2). Die Konvention unterscheidet zwischen (Einzel-)Bauwerken und dem Ensemble, das so definiert wird: „ Geschlossene Gruppen städtischer oder ländlicher Gebäude von herausragender geschichtlicher, archäologischer, künstlerischer, wissenschaftlicher, sozialer oder technischer Bedeutung, die genügend zusammenhängen, um topographisch abgrenzbare Einheiten zu bilden." — Die Abgrenzung ist im bayerischen Recht auch deshalb ohne Bedeutung, weil Einzeldenkmal und Ensemble verfahrensrechtlich in gleicher Weise unter Schutz gestellt sind; s. dazu unten III.

105) Vgl. zum Ensembleschutz in den verschiedenen Bundesländern Erbguth/Paßlick/Püchel, a.a.O., S. 46 ff.

106) OVG Koblenz DVBl. 1986, 189.

107) OVG Koblenz DVBl. 1986, 189, 190; vgl. OVG Koblenz, U. v. 25. 6. 1986, 10 C 34/85/19 — in dieser Entscheidung ging es um die Anlage des Schlosses Liebig (Niederburg), die den Bergfried mit Baumbestand und die Burgkapelle mitumfaßte; OVG Koblenz, U. v. 26. 4. 1984, 1 A 76/83; OVG Koblenz DÖV 1988, 606, 607; zum ganzen Moench NVwZ 1988, 304, 307; ähnlich wie das OVG Koblenz auch Gahlen/Schönstein, a.a.O., § 24 zum Denkmalbereich gemäß § 2 Abs. 3 DSchG NW.

Das **VG Gelsenkirchen**[108]) vertrat zu § 2 Abs. 1 DSchG Nordrhein-Westfalen die Auffassung, als (Einzel-)Denkmäler kämen nur Einzelbauwerke (ggf. mit untergeordneter Nebenanlage) in Betracht. Mehrheiten baulicher Anlagen, die „nicht im Verhältnis von Haupt- und Nebenanlagen" stünden, könnten nur als Denkmalbereich (Ensemble) geschützt werden[109]).

Das **DSchG Nordrhein-Westfalen** enthält darüber hinaus auch die — systematisch unverständliche — Möglichkeit, Einzelbauwerke als Denkmalbereich (Ensemble) unter Schutz zu stellen[110]).

4. Gartenanlagen

Unter den Denkmalbegriff in Art. 1 BayDSchG können auch **Gartenanlagen** fallen. Historische Park- und Gartenanlagen sind Werke der Gartenbaukunst, deren Lage sowie architektonische und pflanzliche Gestaltung von früherer Kultur Zeugnis geben können. Sie werden gemäß Art. 1 Abs. 2 Satz 2 BayDSchG als (Bau-)Denkmal im Rechtssinne fingiert, wenn sie die Voraussetzungen des Abs. 1 erfüllen. Es muß sich demnach um **von Menschen geschaffene** Anlagen handeln; sie stehen im Gegensatz zu den originären Naturlandschaften, die nach den Vorschriften des Bayerischen Naturschutzgesetzes geschützt werden können. Auf die Art der Gestaltung kommt es nicht an. Geschützte Gartenanlagen müssen nicht durch bauliche Anlagen im engeren Sinne geprägt sein. Auch der typisch englische Park des 18. Jahrhunderts gehört zu den möglichen Schutzobjekten[111]).

5. Ensembleschutz

Zu den Baudenkmälern gehört auch das **Ensemble. Art. 1 Abs. 3 BayDSchG** definiert das Ensemble als eine „Mehrheit von baulichen Anlagen".

a) Aus Baudenkmälern bestehende Ensembles

Diese baulichen Anlagen können **jede** für sich Denkmal sein; es gelten dann die an das einzelne Denkmal zu stellenden Anforderungen. Der Ensemble-

---

108) VG Gelsenkirchen, B. v. 1. 12. 1981, NVwZ 1982, 457; U. v. 20. 1. 1982, 10 K 2979/81.
109) Gegen diese Auffassung Gahlen NVwZ 1982, 423; Erbguth/Paßlick/Püchel, a.a.O., S. 50.
110) Hierzu mit Recht kritisch Erbguth/Paßlick/Püchel, a.a.O., S. 50 f.; einschränkend auch Gahlen/Schönstein, a.a.O., § 2 Rz. 24.
111) Vgl. Eberl/Martin/Petzet, a.a.O., Art. 1 Rz. 36 f.; ausführlich Hönes DÖV 1980, 708 ff.; Anstett, in: Gebeßler/Eberl, a.a.O., S. 173 ff.

begriff „verklammert" in diesem Fall eine Mehrheit von Baudenkmälern. Besondere Bedeutung kommt dem Begriff dann nicht zu[112]).

b) Nur teilweise aus Einzeldenkmälern bestehende Ensembles

Größere Bedeutung kommt dem Ensemblebegriff zu, wenn nicht alle, sondern **nur einige** der zum Ensemble gehörenden Bauten Einzeldenkmal sind. Das einzelne Baudenkmal erfüllt dann gewissermaßen die Klammerwirkung, wenn der verklammerte Bereich ein erhaltenswürdiges Orts-, Platz- oder Straßenbild darstellt (Art. 1 Abs. 3 BayDSchG). Der besondere Zweck des Ensembleschutzes ist es, die Rettung von historischen Gebäudegruppen, Straßenzügen, Platzgefügen, aber auch ganzen Altstadtbereichen zu ermöglichen.

So z. B. in Amberg, Bamberg, Coburg, Dinkelsbühl, Eichstätt, Landsberg a. L., Landshut, Passau, Regensburg, Rothenburg o. d. T.

Hier steht nicht das Einzelgebäude im Vordergrund, sondern der **Gesamteindruck** einer Vielzahl baulicher Anlagen. Es geht um „die Erhaltung gerade der Gesamtheit des Ensembles"[113]), nicht hingegen um die einzelne bauliche Anlage und ihre Substanz. Wegen dieses unterschiedlichen Schutzgegenstandes ist es nur folgerichtig, daß nicht alle oder auch nur die Mehrheit der Anlagen selbst ein Denkmal sein müssen. Allerdings muß „eine angemessene Zahl von Einzeldenkmälern vorhanden" sein[114]). Was „angemessen" ist, kann nur im Einzelfall bestimmt werden. Es kommt insoweit maßgebend auf die Bedeutung des Einzeldenkmales sowie auf die Größe des Ensemblebereiches und die denkmalschützerische Wertigkeit des Orts-, Platz- und Straßenbildes an. Je bedeutsamer der Schutzgegenstand/das Ortsbild ist und je entscheidender die vorhandenen Einzeldenkmäler dieses Ortsbild prägen, desto weniger Einzeldenkmäler sind erforderlich. Eine feste Relation ist hier nicht a priori fixierbar.

Beispiele:
— Soweit erkennbar, gibt es zum Ensemblebegriff des Art. 1 Abs. 3 BayDSchG bisher keine Entscheidungen des Bayerischen VGH.

---

112) Der besondere Schutz durch die Denkmaleigenschaft der Gebäude in ihrer Zusammengehörigkeit würde in diesem Fall bereits durch den Umgebungsschutz in Art. 6 Abs. 1 S. 2 Abs. 2 S. 2 BayDSchG gewährleistet. Die Rechtslage Bayerns unterscheidet sich insoweit von der anderer Bundesländer, in denen Denkmalzonen/Ensembles durch Rechtsverordnung unter Schutz gestellt werden können. Vgl. dazu OVG Koblenz, U. v. 18. 12. 1987, DÖV 1988, 606 m. Anm. Hönes.
113) OVG Lüneburg BRS 44 Nr. 120; OVG Koblenz DVBl. 1986, 189; OVG Koblenz DÖV 1988, 606, 607 m. Anm. Hönes.
114) Eberl/Martin/Petzet, a.a.O., Art. 1 Rz. 44; a. A. Grosse-Suchsdorf/Schmaltz/Wiechert, a.a.O., § 3 NDSchG Rz. 4 für das Beispiel, daß nur der „Stadtgrundriß" das Wesentliche sei; OVG Koblenz DÖV 1988, 606, 608.

— Das **OVG Lüneburg** fordert zu § 3 Abs. 3 Satz 1 DSchG Niedersachsen für die Einbeziehung einer einzelnen baulichen Anlage in ein Denkmalensemble, daß diese einzelne Anlage „in irgendeiner Weise zur Erhaltungswürdigkeit des Ensembles positiv beiträgt, weil nur dann ihre Erhaltung aus den in § 1 Abs. 2 DSchG (Niedersachsen) genannten Gründen im öffentlichen Interesse liegen kann"[115]). Ein positiver Beitrag in diesem Sinne sei beispielsweise dann anzunehmen, „wenn die betreffende bauliche Anlage untrennbarer Bestandteil einer Schloß- oder Klosteranlage oder eines Bauerngehöftes ist, die ohne diese Anlage nicht vollständig wäre, oder wenn sie zu einer einheitlich geplanten und gestalteten Siedlung gehört oder wenn sie in einem nur durch Umriß und Anordnung der Baukörper charakterisierten Ensemble liegt"[116]). Das OVG lehnte mit dieser Begründung die Einbeziehung eines Hauses innerhalb einer Bauzeile spätklassizistischer Wohnhausarchitektur ab.

— Bejaht wurde vom OVG Lüneburg der Ensembleschutz einer um 1787 unter dem Moorkommissar Jürgen Christian Findorff errichteten Moorkolonie, die aus einer fast 2 km langen Reihe von 16 Höfen in gleichmäßigem Abstand bestand[117]). Das OVG vertrat hier die Auffassung: „Schutzwürdige Gesamtheiten baulicher Anlagen können auch Straßenzüge sein, von denen **kein einziges Haus** als solches denkmalwürdig wäre, wenn sie nur in ihrer Gesamtheit eine schutzwürdige Gruppe bilden." Hierfür sei die planmäßig angelegte Siedlung M.-Damm ein anschauliches Beispiel, zumal die Stellung der Gebäude zueinander seit nahezu 200 Jahren im wesentlichen gleichen geblieben sei[118]).

— Einer Kleinsiedlung aus dem Jahr 1920 sprach das OVG Lüneburg wegen seiner hohen gestalterischen Qualität den Ensembleschutz zu[119]).

— Auch nach Auffassung des **Hessischen VGH** setzt der Ensembleschutz nach § 18 DSchG Hessen nicht voraus, daß die in der Gesamtanlage vorhandenen Gebäude auch nur teilweise die Voraussetzungen eines Einzelkulturdenkmales erfüllen[120]), da der Gesetzgeber mit dem Schutz von Einzeldenkmalen und dem Ensembleschutz unterschiedliche Ziele verfolge. Anders als das OVG Lüneburg setzt der Hessische VGH für eine Einbeziehung einzelner Gebäude in den Ensembleschutz nicht voraus, daß das Einzelgebäude zur Erhaltungswürdigkeit des Ensembles positiv beiträgt. Die Einbeziehung sei erst dann sachwidrig, wenn die einzelnen für sich gesehen nicht schutzwürdigen Gebäude „so zahlreich anzutreffen wären, daß der Eindruck der Zusammengehörigkeit der aus künstlerischen und historischen Gründen erhaltenswerten Gebäude verlorengegangen wäre"[121]). Der Hessische VGH verkennt dabei jedoch, daß in diesem Fall nicht die Einbeziehung der einzelnen Anlagen, sondern der Ensembleschutz insgesamt entfällt. Mit der Entscheidung wurde der Ensembleschutz der Gesamtanlage „Distrikt Grub" bejaht, die den Typus der Villa im Grünen mit qualitätsvoller Architektur aus dem letzten Drittel des 19. Jahrhunderts in einer reichen Skala historischer Bauformen verkörpere.

— In Rheinland-Pfalz werden Ensembles (Denkmalzonen) durch Rechtsverordnung, Einzeldenkmäler durch Verwaltungsakt unter Schutz gestellt (Classement-System). Denkmalzonen sind nach § 5 Abs. 2 DSchPflG Rheinland-Pfalz bauliche Gesamtanlagen. Für die Abgren-

---

115) OVG Lüneburg BRS 44 Nr. 120, ebenso Grosse-Suchsdorf/Schmaltz/Wiechert, a.a.O., § 3 NDSchG Rz. 4.
116) OVG Lüneburg BRS 44 Nr. 120; Grosse-Suchsdorf/Schmaltz/Wiechert, a.a.O., § 3 Rz. 4, § 6 Rz. 5 DSchG.
117) OVG Lüneburg BRS 32 Nr. 45.
118) OVG Lüneburg BRS 32 Nr. 45.
119) OVG Lüneburg NVwZ 1983, 231.
120) HessVGH ESVGH 31, 191.
121) ESVGH 31, 191, 194.

zung von Denkmalzone und Einzeldenkmal spielen weder Grundstücksgröße oder -zahl noch die Eigentumsverhältnisse eine Rolle[121a]). Der Ensembleschutz setzt nach Auffassung des **OVG Koblenz**[121b]) nicht voraus, daß eines oder mehrere der Gebäude auch als Einzeldenkmal denkmalschutzwürdig sind. Nach § 4 Abs. 1 Satz 2 DSchPflG sei vielmehr entscheidend, ob gerade die Ensemblewirkung unabhängig von der Schutzwürdigkeit der einzelnen Bestandteile der Gesamtanlage unter Schutz gestellt werden soll. Eine Denkmalzone ist danach dadurch gekennzeichnet, daß es sich um eine aus mehreren baulichen Anlagen bestehende Gesamtanlage handelt, deren einzelne Bestandteile ganz oder teilweise die Merkmale eines Denkmals erfüllen können, aber nicht müssen, wenn jedenfalls das Gesamtbild als solches schutzwürdig ist[121c]). Deshalb konnte nach Auffassung des OVG Koblenz eine aus mehreren Gebäuden bestehende Hofanlage, deren einzelne Baukörper für sich gesehen mit Ausnahme des Wohnhauses nicht schutzwürdig waren, zur Erhaltung des Gesamtbildes nur als Denkmalzone und durch Rechtsverordnung, nicht aber als Einzeldenkmal durch Verwaltungsakt unter Schutz gestellt werden[121d]).

— Das vom OVG Koblenz[121e]) angesprochene Problem, ob bei der Denkmaleigenschaft eines Ensembles das einzelne Gebäude ebenfalls — als Einzeldenkmal — unter Schutz steht, stellt sich für das bayerische Recht nicht, da das bayerische DSchG bei Einzeldenkmälern wie beim Ensemble von einer Denkmaleigenschaft ipso lege ausgeht. Das einzelne denkmalwürdige Gebäude innerhalb eines Ensembles ist also automatisch qua Gesetz auch Einzeldenkmal[121f]). Der 1. Senat des OVG geht dabei für das rheinland-pfälzische Recht davon aus, die Unterschutzstellung als Denkmalzone durch Rechtsverordnung habe zur Folge, daß auch die einzelnen Bestandteile einer Denkmalzone denselben Substanzschutz genössen wie Einzeldenkmäler, ohne daß es dafür noch einer Unterschutzstellung als Einzeldenkmal — durch VA — bedürfe. Dem liegt die Auffassung zugrunde, daß der Ensembleschutz durch Rechtsverordnung gegenüber dem Einzeldenkmalschutz durch VA ein Plus ist, nicht ein Aliud[121g]). Diese Auffassung wird vom 8. Senat des OVG Koblenz[121h]) — zu Recht — nicht geteilt. Ensemble- und Einzeldenkmalschutz haben einen unterschiedlichen Schutzzweck und eine unterschiedliche Schutzrichtung. Der Ensembleschutz ist ein Aliud zur Unterschutzstellung als Einzeldenkmal. Deshalb ist die Schutzwirkung für eine Gesamtanlage, die nur aus denkmalwürdigen Gebäuden besteht, bei einer Unterschutzstellung als Ensemble eine andere, als wenn jedes Gebäude als Einzeldenkmal unter Schutz gestellt wird. Die Wirkungen zeigen sich deutlich beim Erhaltungsgebot: Beim Ensembleschutz umfaßt das Erhaltungsgebot des § 2 Abs. 2 DSchPflG das Gesamtbild, nicht dagegen den Substanzschutz des einzelnen Gebäudes, z. B. Gebäudeteile im Innern oder ihre Ausstattung. Beim Einzeldenkmalschutz ist es umgekehrt. Hönes[121i]) weist im übrigen zu Recht darauf hin, daß gerade bei Denkmalzonen mit oft mehr

---

121a) OVG Koblenz DÖV 1988, 606, 607.

121b) OVG Koblenz DÖV 1988, 606, 607.

121c) OVG Koblenz DÖV 1988, 606, 607; DVBl. 1986, 189 = AS 20, 153.

121d) OVG Koblenz, Urteil vom 25. 2. 1987 — 8 A 39/86.

121e) OVG Koblenz DÖV 1988, 606, 608.

121f) In Nordrhein-Westfalen genießt das Ensemble (Denkmalbereich) Denkmalschutz nur als Ensemble ohne den Schutz des einzelnen Gebäudes (Rothe, a.a.O., § 5 Rz. 19); das Erhaltungsgebot gilt dort für Denkmalbereiche nicht (Schmittat, a.a.O., S. 67 f., Oebbecke VR 1980, 383, 387; Gahlen/Schönstein, a.a.O., § 5 Anm. 2, 3; Rothe, a.a.O., § 5 Rz. 4, 5); zur baden-württembergischen Rechtslage vgl. VGH Baden-Württemberg DÖV 1982, 703 f.

121g) OVG Koblenz DÖV 1988, 606, 608.

121h) OVG Koblenz; Urteil vom 25. 2. 1987 — 8 A 39/86; vgl. OVG Koblenz, DVBl. 1986, 189 betr. Mühlenanlage aus dem 18. Jahrhundert mit acht Gebäuden.

121i) Hönes, Anm. zu OVG Koblenz DÖV 1988, 606, 608 f.; wie hier auch Schmittat, a.a.O., S. 68 f.

als hundert Gebäuden ein Bedürfnis zur Rechtskonkretisierung im Einzelfall besteht. Dies kann die Rechtsverordnung als allgemeingefaßte Norm nicht leisten. Im Hinblick auf das Bestimmtheitsgebot begegnet sie sogar verfassungsrechtlichen Bedenken. Darüber hinaus wäre ein Ensembleschutz durch Rechtsverordnung, der den Einzeldenkmalschutz miteinbezieht, auch ein „Systemfehler" im rheinland-pfälzischen Denkmalschutzrecht. Er würde gegen das mit dem Classement-System verankerte Gebot konkret-individueller Unterschutzstellung von Einzeldenkmälern verstoßen.

c) Einbeziehung von Bauten ohne eigenen bauhistorischen oder baukünstlerischen Wert

Für das Vorliegen eines Ensembles ist nicht erforderlich, daß die dazugehörenden Gebäude in einem gleichen oder verwandten Baustil errichtet sind; sie können auch aus unterschiedlichen Epochen stammen. Ebenso können grundsätzlich auch **Bauten ohne eigenen bauhistorischen oder baukünstlerischen Wert** einbezogen werden, vorausgesetzt, sie tragen zur Erhaltungswürdigkeit des Ensembles in irgendeiner Weise **positiv** bei[122]). Dagegen ist die Auffassung des **Hessischen VGH**[123]), nach der Gebäude ohne eigenen Denkmalwert nur dann nicht einbezogen werden, wenn sie den Eindruck der Zusammengehörigkeit des Ensembles sprengen, zu eng. Die Auffassung würde besonders im Bayerischen Denkmalschutzgesetz, das auch Ensembles ipso lege, also ohne einen konstitutiven Einzelakt unter Schutz stellt, den Ensemblebegriff überstrapazieren. Die durch den Denkmalschutz ausgelöste Sozialbindung des Eigentums ist nur dann gerechtfertigt, wenn die denkmalschützerisch wertvolle Ensemblewirkung es im Einzelfall rechtfertigt, belanglose Gebäude in den Denkmalbereich einzubeziehen. Das ist nur dann der Fall, wenn diese das Ensemble positiv beeinflussen. Ein Gebäude, das schützenswerte Erscheinungsbild ohnehin stört, nimmt daher nicht am Ensembleschutz teil[124]).

6. Teile von Anlagen

Auch **Teile von Anlagen** können nach dem ausdrücklichen Wortlaut in Art. 1 Abs. 1 BayDSchG als Denkmal geschützt sein. Sie müssen dann aber in ihrer Eigenschaft **als Teil** einer Anlage den Denkmalbegriff erfüllen. Die einschlägige Bedeutungskategorie und das öffentliche Interesse müssen sich auf dieses Teil beziehen.

---

122) OVG Lüneburg BRS 44 Nr. 120.
123) HessVGH ESVGH 31, 191.
124) Das OVG Lüneburg (BRS 44 Nr. 120) hat zu Recht darauf hingewiesen, daß auch die besondere denkmalschutzrechtliche Genehmigungspflicht von Instandsetzungen, Veränderungen und Beseitigungen des Gebäudes kein „positiver Beitrag" zur Erhaltungswürdigkeit des Ensembles ist. Zu Recht.

Wenn die Voraussetzungen eines Denkmals auf Teile eines Bauwerks beschränkt sind, gebieten es der verfassungsrechtliche Schutz des Eigentums, Art. 14 Abs. 1 GG, und der Grundsatz der Verhältnismäßigkeit, die Denkmaleigenschaft auf diese Teile zu beschränken. Die übrigen Teile des Bauwerks nehmen an der Denkmaleigenschaft nur teil, wenn und soweit sie einen nicht wegzudenkenden Teil des denkmalgeschützten Gebäudes oder Gebäudeteils bilden[125]).

Das **OVG Münster** hat in diesem Zusammenhang ausdrücklich darauf hingewiesen, daß die Denkmalbehörde „also nicht etwa befugt (ist), in solchen Fällen über den schutzwürdigen Teil der Anlage hinaus weitere Teile oder gar die gesamte Anlage in die Denkmalliste einzutragen und hinsichtlich der nicht schutzwürdigen Teile etwa erst im Rahmen des Erlaubnisverfahrens nach § 9 DSchG dem Mangel der Schutzwürdigkeit Rechnung zu tragen"[126]).

Andererseits setzt die Beschränkung der Unterschutzstellung auf einen Teil oder auf Teile eines Gebäudes voraus, daß der Teil bzw. die Teile überhaupt einer selbständigen Bewertung unter Gesichtspunkten des Denkmalschutzes zugänglich sind. Dabei spielen bautechnische Verbindungen dieser Teile mit anderen Teilen des Gebäudes oder zivilrechtliche oder baurechtliche Zuordnungen keine Rolle[126a]).

In diesem Zusammenhang hat vor allem der Denkmalschutz von Gebäudefassaden die Rechtsprechung beschäftigt.

Beispiele:

— Das **OVG Münster** hält danach bei Gebäuden, deren Fassade Denkmalcharakter hat und deren sonstige Teile für sich gesehen keinen Denkmalcharakter haben, regelmäßig die Unterschutzstellung des gesamten Gebäudes für möglich, wenn die aus der Zeit der Errichtung des Hauses bzw. der Fassade stammende Bausubstanz der übrigen Teile im wesentlichen noch erhalten und der typische zwischen der Fassade und den ursprünglichen übrigen Teilen des Gebäudes bestehende Funktionszusammenhang noch gegeben ist. Dies ergebe sich daraus, daß Bauwerke als Zeugnisse ihrer Zeit in aller Regel nur aus ihrem gesamten Gefüge wirkten[127]). Dagegen sei die Fassade denkmalrechtlich eigenständig zu bewerten, wenn z. B. das Gebäude bis auf die Fassade ausgekernt worden sei, aber auch bei anderen Substanzveränderungen im Innern, z. B. wenn bei sehr hohen Geschossen Zwischendecken eingezogen worden seien. Eine denkmalrechtliche Abtrennbarkeit komme im übrigen bei kleineren Teilen eines Gebäudes in Betracht, die — anders als eine komplette Fassade — keinen wesentlichen Aussagewert für das gesamte Gebäude hätten[128]).

— Das **OVG Münster** bejahte insoweit die Denkmaleigenschaft der Fassade eines Bürgerhauses aus der Zeit um 1800[129]). Die Fassade sei „in eine Zeile von 6 original barocken und klassizi-

---

125) OVG Koblenz, U. v. 5. 6. 1987, 8 A 19/86; VG Aachen, U. v. 28. 4. 1987, 5 K 1031/86; vgl. auch OVG Münster OVGE 38, 28; Gahlen/Schönstein, a.a.O., § 2 Rz. 4; Grosse-Suchsdorf/Schmaltz/Wiechert, a.a.O., § 3 NDSchG Rz. 2.
126) OVG Münster, U. v. 24. 11. 1987, 7 A 36/86, Denkmalpflege im Rheinland, 2/1988, S. 48.
126a) OVG Münster, U. v. 2. 11. 1988, 7 A 2826/86.
127) OVG Münster, U. v. 2. 11. 1988, 7 A 2826/86.
128) OVG Münster, U. v. 2. 11. 1988, 7 A 2826/86.
129) OVG Münster OVGE 38, 28.

stischen Häusern aus dem 18. oder frühen 19. Jahrhundert eingebunden". Es gebe sie kein zweites Mal in der Altstadt von D. Sie habe daher Bedeutung für die Baugeschichte der Stadt.
— Dagegen lehnte es das OVG Münster ab, die Unterschutzstellung eines verschieferten Fachwerkhauses aus der ersten Hälfte des 19. Jahrhunderts auf das Äußere des Hauses zu beschränken[130]).

Bei dem Gebäude waren um 1900 das Erdgeschoß durch den Einbau von Schaufenstern in einen Laden umgewandelt, etwa um dieselbe Zeit ein rückwärtiger Anbau hinzugefügt und auch im Innern des Hauses Veränderungen vorgenommen worden. Auch das Innere des Gebäudes dokumentiere, so das OVG, im Zusammenhang mit der übrigen Bebauung in der Straße die Formen, in denen der alte Siedlungskern der Stadt Leichlingen seit dem 18. Jahrhundert bebaut und durch seine Bewohner genutzt worden sei. Der Denkmalwert der veränderten Gebäude ergebe sich u. a. daraus, daß sie ein Beispiel seien für die im Zuge der Zeit entstandenen baulichen Anpassungen an die sich wandelnden Erfordernisse der Nutzung des Gebäudes[131]).

Im Laufe des Rechtsstreits hatte die Denkmalbehörde allerdings die Unterschutzstellung des rückwärtigen Gebäudeanbaus aufgehoben, hierüber hatte das OVG daher nicht mehr zu entscheiden.

— Das **OVG Koblenz** betonte die Pflicht, wegen des Eigentumsschutzes in Art. 14 GG und des verfassungsrechtlichen Übermaßverbotes die Unterschutzstellung auf die schutzwürdigen Teile eines Gebäudes zu beschränken. Das Gericht lehnte es aber in dem zu entscheidenden Fall ab, die Unterschutzstellung von Gebäuden aus der Zeit des Übergangs vom Historismus zum Jugendstil zu Beginn dieses Jahrhunderts auf die Fassaden zu beschränken, da auch die übrigen Gebäudeteile Denkmalqualität besäßen. Die Gebäude seien sowohl im Äußeren wie im Innern ein Beispiel dafür, wie kurz nach der Jahrhundertwende ein Renditeobjekt konzipiert und ausgeführt sei[132]). Das Gericht wies aber gleichzeitig darauf hin, daß die Unterschutzstellung nicht Anbauten an der Rückseite und Freiflächen um die Gebäude betreffe.

7. Bewegliche Kulturdenkmäler

Bewegliche Sachen haben nicht nur dann Denkmaleigenschaft, wenn sie nach Art. 1 Abs. 4 BayDSchG Bodendenkmäler sind, sondern nach Art. 1 Abs. 1 BayDSchG auch, soweit sie die Voraussetzungen des Absatzes 1 erfüllen. Im Regelfall gehören Gebäude nicht zu den beweglichen Denkmälern.

---

130) OVG Münster, U. v. 24. 11. 1987, 7 A 36/86.
131) Ebenso hielt das VG Aachen (U. v. 28. 4. 1987, 5 K 1031/86) Gebäudeteile eines Schlosses, die zum Teil selbst aus den fünfziger Jahren stammten, zum Teil weder stil- noch materialgerecht ausgeführte Veränderungen aus der Nachkriegszeit enthielten, deshalb für schutzwürdig, weil sie ein Beispiel dafür böten, wie später errichtete Bauteile auf die frühere Architektur abgestimmt worden seien. Wir halten dies für sehr zweifelhaft. Aus der Entwicklungsgeschichte kann bei Gebäudeteilen, denen nicht schon aus anderen Gründen ein Denkmalwert zukommt, wohl nur in ganz seltenen Fällen die Denkmaleigenschaft folgen. Denn jeder später angeführte Bauteil eines Gebäudes ist, egal aus welcher Zeit er stammt und in welcher Form und Qualität er ausgeführt wurde, **immer** Dokument der Entwicklungsgeschichte des Gebäudes.
132) OVG Koblenz, U. v. 5. 6. 1987, 8 A 19/86.

Beispiel:

Der **VGH Baden-Württemberg**[133]) hatte darüber zu entscheiden, ob ein auf einem fremden Grundstück in einer Holzbaukonstruktion (Schwarzwaldhaus) errichtetes Gebäude im Hinblick auf § 95 Abs. 2 BGB als bewegliches Kulturdenkmal einzustufen sei. Der VGH führte aus, daß es auf die „Beweglichkeit im natürlichen Sinne" ankomme, nicht hingegen auf die sachenrechtliche Qualifikation. Das ergebe sich aus der Verwendung der Bezeichnung „bewegliche" Sache, aus dem Begriff „Baudenkmal" sowie aus der Aufgabenstellung des Denkmalschutzgesetzes.

II.
Verfahren zur Unterschutzstellung

Die Unterschutzstellung der Einzeldenkmäler und der Ensembles ist nach den Denkmalschutzgesetzen der Länder verfahrensrechtlich unterschiedlich geregelt.

1. Einzeldenkmal

Die Unterschutzstellung von Einzeldenkmälern folgt teils dem Prinzip konstitutiver Eintragung in ein Denkmalbuch bzw. -listen, wobei die Eintragung in das Denkmalbuch ein belastender, dinglicher Verwaltungsakt ist (sog. Classement-System)[134]); teils erfolgt die Unterschutzstellung bereits unmittelbar durch Gesetz (ipso lege), also ohne konstitutiven Eintragungsakt seitens der Verwaltung.

a) Denkmalschutz unmittelbar durch Gesetz

Das **Bayerische Denkmalschutzgesetz** schützt Einzeldenkmäler **unmittelbar durch Gesetz (ipso lege)**. Ein Denkmal liegt danach vor, wenn die Tatbestandsmerkmale des Denkmalbegriffes des Art. 1 Abs. 1 i. V. m. Art. 1 Abs. 2 BayDSchG erfüllt sind. Eines besonderen Verwaltungsaktes bedarf es dazu nicht. Die gemäß Art. 2 BayDSchG geführte Denkmalliste hat insoweit nur nachrichtlichen, keinen rechtsbegründenden Charakter[135]).

Unerheblich ist in diesem Zusammenhang, daß gemäß Ziff. 1.1 der Vorschriften über den „Vollzug des Denkmalschutzgesetzes und baurechtlicher Vorschriften" vom 27. 7. 1984[136]) die Behör-

---

133) VGH Baden-Württemberg NVwZ 1986, 240 = VBlBW 1985, 456.
134) Vgl. im einzelnen Eberl, in: Gebeßler/Eberl, a.a.O., S. 19 ff.; Moench ZfBR 1985, 114; ausführlich Kummer, a.a.O., S. 62 ff. Das Classement-System stammt ursprünglich aus Frankreich.
135) Vgl. nur Eberl/Martin/Petzet, a.a.O., Art. 2 Rz. 2.
136) MABl. 1984, 421.

de verwaltungsintern zur Beachtung der Liste verpflichtet ist. Diese Vorschrift ist nur eine Verwaltungsanordnung, die allein die Behörde bindet.

Gebäude, die die Tatbestandsmerkmale des Art. 1 Abs. 1, Abs. 2 BayDSchG erfüllen, sind demnach auch dann Baudenkmäler, wenn sie nicht in die Denkmalliste eingetragen sind. Umgekehrt wird ein Bauwerk, bei dem die gesetzlichen Merkmale nicht vorliegen, nicht dadurch zum Denkmal, daß es in die Liste eingetragen ist[137]).

b) Kein Ermessen bei der Eintragung in Denkmallisten in anderen Bundesländern

Die überwiegende Zahl der Denkmalschutzgesetze macht die Denkmaleigenschaft dagegen von einer konstitutiv wirkenden Eintragung in ein Denkmalbuch abhängig[138]). Hier vertreten die Obergerichte inzwischen die einheitliche Auffassung, daß die Behörde bei der Eintragung des Denkmales **kein Ermessen** hat[139]). Danach **muß** eine Anlage, bei der die gesetzlichen Voraussetzungen vorliegen, eingetragen werden. Dies korrespondiert damit, daß bei der Prüfung der Denkmaleigenschaft keine Abwägung zwischen den öffentlichen und privaten Belangen stattfindet[140]).

2. Ensemble

a) Unterschutzstellung unmittelbar durch Gesetz

Auch die Unterschutzstellung eines Ensembles erfolgt im Bayerischen Denkmalschutzgesetz **unmittelbar durch das Gesetz selbst.** Das Ensemble wird

---

137) Hönes, Die Unterschutzstellung von Kulturdenkmälern, 1987, S. 173 ff., 269 f. hat Zweifel an der Vereinbarkeit der unmittelbaren Unterschutzstellung durch Gesetz mit dem verfassungsrechtlichen Bestimmtheitsgrundsatz angemeldet; das gelte jedenfalls dann, wenn es sich nicht um „evidente" Denkmäler handele, da in den anderen Fällen häufig nicht erkennbar sei, was in den Schutzbereich des Gesetzes falle.

138) Obgleich nach den Bestimmungen des Denkmalschutzgesetzes Rheinland-Pfalz das Denkmal konstitutiv durch Verwaltungsakt unter Schutz gestellt wird, vertrat die OVG Koblenz (BRS 44 Nr. 127) im Anschluß an Hönes (DÖV 1983, 322) die Meinung, daß die in § 2 Abs. 2 normierte Pflicht, Denkmäler im Rahmen des Zumutbaren zu erhalten und zu pflegen, auch ohne förmliche Unterschutzstellung gelte. Wir halten dies für fragwürdig. Zum einen wird damit die Rechtssicherheit tangiert, die gerade durch das Classement-System geschaffen werden soll. Zum anderen gibt es damit entgegen der Intention des Gesetzgebers zwei Kategorien von Denkmälern: das eingetragene und das nicht eingetragene.

139) OVG Berlin NVwZ 1986, 239 = BRS 44 Nr. 122; VGH Baden-Württemberg NVwZ 1986, 240 = VBlBW 1985, 456; HessVGH DVBl. 1985, 1187 = NVwZ 1986, 237 m. Anm. Hönes NVwZ 1986, 190; OVG Münster BRS 44 Nr. 123 = OVGE 38, 118; früher war die Frage kontrovers entschieden worden, vgl. dazu Dietrich/Dietrich/Buchwald ZfBR 1984, 63; Moench NVwZ 1984, 149; HessVGH, ESVGH 31, 231; Erbguth/Paßlick/Püchel, a.a.O., S. 23 m. N.

140) Dagegen steht die in Nordrhein-Westfalen bestehende gesetzliche Möglichkeit, ein Kulturdenkmal vorläufig einzutragen, wenn mit der endgültigen Eintragung zu rechnen ist (§ 4 Abs. 1 DSchG Nordrhein-Westfalen), im Ermessen der Behörde (OVG Münster BRS 44 Nr. 123; anders allerdings OVG Münster, BRS 44 Nr. 137). Das OVG Münster hat zum nordrhein-westf. Denkmalschutzgesetz einen Rechtsanspruch des Eigentümers auf Eintragung in die Denkmalliste abgelehnt (OVG Münster, U. v. 16. 12. 1987 — 11 A 2015/84). Der Eigentümer besitze allerdings aufgrund der Antragsregelung in § 3 Abs. 2 S. 2 DSchG NW eine verfahrensrechtliche Rechtsposition und damit einen Anspruch auf Einleitung und Ausführung des förmlichen Eintragungsverfahrens und auf eine abschließende Sachentscheidung.

wie das Einzeldenkmal alleine durch das Vorliegen der gesetzlichen Tatbestandsvoraussetzungen geschützt. Es bedarf keines konstitutiven Eintragungsaktes in die Denkmalliste.

Gegen diese unmittelbare Unterschutzstellung von Ensembles bestehen **verfassungsrechtliche Bedenken.** Angesichts der Schwierigkeiten, festzustellen, ob und inwieweit ein Gebäude als Teil eines Ensembles von den denkmalschutzrechtlichen Pflichten erfaßt wird, steht die Regelung im Konflikt mit dem verfassungsrechtlichen Bestimmtheitsgrundsatz. Das Rechtsstaatsprinzip gebietet es, daß grundrechtsrelevante Vorschriften in ihren Voraussetzungen und ihrem Inhalt so klar formuliert sein müssen, daß die Rechtslage für den Betroffenen erkennbar ist und er sein Verhalten danach einrichten kann[141]). Die Unterschutzstellung als Ensemble betrifft grundrechtsrelevante Bereiche. Sie führt zu unmittelbaren verwaltungsrechtlichen Pflichten, deren Einhaltung zum Teil strafbewehrt ist[142]). Die Sozialbindung des Eigentums wird konkretisiert, bis an die Grenze der Zumutbarkeit. Das muß für den Eigentümer erkennbar sein. Ist die Denkmaleigenschaft aus der Sicht des betroffenen Eigentümers nicht hinreichend bestimmt, ist es daher zweifelhaft, ob unmittelbar eine normative Bindung eintreten kann[143]).

b) Unterschutzstellung in anderen Bundesländern

Nach § 3 Abs. 1 **DSchG Bremen** genießen Ensembles den Denkmalschutz, wenn sie in die Denkmalliste eingetragen sind. Diese Eintragung liegt nach Auffassung des **OVG Bremen** im Ermessen der Behörde[144]). In **Rheinland-Pfalz** erfolgt die Unterschutzstellung von Denkmalzonen gemäß § 8 Abs. 1 DSchG Rheinland-Pfalz durch Rechtsverordnung. Nach Auffassung des **OVG Koblenz** kommt dem Verordnungsgeber dabei keine Befugnis zur Abwägung zwischen möglicherweise betroffenen privaten und öffentlichen Belangen oder ein Ermessensspielraum zu[145]).

---

141) BVerfGE 66, 116, 138; 52, 1, 41; 21, 73, 79; BVerfG BayVBl 1986, 143.

142) Vgl. insoweit den Fall des BayObLG BayVBl 1987, 154.

143) Ebenso Moench NVwZ 1988, 304, 307; Fischermeier, Die Inschutznahme im Denkmal- und Naturschutzrecht und ihre Bedeutung für das Verwaltungssachenrecht, Diss., Nürnberg 1986, S. 10; vgl. auch Hönes, Die Unterschutzstellung von Kulturdenkmälern, 1987, S. 173 ff., 269 f.

144) OVG Bremen NVwZ 1983, 234. Zur Begründung verweist das Gericht auf den Gesetzeswortlaut, der sich bewußt von dem anderer Denkmalschutzgesetze unterscheide, und den Gesetzeszweck sowie die bremische Rechtstradition. Es sei auch sachgerecht, den Schutz baulicher Anlagen (es ging konkret um eine Straße mit den angrenzenden Gebäuden) von Ermessenserwägungen abhängig zu machen, „weil eine solche Entscheidung in besonders hohem Maße planerische Belange und Eigentümerinteressen berührt".

145) OVG Koblenz, U. v. 25. 6. 1986, 10 C 34/85/19. Diese Auffassung ist nicht nur mit dem Wortlaut des § 4 Abs. 1 Satz 2 DSchG Rheinland-Pfalz („können"), sondern auch mit dem Rechtsnormcharakter der Rechtsverordnung nicht vereinbar. Dies ergibt sich schon aus § 9 Abs. 2 DSchG Rheinland-Pfalz, wonach „jeder, dessen Belange durch die Unterschutzstellung berührt werden", während der Auslegung des Verordnungsentwurfes „Bedenken und Anregungen" vorbringen kann. Dem Instrument der Rechtsverordnung ist rechtsdogmatisch ein Abwägungsprozeß immanent. Dies gilt in gleicher Weise dann, wenn die Unterschutzstellung „wie gemäß § 19 DSchG Baden-Württemberg" durch Satzung erfolgt.

III.
Erhaltungspflicht des Art. 4 Abs. 1 BayDSchG

Art. 4 Abs. 1 BayDSchG normiert ein umfassendes **Erhaltungs- und Instandsetzungsgebot.** Gemäß dieser Bestimmung haben die Eigentümer von Baudenkmälern (und die sonst dinglich Verfügungsberechtigten)

„ihre Baudenkmäler instand zu halten, instand zu setzen, sachgemäß zu behandeln und vor Gefährdung zu schützen, soweit ihnen das zuzumuten ist".

Es stellt sich zunächst die Frage nach dem Umfang dieser Pflichten, ehe auf das subjektive Tatbestandsmerkmal der Zumutbarkeit einzugehen ist.

1. Instandhaltung und Instandsetzung

Das Erhaltungsgebot in Art. 4 Abs. 1 BayDSchG enthält **vier einzeln aufgezählte Pflichten.**

a) Instandhaltungspflicht

Das Gesetz gibt zunächst auf, das Denkmal **instand zu halten.** Die Instandhaltungsmaßnahmen sind gleichbedeutend mit Erhaltungsmaßnahmen[146]). Insoweit besteht die Pflicht zur Sicherung des Bestandes des Bauwerkes. Dem Verfall muß vorgebeugt werden. Hierbei ist „mit der Sorgfalt eines ordentlichen Hausbesitzers auch den Anfängen zu wehren"[147]).

b) Instandsetzungspflicht

Dieses Gebot wird ergänzt durch die Pflicht zur **Instandsetzung**[148]), das ist die Pflicht, entstandene Schäden am Denkmal zu beseitigen. Fraglich ist, wie weit diese Pflicht reicht. Die Gerichte haben hierzu, soweit ersichtlich, kaum Stellung bezogen. Fest steht zunächst, daß die Wiederherstellung (Rekonstruktion) eines Denkmales nicht unter die Instandsetzungspflicht fällt[149]). Die Grenze zulässiger Instandsetzungspflichten verläuft jedoch noch enger. Bei ei-

---

146) Eberl/Martin/Petzet, a.a.O., Art. 4, Rz. 7 fassen Art. 4 Abs. 1 BayDSchG umfassend als Erhaltungspflicht auf. Die Überschrift der Gesetzesbestimmung ist insoweit in der Tat mißverständlich.
147) Eberl/Martin/Petzet, a.a.O., Art. 4, Rz. 7.
148) Das Erhaltungs- und Instandsetzungsgebot ist in den einzelnen Landesdenkmalschutzgesetzen unterschiedlich formuliert. Das Instandsetzungsgebot findet sich außer im bayerischen Recht etwa in § 7 Abs. 1 DSchG Nordrhein-Westfalen, § 6 Abs. 1 DSchG Niedersachsen.
149) Eberl/Martin/Petzet, a.a.O., Art. 4, Rz. 7; Grosse-Suchsdorf/Schmaltz/Wiechert, a.a.O., § 6 DSchG Niedersachsen, Rz. 2.

nem bereits eingetretenen Verfall oder einer denkmalrechtlichen Deformation des Gebäudes (z. B. wenn ein ursprünglich freiliegendes Fachwerk später verputzt wurde) ist der Eigentümer nicht verpflichtet, das Bauwerk entsprechend dem originären Zustand herzurichten, insbesondere die denkmalschützerisch wertvollen Accessoires freizulegen. Die Instandsetzung erfaßt nur solche Maßnahmen, die der **Erhaltung** des Denkmales dienen, nur „konservierende" Maßnahmen, nicht hingegen denkmalpflegerische Restaurationsarbeiten[150]).

— Der **Bayerische VGH** betonte im Urteil vom 8. 11. 1985[151]), daß in der Regel keine endgültigen Sanierungsmaßnahmen verlangt werden könnten. Dies gelte zumindest, solange kein abschließendes Sanierungskonzept vorliege. Die Entscheidung betraf das sog. Antonierhaus in Memmingen, ein ehemaliges Kloster- und Spitalgebäude aus dem 14. und 15. Jahrhundert. Der VGH hob eine Instandsetzungsanordnung des Bayerischen Landesamts für Denkmalpflege auf, mit der dem Eigentümer umfangreiche Erhaltungs- und Instandsetzungsmaßnahmen auferlegt wurden. Der Senat verwies darauf, auch bei grundsätzlicher Zumutbarkeit der endgültigen Sanierung hätte sich die Frage „aufdrängen müssen, ob nicht angesichts des (offenen) Streitstandes zum künftigen Schicksal des Antonierhauses die Anordnung von Sicherungsmaßnahmen gegenüber einem fortschreitenden Verfall ausgereicht hätte"[152]).

— Mit Beschluß vom 25. 9. 1987 hielt der Bayerische VGH eine Verpflichtung der Eigentümerin nach Art. 4 Abs. 3 BayDSchG zur Duldung von Notreparaturen an einem fränkischen Wohnstallhaus für rechtmäßig[152a]). Das aus dem 17.—19. Jahrhundert stammende Haus wies aufgrund langer Vernachlässigung schwerwiegende Schäden am Dachstuhl und im Dachgeschoß auf und stellte eine Gefahr dar. Das Bayerische Landesamt für Denkmalpflege stellte der Stadt daraufhin für bestimmte Instandsetzungsarbeiten einen Zuschuß in Höhe von 40 000 DM zur Verfügung. Auf seine Bitte verpflichtete die Stadt die Eigentümerin, bestimmte Notreparaturen durch von der Stadt beauftragte Unternehmen zu dulden.

— Ähnlich wie der Bayerische VGH entschied auch der **VGH Baden-Württemberg**[153]). Das Gericht betonte, das Erhaltungsgebot werde ersichtlich auf den Sicherungszweck bezogen, von diesem aber auch begrenzt. Ein Austausch alter Bauteile wie Außenwände, Dachziegel oder Fachwerkbalken komme in Frage, wenn diese ihre Funktion nicht mehr erfüllen könnten, zulässig sei dies jedoch nur, um ein Fortschreiten des Verfalls zu verhindern. Eine (teilweise) Wiederherstellung oder Sanierung könne nicht verlangt werden[154]). Die Entscheidung betraf Anordnungen, an einer fränkischen bäuerlichen Hofanlage aus dem 18. Jahrhundert unter anderem das Dach der Scheune und des Schopfes instand zu setzen, fehlende Dachziegel zu ersetzen, Standsicherheit und Tragfähigkeit der Außenwände wiederherzustellen und dabei das Fachwerk zu erhalten oder, soweit es nicht erhalten werden könne, entsprechend der bisherigen Konstruktion zu ersetzen.

— Das **OVG Koblenz** wies ebenfalls darauf hin, daß das Denkmalschutzrecht nicht die Pflicht

---

150) So zu Recht Grosse-Suchsdorf/Schmaltz/Wiechert, a.a.O., § 6 DSchG Niedersachsen, Rz. 2; weitergehend offenbar Eberl/Martin/Petzet, a.a.O., Art. 4, Rz. 7. Das Problem des Umfangs der Instandsetzungspflicht verliert freilich dadurch an Schärfe, daß auch diese Pflicht an der Grenze der Zumutbarkeit endet.

151) BayVGH BayVBl 1987, 368.

152) BayVGH BayVBl 1987, 368, 371.

153) VGH Baden-Württemberg VBlBW 1987, 66 = BRS 44 Nr. 128.

154) VGH Baden-Württemberg VBlBW 1987, 66 = BRS 44 Nr. 128; in einer zuvor ergangenen Entscheidung vom 17. 5. 1984 (5 S 572/84) hatte der VGH Baden-Württemberg angedeutet, daß gemäß § 7 DSchG Baden-Württemberg der Wiederaufbau eines abgerissenen Gebäudes nicht verlangt werden könne.

enthalte, einen durch Brand teilweise zerstörten denkmalgeschützten Getreidespeicher wiederherzustellen. Eine solche öffentlich-rechtliche Pflicht könne sich auch nicht daraus ergeben, daß der Eigentümer aufgrund der Versicherungsbedingungen der Brandversicherungsanstalt dieser gegenüber vertraglich zu einer Wiederherstellung verpflichtet sei[155]).

— Das **OVG Lüneburg** führte aus, daß die Behörde aufgrund des Erhaltungsgebotes dem Eigentümer eines unter Denkmalschutz stehenden Hauses aufgeben dürfe, Kunststoffenster durch hölzerne Sprossenfenster zu ersetzen, sofern der Einbau der Kunststoffenster ohne Erlaubnis **vorgenommen** worden sei und bei rechtzeitigem Antrag für den Einbau der Sprossenfenster eine wirtschaftliche Mehrbelastung (im Sinne einer Unzumutbarkeit) vermieden worden wäre[156]). Aufgrund des unerlaubten Vorgehens könne sich der Betroffene insoweit nicht auf die Unzumutbarkeit berufen.

c) Pflicht, Denkmäler sachgemäß zu behandeln und vor Gefährdung zu schützen

Schließlich gebietet Art. 4 Abs. 1 BayDSchG, das Denkmal **sachgemäß zu behandeln** und es **vor Gefährdungen zu schützen**. Die Pflicht, das Denkmal sachgemäß zu behandeln, ist die „negative" Ausformung des Erhaltungsgebots. Maßnahmen, die die Substanz des Denkmals gefährden, sind unzulässig[157]). Das Gebot, das Denkmal vor Gefährdungen zu schützen, enthält allerdings zumindest bei Baudenkmälern keine konkreten Handlungspflichten des Eigentümers[158]).

Der **VGH Baden-Württemberg** faßt unter die Pflicht in § 6 Satz 1 DSchG Baden-Württemberg („pflegliche Behandlung") die Verpflichtung, „über die unmittelbare Erhaltung der Substanz hinaus auch dem Entstehen oder Weiterwirken von Schäden vorzubeugen"[159]).

2. Zumutbarkeit der Erhaltungsmaßnahmen

Der Gesetzgeber hat die **Zumutbarkeit** der Maßnahme als **Tatbestandsmerkmal** der gesetzlichen Erhaltungspflicht normiert. Unzumutbare Maßnahmen können nicht verlangt werden (auch nicht gegen Enteignungsentschädigung)[160]). Das Kriterium der Zumutbarkeit hat im Bereich der Erhaltungs-

---

155) OVG Koblenz, B. v. 20. 7. 1987, NVwZ 1988, 374.
156) OVG Lüneburg, U. v. 10. 1. 1986, 1 OVGA 109/83.
157) Eberl/Martin/Petzet, a.a.O., Art. 4 Rz. 7.
158) Nach Eberl/Martin/Petzet (a.a.O., Art. 4 Rz. 7 f.) fallen hierunter z. B. die Schaffung geeigneter Alarmeinrichtungen gegen Diebstahls- und Brandgefahr oder die Aufstellung von Geräten, um in bestimmten Räumen die für historische Ausstattungsstücke notwendige Luftfeuchtigkeit zu gewährleisten. Die Auffassung, die Pflicht, Denkmäler vor Gefährdung zu schützen, gestatte es auch, die Restaurierung von Kunstwerken zu verlangen (Eberl/Martin/Petzet, a.a.O., Art. 4, Rz. 8), geht zu weit.
159) VGH Baden-Württemberg VBlBW 1987, 66 = BRS 44 Nr. 128.
160) BayVGH BayVBl 1987, 368, 369; Eberl/Martin/Petzet, a.a.O., Art. 4 Rz. 11, 23, Art. 20 Rz. 20; Moench NJW 1980, 1545, 1550; vgl. dazu aber BGH DVBl. 1987, 568: „Wahlrecht" des Eigentümers, s. u. VI.

pflichten zentrale Bedeutung. Von ihm hängt es letztlich ab, welche Maßnahmen zur Erhaltung des Denkmales vom Eigentümer verlangt werden können.

a) Begriff der Zumutbarkeit

Das Bayerische Denkmalschutzgesetz präzisiert den **Begriff der Zumutbarkeit** nicht weiter. Auch die anderen Denkmalschutzgesetze der Länder, die diesen Begriff jeweils im gleichen Zusammenhang verwenden, enthalten insoweit keine Begriffsbestimmung. Eine Ausnahme bildet **§ 7 Abs. 3 DSchG Niedersachsen:**

> „Unzumutbar ist eine wirtschaftliche Belastung insbesondere, soweit die Kosten der Erhaltung und Bewirtschaftung nicht durch die Erträge oder den Gebrauchswert des Kulturdenkmales aufgewogen werden können. Kann der Verpflichtete Zuwendungen aus öffentlichen oder privaten Mitteln oder steuerliche Vorteile in Anspruch nehmen, so sind diese anzurechnen. Der Verpflichtete kann sich nicht auf die Belastung durch erhöhte Erhaltungskosten berufen, die dadurch verursacht wurden, daß Erhaltungsmaßnahmen diesem Gesetz oder sonstigem öffentlichen Recht zuwider unterblieben sind."

Das Niedersächsische Denkmalschutzgesetz hebt somit auf eine Relation zwischen dem Ertragswert des Denkmals und den Erhaltungsaufwendungen ab. Es weist damit in die richtige, heute vorherrschende Richtung, die auch für Art. 4 BayDSchG gilt. Die Grenze der Zumutbarkeit wird überschritten, „wenn der Erhaltungsaufwand unter Berücksichtigung staatlicher und kommunaler Zuschüsse in einem anhaltenden Mißverhältnis zum realisierbaren Nutzwert für den Eigentümer steht"[161]). Ob die Erhaltung eines Kulturdenkmals unzumutbar ist, ergibt sich mithin allein aus dem Vergleich der Kosten und Erträge (einschließlich der Gebrauchsvorteile und steuerlichen Vergünstigungen) des jeweiligen Denkmals[162]).

(1) Lange Zeit umstritten war, ob bei der Zumutbarkeit insoweit auf das **gesamte Vermögen** abzustellen ist oder ob eine **individualisierende, konkretobjektbezogene Betrachtung** geboten ist, bei der die Zumutbarkeit allein im Hinblick auf den Nutzwert des konkreten Objektes zu bestimmen ist. Entgegen einer insbesondere in der Kommentarliteratur bislang verbreiteten, aber nicht weiter begründeten Auffassung[163]) ist allein die auf das konkrete Objekt

---

161) BGHZ 72, 211, 212 = NJW 1979, 210; BayVGH BayVBl 1987, 368, 369; BRS 47 Nr. 127; VGH Baden-Württemberg BRS 44 Nr. 128.
162) Zur Ermittlung der Kosten und Erträge vgl. ausführlich Grosse-Suchsdorf/Schmaltz/Wiechert, a.a.O., § 7 NDSchG, Rz. 9 ff. m. N.; OVG Lüneburg BRS 42 Nr. 142 = NJW 1986, 1892.
163) Vgl. Eberl/Martin/Petzet, a.a.O., Art. 4 Rz. 13; Dörffeldt, a.a.O., § 12, Rz. 6; Gahlen/Schönstein, a.a.O., § 7 Rz. 3 f.

bezogene Betrachtung richtig[164]). Denn die Eigentumsgarantie des Art. 14 Abs. 1 GG garantiert die einzelnen vermögenswerten Rechtspositionen (das Eigentum am Denkmal), nicht hingegen das abstrakte Vermögen schlechthin. Geschützt ist **jedes** Objekt, unabhängig davon, wieviel weitere Eigentumsobjekte der Eigentümer noch hat. Deshalb kann die Sozialbindung des Eigentums den Eigentümer eines Baudenkmals grundsätzlich nicht verpflichten, auf Dauer bei der Erhaltung des Denkmals „zuzuschießen", wie es der **BGH** plastisch im Anschluß an Schmaltz formuliert hat[165]). Das bedeutet: Vermögenswertes Eigentum muß nicht zugunsten eines Denkmals „geopfert"[166]) bzw. eingesetzt werden. Die sonstige Vermögenssituation des Eigentümers spielt demnach keine Rolle. Es kommt allein darauf an, ob dieses Gebäude als Kulturdenkmal bei Erbringung der verlangten Erhaltungsaufwendungen noch verlustfrei zu bewirtschaften ist. Jede andere Auffassung führte dazu, daß der einzelne zum Mäzenatentum gezwungen würde. Das wäre mit einer freiheitlichen Rechtsordnung unvereinbar. Ferner wäre die Konsequenz, daß das Denkmal einen unterschiedlichen Schutz genösse: In der Hand des vermögenden Eigentümers wäre es besser geschützt als in der Hand des armen. Schließlich hätte die subjektbezogene Betrachtungsweise mehr oder weniger zufällige Ergebnisse, da die (Un-)Zumutbarkeit von einem Tag auf den anderen variieren könnte (plötzliche Erbschaft, unvorhergesehener Konkurs)[167]).

Beispiele:

— Der **VGH Baden-Württemberg** bejahte auf dieser Grundlage die Zumutbarkeit von Maßnahmen zur Sicherung und Instandsetzung einer baufälligen Scheune, deren Gesamtaufwand bei rund DM 19 000,— liegen sollte[168]). Der denkmalbedingte Mehraufwand hiervon betrage DM 11 500,—. Dieser Aufwand könne „weitgehend durch öffentliche Gelder abgedeckt wer-

---

164) VGH Baden-Württemberg VBlBW 1987, 66; DVBl. 1988, 1219; OVG Koblenz NVwZ 1988, 374; OVG Lüneburg NJW 1986, 1892; U. v. 10. 1. 1986, 1 OVGA 129/83; U. v. 2. 9. 1986, 6 OVGA 17/85; OVG Münster NJW 1986, 1890 = OVGE 37, 124, 130; Battis/Schmittat NuR 1983, 102, 105; Grosse-Suchsdorf/Schmaltz/Wiechert, a.a.O., § 7 NDSchG, Rz. 8 f.; Dittus, Städte und Gemeinderat 1980, 297, 301; Schmaltz BauR 1976, 96; Erbguth/Paßlick/Püschel, a.a.O., S. 35; Parodi, Eigentumsbindung und Enteignung, 1984, S. 51, 117 f.; differenzierend M. Müller, Baudenkmalschutz und Eigentumsbeeinträchtigung, 1985, 147 ff., der auf eine Kombination objektiver und subjektiver Kriterien abstellt; offengelassen vom BayVGH BayVBl 1987, 368, 369 f.
165) BGHZ 72, 211, 212 = NJW 1979, 210; Schmaltz BauR 1976, 96; hierauf weist auch der BayVGH BayVBl 1987, 368, 369 hin; ebenso OVG Koblenz NVwZ 1988, 374.
166) VGH Baden-Württemberg VBlBW 1987, 66 = BRS 44 Nr. 128.
167) M. Müller, a.a.O., S. 146; Moench, NJW 1980, 1545, 1549. Grosse-Suchsdorf/Schmaltz/Wiechert, a.a.O., § 7 DSchG, Rz. 9, weisen noch auf einen weiteren Gesichtspunkt hin: Bei vermögenden Eigentümern hätten höhere Opfer die Wirkung einer rechtsstaatswidrigen Besteuerung ohne gesetzlich bestimmten Maßstab.
168) VGH Baden-Württemberg VBlBW 1987, 66, 67 = BRS 44 Nr. 128.

den". Die höchstens verbleibende Eigenbelastung von rund DM 10 000,— sei im Verhältnis etwa zum wirtschaftlichen Wert des Grundstücks nicht unzumutbar[169]).

— Nach Auffassung des **OVG Lüneburg** sind solche Kosten unbeachtlich, die sich aus einer Obliegenheitsverletzung des Eigentümers ergeben[170]). Das OVG verneinte im konkreten Fall die Zumutbarkeit eines Sanierungsaufwandes von DM 282 500,—, da die Kostenmiete für den 100 Jahre alten Bau aller Voraussicht nach nicht erzielt werden könne. In einer weiteren Entscheidung differenzierte der 1. Senat des OVG Lüneburg diese Rechtsprechung[171]). Auf den „Gesamtvergleich" zwischen Erhaltungs- und Bewirtschaftungsaufwendungen einerseits und den Mieteinnahmen oder Gebrauchsvorteilen andererseits komme es dann nicht an, „wenn der Eigentümer im Rahmen der von ihm betriebenen wirtschaftlichen Nutzung des **Gesamt**gebäudes einen Bau**teil** erhält und diese Erhaltungsmaßnahme im Hinblick auf öffentliche Zuschüsse so ausgeführt werden kann, daß der Eigentümer nicht mit einem **denkmalbedingten Mehraufwand** belastet wird[172]). Das OVG Lüneburg bejahte schließlich in einer weiteren Entscheidung vom 2. 9. 1986[173]) die Unzumutbarkeit von Erhaltungsaufwendungen in Höhe von DM 39 000,— (unter Berücksichtigung der Zuschüsse und Steuererleichterungen) für einen Wasserturm, da diesen Aufwendungen keine Einnahmen gegenüberstünden. Der Wasserturm war nicht nutzbar.

— Der **Bayerische VGH** hielt in der Entscheidung vom 8. 11. 1985[174]) einen Aufwand von rund DM 100 000,— allein für die Teilsanierung eines Flügels des Antonierhauses in Memmingen, durch den sich die Nutzbarkeit des Gebäudeteiles oder des Anwesens insgesamt nicht nennenswert verbessert hätte, für möglicherweise enteignend. Auf die Frage kam es in der Entscheidung nicht an.

Soweit die neuere Rechtsprechung bei der Frage der Zumutbarkeit allein auf den **denkmalbedingten Mehraufwand** abstellt[175]), ist dies richtig. Auch der „normale" Hauseigentümer tätigt Aufwendungen zur Erhaltung seines Gebäudes. Diese Aufwendungen sind vernünftig, auch wenn sie in der Regel nicht rentierlich sind, zumal wenn sie fremdfinanziert werden. Handelt es sich bei dem Gebäude um ein Denkmal, wird der Eigentümer dieses Denkmals insoweit in die Situation des „normalen" Hauseigentümers versetzt. Deshalb kann der Aufwand, den der Eigentümer auch für ein normales Gebäude getroffen hätte, allein nicht zur Unzumutbarkeit führen. Denn das Tatbestandsmerkmal der „Zumutbarkeit" soll den Eigentümer vor übermäßigen Belastungen schützen, ihn jedoch nicht gegenüber dem normalen Hauseigen-

---

169) VGH Baden-Württemberg VBlBW 1987, 66, 67 f. = BRS 44 Nr. 128. Die Entscheidung ist allerdings mißverständlich. Sie spricht zum Teil vom wirtschaftlichen **Wert**, verweist aber gleichzeitig darauf, es sei fraglich, ob der Eigentümer eine private Nutzung selbst realisieren könne. Selbst die Möglichkeit eines Verkaufes des Anwesens sei ungewiß. Es ist zu betonen, daß die Erhaltung eines Denkmals jedenfalls unzumutbar ist, wenn der Eigentümer die Erhaltungsaufwendungen nicht aufbringen kann und deshalb gezwungen ist, das Denkmal zu verkaufen.

170) OVG Lüneburg NJW 1986, 1892.
171) OVG Lüneburg, U. v. 10. 1. 1986, 1 OVGA 129/83.
172) OVG Lüneburg, U. v. 10. 1. 1986, 1 OVGA 129/83.
173) 6 OVGA 17/85.
174) BayVGH BayVBl 1987, 368 (Antonierhaus Memmingen II).
175) OVG Lüneburg, U. v. 10. 1. 1986, 1 OVGA 129/83; VGH Baden-Württemberg BRS 44 Nr. 128.

tümer privilegieren. Dies kann allerdings nur dann gelten, wenn und soweit der Eigentümer das Gebäude tatsächlich nutzt und durch die Aufwendungen diese Nutzungsmöglichkeit aufrechterhält. Bei einem Gebäude, für das keine sinnvolle Verwendungsmöglichkeit durch den Eigentümer besteht — wie beispielsweise bei einem Wasserturm —[176]), ist der gesamte Aufwand in die Beurteilung einzustellen.

(2) Das Kriterium der Zumutbarkeit konkretisiert den **grundrechtlichen Eigentumsschutz des Art. 14 GG.**

Zunächst dient es dem (klassischen) Schutz des Eigentums vor Erhaltungsanordnungen, die enteignend wirken (**enteignungsrechtliche Zumutbarkeit**)[177]). „Eine auf Art. 4 Abs. 2 Satz 1 DSchG gestützte Erhaltungsanordnung, die enteignend wirkt, wirft deshalb nicht das Problem einer angemessenen Entschädigung auf (vgl. hierzu Art. 20 Abs. 1 DSchG), sondern ist mangels Zumutbarkeit rechtswidrig."[178])

Der **Bayerische VGH** aber hat in seiner Entscheidung zum Antonierhaus in Memmingen[179]) zu Recht darauf hingewiesen, daß sich die Bedeutung der Zumutbarkeit als rechtliche Voraussetzung für ein behördliches Einschreiten nicht auf die „enteignungsrechtliche Zumutbarkeit" beschränke. Auch unterhalb der Enteignungsschwelle könne die Erhaltung unzumutbar sein. Auszugehen sei danach von dem Grundsatz, daß es — **unterhalb der Enteignungsschwelle** — auf eine Abwägung der widerstreitenden Interessen des Eigentümers und der Allgemeinheit unter Berücksichtigung der Eigentümerbelange und der Sozialbindung des Eigentums ankomme. Dabei seien alle Eigentümerbelange in die abwägende Bewertung einzubeziehen, so das Gewicht der sonstigen Aufgaben und Verpflichtungen des Eigentümers, die Frage, was mit dem Denkmal letztlich geschehen solle, welche Maßnahmen — bei einem größeren Komplex — sonst noch durchzuführen seien und welcher Finanzierungsaufwand auf den Eigentümer zukomme. Die damit im Zusammenhang stehenden Unsicherheiten seien angemessen zu berücksichtigen. Das Risiko der Unzumutbarkeit der Maßnahme aufgrund der Ungewißheit des künftigen Schicksals des Baudenkmals hat nach der Entscheidung des Bayerischen VGH nicht der Eigentümer zu tragen[180]).

---

176) OVG Lüneburg, U. v. 2. 9. 1986, 6 OVGA 17/89; VGH Baden-Württemberg, U. v. 10. 5. 1988 DVBl. 1988, 1219 = DÖV 1989, 79.

177) BayVGH BayVBl 1987, 368, 369; BVerwGE 5, 143; 11, 68; Moench NJW 1980, 1545.

178) BayVGH BayVBl 1987, 368, 369; die Behörde kann in diesem Fall nur die Unzumutbarkeit durch die Zusicherung entsprechender Zuschüsse ausräumen oder, wenn die Voraussetzungen dafür vorliegen, die Enteignung betreiben; vgl. VGH Baden-Württemberg DVBl. 1988, 1219.

179) BayVGH BayVBl 1987, 368 (Antonierhaus Memmingen II).

180) BayVGH BayVBl 1987, 368, 369.

Daraus folgt, daß sich die Behörde rechtzeitig über die verbindliche Zusicherung von Zuschüssen klarwerden muß und daß sie bei größeren Gebäudekomplexen nicht Teilerhaltungsmaßnahmen anordnen darf, ohne daß ein Gesamtkonzept für die Sanierung oder Erhaltung vorliegt[181]).

b) Enteignungsrechtliche Zumutbarkeit und Zumutbarkeit unterhalb der Enteignungsschwelle

Die **Prüfung,** ob die Erhaltung des Denkmales dem Eigentümer zumutbar ist, hat somit **auf zwei Stufen** zu erfolgen:

Auf der **ersten Stufe** ist zu prüfen, ob die Grenzen der **enteignungsrechtlichen Zumutbarkeit** überschritten sind. Dies ist dann der Fall, ,,wenn der Erhaltungsaufwand unter Berücksichtigung staatlicher und kommunaler Zuschüsse in einem anhaltenden Mißverhältnis zum realisierbaren Nutzwert für den Eigentümer steht''[182]). Liegt ein solches Mißverhältnis vor, wirkt die Erhaltungspflicht enteignend.

Beispiel:
— Das **OVG Koblenz** stellte im Beschluß vom 20. 7. 1987[183]) fest, die Erhaltung der Reste eines durch Brand teilweise zerstörten Denkmals, dessen Wiederherstellung nicht beabsichtigt sei und auch rechtlich nicht verlangt werden könne, sei für den Eigentümer unzumutbar und könne ihm deshalb nicht gemäß § 14 II DSchPflG RhPf aufgegeben werden. Der Eigentümer eines Kulturdenkmals sei nicht verpflichtet, eine Ruine oder einen Torso in alleinigem Interesse der Denkmalschutzpflege zu erhalten. Bei dieser Fallkonstellation stehe der Erhaltungsaufwand nicht nur in einem offensichtlichen Mißverhältnis zum wirtschaftlichen Nutzen, sondern dem Sicherungsaufwand stehe überhaupt keine Nutzungsmöglichkeit gegenüber. Unter solchen Umständen würde dem Eigentümer eine Art ,,Mäzenatentum'' aufgezwungen. Das sei rechtlich nicht zulässig[184]).

Auch dann, wenn die Erhaltung des Denkmals nicht im enteignungsrechtlichen Sinne zumutbar ist, kann es an der Zumutbarkeit im Sinne von Art. 4 Abs. 1 BayDSchG fehlen. Diese **Zumutbarkeit ,,unterhalb der Enteignungsschwelle''** ist auf einer **zweiten Stufe** zu prüfen. In diesem Sinne ist das Vorhaben zumutbar,

---

181) Vgl. hierzu auch Moench NVwZ 1988, 304; in dieselbe Richtung wie die Entscheidung des BayVGH weisen auch VGH Baden-Württemberg BRS 44 Nr. 128 = VBlBW 1987, 66; OVG Koblenz BRS 44 Nr. 127.
182) BGHZ 72, 211, 212.
183) OVG Koblenz NVwZ 1988, 374.
184) OVG Koblenz NVwZ 1988, 374, 375 mit Verweis auf Grosse-Suchsdorf/Schmaltz/Wiechert, a.a.O., § 7 NDSchG, Rz. 8.

„wenn eine Abwägung der widerstreitenden Interessen des Pflichtigen einerseits und der Allgemeinheit andererseits unter Berücksichtigung der objektiven Lage — insbesondere auch der anderweitigen Aufgaben und Verpflichtungen des Adressaten — und unter Beachtung des Verfassungsgrundsatzes von der Sozialbindung des Eigentums (Art. 14 Abs. 1 Satz 2 und Abs. 2 GG, Art. 103 Abs. 2 und Art. 158 BV) ergibt, daß das angesonnene Verhalten in Fällen dieser Art billigerweise verlangt werden kann"[185]).

c) Bedeutung des Denkmals

Die **Bedeutung und Einmaligkeit des Denkmals** kann auf die konkrete Bestimmung der **enteignungsrechtlichen** (1. Stufe) Zumutbarkeit **keinen Einfluß** haben[186]). Die Seltenheit oder gar Einmaligkeit eines Baudenkmals oder die herausragende Qualität eines einzelnen Exemplars wirken sich bei der Frage, ob ein Mißverhältnis zwischen Erhaltungsaufwand und Nutzwert besteht, nicht aus. Lediglich bei der Abwägung, ob die Erhaltungsaufwendungen aus Gründen **unterhalb der Enteignungsschwelle** (2. Stufe) unzumutbar sind, kann es auf die Bedeutung des Denkmals ankommen.

d) Öffentliche Zuschüsse und Steuervergünstigungen

Bei der Entscheidung über die Zumutbarkeit von Erhaltungsaufwendungen sind unbestritten zugesagte **öffentliche Zuschüsse, Steuervergünstigungen usw. zu berücksichtigen.**

(1) Neben ad hoc gewährten **Einzelzuwendungen** kommen folgende **Zuschüsse** — hier stichwortartig — in Betracht[187]):

— Der **Freistaat Bayern** gewährt **gemäß Art. 22 BayDSchG i. V. m. dem jeweiligen Haushaltsgesetz** Zuschüsse; es handelt sich um Subventionen. Ein Rechtsanspruch auf die Gewährung solcher Subventionen besteht jedoch nicht[188]).
— Gemäß **Art. 22 Abs. 2 BayDSchG** besteht die Pflicht der **kommunalen Gebietskörperschaften**, sich im Rahmen ihrer Leistungsfähigkeit an den Kosten von Denkmalschutz und Denkmalpflege zu beteiligen. Über Art und Umfang entscheiden die Körperschaften im Rahmen ihres Selbstverwaltungsrechtes. Auch auf die Gewährung dieser Zuschüsse besteht kein subjektiver, einklagbarer Rechtsanspruch.
— Ferner werden **Zuschüsse nach dem Städtebauförderungsgesetz** (§§ 37 ff. StBauFG i. V.

---

185) BayVGH BayVBl 1987, 368, 369 mit Verweis auf BayVGH, U. v. 5. 5. 1980 Nr. 14 CS 80 A. 99; Eberl/Martin/Petzet, a.a.O., Art. 4, Rz. 11. Zum Verhältnis von Inhaltsbestimmung des Eigentums und entschädigungspflichtigen enteignenden Eingriffen s. u. VI; vgl. auch Moench NVwZ 1988, 304, 311; BGH DVBl. 1987, 568.
186) Anderer Ansicht offenbar M. Müller, a.a.O., S. 152.
187) Vgl. dazu Eberl/Martin/Petzet, a.a.O., Art. 22 Rz. 6 ff.
188) Zuständig für das Verfahren und die Bewilligung ist das Landesamt für Denkmalpflege. Zum Umfang der Zuschüsse vgl. Schiedermair, in: Gebeßler/Eberl, a.a.O., S. 202 f.

m. §§ 149, 245 Abs. 11 BauGB)[189]), nach dem **Zweiten Wohnungsbaugesetz** (§ 17) und nach dem **Modernisierungs- und Energieeinsparungsgesetz** (§ 10 Abs. 2) gewährt.

(2) Von erheblicher Bedeutung sind die **Steuervergünstigungen**[190]). Gemäß § 82i EStDV können die Herstellungskosten bei einem Baudenkmal im Jahr der Herstellung und in den folgenden neun Jahren mit jeweils bis zu 10 % abgesetzt werden. Der Erhaltungsaufwand kann gemäß § 82k EStDV auf 2 bis 5 Jahre gleichmäßig verteilt und abgesetzt werden[191]). Begünstigt sind alle Maßnahmen, die zur Erhaltung des Gebäudes als Baudenkmal und seiner sinnvollen Nutzung erforderlich sind, dazu gehören auch Maßnahmen des Innenausbaus. Gemäß § 33 EStG können denkmalbedingte Mehraufwendungen, die die zumutbare Eigenbelastung übersteigen, vom Gesamtbetrag der Einkünfte abgezogen werden. Nach den §§ 115, 118 BewG können Grundbesitz oder Teile davon bei der Bewertung (teilweise) unberücksichtigt bleiben. Gemäß § 32 GrStG kann schließlich die Grundsteuer unter bestimmten Voraussetzungen erlassen werden[192]).

3. Genehmigungspflicht von Erhaltungsmaßnahmen

a) Baugenehmigungspflicht

Denkmalrechtlich aufgegebene Erhaltungsmaßnahmen sind oft **baurechtlich genehmigungspflichtig**. Die Denkmalschutzbehörden haben bei Anordnungen aufgrund Art. 4 BayDSchG die **materiellen** Grundsätze des Baurechts zu beachten[193]). Darüber hinaus müssen denkmalrechtliche Sicherungsmaßnahmen auch in **formeller** Hinsicht dem baurechtlichen Genehmigungsvorbehalt Rechnung tragen. Das bedeutet, daß eine denkmalrechtliche Anordnung rechtswidrig ist, wenn eine für die angeordnete Maßnahme erforderliche Baugenehmigung nicht vorliegt[194]).

---

189) Diese Zuschüsse sind durch das ab 1. 7. 1987 geltende Baugesetzbuch eingeschränkt, vgl. § 245 Abs. 11 BauGB.

190) Vgl. hierzu OVG Lüneburg, U. v. 4. 10. 1984, NJW 1986, 1892 = BRS 42 Nr. 142. In dieser Entscheidung findet sich eine ausführliche Darlegung der Steuererleichterungen, der Abschreibungsmöglichkeiten und der Zuschußgewährung. Auch Grosse-Suchsdorf/Schmaltz/Wiechert, a.a.O., § 7 NDSchG Rz. 9 ff.

191) Vgl. aber für eigengenutzte Einfamilienhäuser § 21 a EStG.

192) Vgl. im einzelnen OVG Lüneburg NJW 1986, 1892, 1894; ausführlich neuerdings VG Köln KStZ 1988, 190; Schiedermair, in: Gebeßler/Eberl, a.a.O., S. 202 ff.

193) Eberl/Martin/Petzet, a.a.O., Art. 4 Rz. 37.

194) Anderer Ansicht Eberl/Martin/Petzet, a.a.O., Art. 4 Rz. 37. Eberl/Martin/Petzet verweisen zu Unrecht auf Simon (a.a.O., Art. 82 Rz. 62). Dort wird — zu Recht — darauf hingewiesen, daß die bauordnungsrechtliche Beseitigungsanordnung gleichzeitig eine mit der Baugenehmigung zu treffende Feststellung enthält, daß die Maßnahme öffentlich-rechtlich zulässig und der Verpflichtete nach öffentlichem Recht zu ihrer Durchführung berechtigt ist und aufgrund dieses materiell-rechtlichen Inhalts der Beseitigungsanordnung kein Raum mehr für ein Genehmigungsverfahren sei.

Das **OVG Münster** hat deshalb im Urteil vom 17. 3. 1986[195]) eine denkmalrechtliche Anordnung zum Einbau einer baurechtlich genehmigungsbedürftigen Absprießung aufgehoben, weil die Baugenehmigung nicht vorlag.

Der Umstand, daß unter denkmalrechtlichen Aspekten ein Eingreifen gerechtfertigt ist, befreit nicht von dem Erfordernis der Erteilung einer Baugenehmigung. Denn die ordnungsbehördliche Maßnahme der Denkmalschutzbehörde hat keine Konzentrationswirkung. Ihre Ersetzungswirkung erstreckt sich lediglich auf den Bereich, für den die Denkmalschutzbehörde zuständig ist und über den die denkmalrechtliche Anordnung sachlich Feststellungen trifft[196]). Die tatbestandlichen Voraussetzungen einer denkmalrechtlichen Verfügung haben aber einen anderen Normzweck als die einschlägigen bauordnungs- und bauplanungsrechtlichen Vorschriften.

b) Anordnung baugenehmigungsbedürftiger Erhaltungsmaßnahmen

Daraus ergeben sich verfahrensrechtliche Probleme, wenn die Denkmalschutzbehörde **baugenehmigungsbedürftige Erhaltungs- oder Instandsetzungsmaßnahmen** anordnen will[197]). Die erforderliche Baugenehmigung kann nur von der zuständigen (Baurechts-)Behörde erlassen werden. Da es sich bei der Baugenehmigung um einen mitwirkungsbedürftigen Verwaltungsakt handelt, setzt dies einen wirksamen Bauantrag voraus[198]). Aus diesem Grund ermächtigt Art. 82 Satz 4 BayBO im Bauordnungsrecht die Bauaufsichtsbehörde ausdrücklich, zu verlangen, daß ein Bauantrag gestellt wird[199]). Nach gegenwärtiger Rechtslage im Denkmalschutzrecht können dagegen weder die Denkmalschutzbehörden noch die Bauaufsichtsbehörde verlangen, daß der Eigentümer einen Baugenehmigungsantrag stellt. Denn hierfür fehlt es an einer Rechtsgrundlage.

---

195) OVG Münster OVGE 37, 232 = NVwZ 1987, 430. Vgl. dazu Gubelt NWVBl 1988, 129, 131.
196) Vgl. ebenso zum Verhältnis von Baugenehmigung und Beseitigungsanordnung nach Art. 82 BayBO Simon, a.a.O., Art. 82 Rz. 62.
197) Auch das OVG Münster sah im Urteil vom 17. 3. 1986 (OVGE 37, 232) das Problem. Es äußerte sich hierzu in einem obiter dictum. Um ein getrenntes, zeitraubendes Baugenehmigungsverfahren zu ersparen, sei es naheliegend, daß die Untere Denkmalschutzbehörde vor Erlaß der Verfügung die **Zustimmung** der Baubehörde einhole und dies in der Ordnungsverfügung zum Ausdruck bringe. Wir halten diesen Weg für nicht möglich. Er würde die Baugenehmigung durch eine Zustimmung ersetzen. Dies mag sinnvoll sein, bedarf jedoch einer gesetzlichen Grundlage, die fehlt. (Ebenso Gubelt NWVBl 1988, 129, 132.)
198) Simon, a.a.O., Art. 74 Rz. 4; Art. 82 Rz. 63.
199) Vgl. hierzu Simon, a.a.O., Art. 82 Rz. 63; Koch/Molodovsky/Rahm, a.a.O., Art. 82 Rz. 6.3; zu der Rechtslage, bevor diese Ermächtigung in die BayBO eingefügt wurde, Mang BayVBl 1958, 272; Hablitzel BayVBl 1974, 392; Dölker BayVBl 1974, 400. Zur vergleichbaren Rechtslage in Art. 77 BayWG s. Siedler-Zeitler, Bayerisches Wassergesetz, Kommentar, Stand Juli 1987, Art. 77 Rz. 6 ff.

Hierfür gibt es eine Parallele im bayerischen Wasserrecht: Der **Bayerische VGH** entschied im Urteil vom 3. 4. 1968[200]), daß eine wasserrechtliche Anordnung gemäß Art. 68 Abs. 3 BayWG voraussetze, daß im WHG oder im BayWG eine öffentlich-rechtliche Verpflichtung zur Stellung eines Erlaubnis- oder Bewilligungsantrags (ausdrücklich) vorgesehen sei. Daran fehle es. Auch Art. 100 Satz 3 BayBO (1974 = Art. 82 Satz 4 BayBO 1982) könne nicht entsprechend herangezogen werden. Dies war der Grund für die Schaffung der gesetzlichen Ermächtigung in Art. 77 BayWG[201]).

IV.
Denkmalrechtliches Veränderungsverbot für Baudenkmäler, Art. 6 Abs. 1 Satz 1 Nr. 2 BayDSchG[202])

Eingriffe in die Substanz und in das Erscheinungsbild des Kulturdenkmals sind denkmalrechtlich genehmigungspflichtig. Umfang und Grenzen dieses Veränderungsverbotes ergeben sich aus Art. 6 Abs. 1 Satz 1 Nr. 1 und Abs. 2 Satz 1 BayDSchG. Die beiden Vorschriften lauten:

(1) Wer
1. Baudenkmäler beseitigen, verändern oder an einen anderen Ort verbringen oder
2. . . .
will, bedarf der Erlaubnis. . . .

(2) Die Erlaubnis kann im Falle des Abs. 1 Nrn. 1 und 2 versagt werden, soweit gewichtige Gründe des Denkmalschutzes für die unveränderte Beibehaltung des bisherigen Zustandes sprechen. . . .

1. Erlaubnispflicht

Erlaubnispflichtig sind die **Beseitigung** und die **Veränderung** eines Baudenkmals. Die dritte Alternative, das Verbringen an einen anderen Ort, ist bei Baudenkmälern in der Regel eine Sonderform der Beseitigung oder Veränderung[203]). Auf den Erhaltungszustand des Denkmals kommt es nicht an. Auch

---

200) BayVGH, VGH n. F. 21, 61.
201) Sieder-Zeitler, a.a.O., Art. 77 Rz. 2.
202) Auf das Veränderungsverbot für geschützte Ausstattungsstücke gemäß Art. 6 Abs. 1 Nr. 2 BayDSchG gehen wir nicht ein.
203) Dies gilt, soweit — wie bei baulichen Anlagen üblich — die Denkmaleigenschaft der baulichen Anlage an den Ort des Denkmales geknüpft ist. Normalerweise wird die Denkmaleigenschaft bei einer Ortsveränderung verlorengehen. Dies gilt in jedem Fall bei der sog. Translozierung, wenn das Denkmal abgebrochen und an einem anderen Ort wieder aufgebaut werden soll. Anderer Ansicht Eberl/Martin/Petzet, a.a.O., Art. 6 Rz. 24.

geringfügige Änderungen sind erlaubnispflichtig. Ob das Denkmal bereits in der Vergangenheit beeinträchtigt wurde, spielt keine Rolle[204]. Auch ist unbeachtlich, ob der gegenwärtige Zustand des Denkmals baurechtlich genehmigt war[205]. Schließlich spielen auch das Motiv und die Qualität der Veränderungen für die Erlaubnispflicht keine Rolle. Deshalb sind auch fachgerechte Restaurierungen erlaubnispflichtig. Denn Art. 6 BayDSchG enthält eine formelle Erlaubnispflicht, die Vorschrift unterscheidet dabei nicht nach dem denkmalschützerischen Wert der vorgesehenen Veränderung[206].

Deshalb sind auch die Sicherung und Ergänzung von Decken- und Wandmalereien, Reliefs oder Stukkaturen erlaubnispflichtig.

Die denkmalschutzrechtliche Erlaubnispflicht besteht unabhängig davon, ob die Maßnahmen einer sonstigen Genehmigung, z. B. einer Baugenehmigung, bedürfen[207].

Erlaubnispflichtig sind nicht nur Eingriffe in die Substanz, sondern auch Maßnahmen, die das **Erscheinungsbild** des Denkmals verändern oder beeinflussen.

Beispiele:
— **Fassadenänderungen**
  Anbringen von Eternit- oder anderen Schutzverkleidungen, Antennen, Gebäudeanstriche.
— **Fensteränderungen**
  Der Einbau sprossenloser Fenster anstelle von sprossengegliederten Fenstern[208], Entfernung von Fensterläden.
— Ersetzung einer **Haustür** einer ehemaligen Brauerei in einer Schloßanlage durch eine Aluminiumtür[209].
— Anbringen von **Werbeanlagen**[210], **Markisen**[211].

Es kommt aber nicht darauf an, ob die Maßnahme bauordnungsrechtlich genehmigungsbedürftig ist, Art. 6 Abs. 3 BayDSchG. Die Genehmigungsfähigkeit richtet sich, wenn das Erscheinungsbild des Denkmals betroffen ist, nach den gleichen Kriterien wie bei sonstigen Eingriffen in das Denkmal.

---

204) Vgl. BayVGH BayVBl 1982, 278 f.
205) Eberl/Martin/Petzet, a.a.O., Art. 6 Rz. 21; BayVGH BayVBl 1982, 278, 279.
206) Eberl/Martin/Petzet, a.a.O., Art. 6 Rz. 21.
207) Eberl/Martin/Petzet, a.a.O., Art. 6 Rz. 22.
208) BayVGH BayVBl 1980, 19 m. Anm. Kalkbrenner; Eberl/Martin/Petzet, a.a.O., Art. 6 Rz. 22.
209) BayVGH, U. v. 23. 9. 1985, 14 B 84 A. 2400.
210) BayVGH BayVBl 1982, 278; vgl. auch BayVGH BayVBl 1980, 21; BayVGH, U. v. 9. 1. 1985, 14 B 82 A 219; HessVGH BRS 32 Nr. 116.
211) OVG Lüneburg BRS 44 Nr. 124.

2. Anspruch auf denkmalrechtliche Erlaubnis

Art. 6 Abs. 2 Satz 1 BayDSchG nennt nur die Voraussetzungen für eine Versagung, nicht hingegen die Voraussetzungen für die **Erteilung der Erlaubnis**. Aus dieser Systematik folgt, daß, wenn die Versagungsvoraussetzungen nicht vorliegen, ein **Rechtsanspruch** auf Erteilung der Erlaubnis besteht. Sprechen daher keine gewichtigen Gründe des Denkmalschutzes für die Beibehaltung des bisherigen Zustandes, **muß** die Denkmalschutzbehörde die Erlaubnis erteilen. Die Behörde hat **kein Versagungsermessen**. Dies entspricht der Zielsetzung des Denkmalschutzrechts. Der Zweck des Gesetzes, die Erhaltung und Pflege der Denkmäler zu sichern, rechtfertigt, wenn keine Belange des Denkmalschutzes entgegenstehen (wie etwa bei einer Instandsetzung lege artis), auch keine Versagung[212]).

3. Voraussetzungen für die Versagung der Erlaubnis, Art. 6 Abs. 2 Satz 1 BayDSchG

Art. 6 Abs. 2 Satz 1 BayDSchG macht die Möglichkeit einer Versagung von drei tatbestandlichen Voraussetzungen abhängig:

— Es müssen **Gründe für die Beibehaltung des bisherigen Zustandes** sprechen,
— es muß sich um **gewichtige Gründe** und um
— **Gründe des Denkmalschutzes** handeln.

a) Gründe für die Beibehaltung des bisherigen Zustandes

Zunächst müssen **Gründe für die Beibehaltung des bisherigen Zustandes sprechen**.

Der **BayVGH** sieht in diesem Tatbestandsmerkmal keine besondere Hervorhebung des bisherigen Zustandes. „Wenn das Gesetz positiv von der unveränderten Beibehaltung des bisherigen Zustandes spricht, dann bedeutet dies negativ ausgedrückt lediglich, daß gewichtige Gründe des Denkmalschutzes die beabsichtigte Veränderung des Baudenkmals nicht zulassen"[213]). Es kommt danach nicht darauf an, ob der bisherige Zustand (denkmalrechtlich) „befriedigt".[214])

Was zu diesen Gründen gehört, ist bisher nicht abschließend geklärt. Diese Gründe müssen auf die Bedeutungskategorie des Denkmals und das öffentliche Erhaltungsinteresse Bezug nehmen. Denn diese Kriterien sind ausschlaggebend für die Denkmaleigenschaft des Bauwerks. Von Bedeutung ist auch die

212) Erbgut/Paßlick DVBl 1984, 610; Moench NVwZ 1988, 304, 309 m. N.
213) BayVGH BayVBl 1982, 278, 279; BayVGH BayVBl 1979, 118.
214) BayVGH BayVBl 1982, 278, 279.

Wertigkeit des Denkmals[215]). Handelt es sich um ein einzigartiges, besonders wertvolles Denkmal, das aus künstlerischen Gründen zu erhalten ist, wird jeglicher Eingriff in das Denkmal versagt werden können. Ist das Denkmal hingegen ein „Dutzendbau" von lediglich durchschnittlicher Qualität, wird nicht jeder äußere Eingriff auf entgegenstehende Gründe für die Beibehaltung des bisherigen Zustandes stoßen. Insoweit wirkt sich der fundamentale verfassungsrechtliche **Grundsatz der Verhältnismäßigkeit** aus: Zwischen der Wertigkeit des Denkmals, der Bedeutungskategorie und dem spezifischen öffentlichen Erhaltungsinteresse einerseits und der geplanten Maßnahme andererseits muß eine Relation gebildet werden; sie gibt Aufschluß darüber, ob entgegenstehende Gründe vorhanden sind. Dabei ist zu berücksichtigen, daß das Gesetz grundsätzlich davon ausgeht, Denkmäler in der originären, ursprünglichen Form zu erhalten[216]).

Bei der Entscheidung über die Beeinträchtigung des Erscheinungsbildes spielt der **Maßstab des Betrachters** eine besondere Rolle. Hier gilt der gleiche Maßstab wie bei der Prüfung der Denkmaleigenschaft im Rahmen des Art. 1 BayDSchG. Es kommt daher auf den Maßstab an, der von einem **breiteren Kreis von Sachverständigen** gebildet wird. Die Beurteilung setzt ein Vertrautsein mit dem zu schützenden Denkmal und seiner Epoche voraus[217]). Keineswegs ist der besonders empfindsame Denkmalpfleger maßgebend, allerdings auch nicht der „gebildete Durchschnittsmensch" des Baugestaltungsrechts[218]).

b) Gewichtige Gründe

Es muß sich um **gewichtige** Gründe handeln. Dazu hat der **Bayerische VGH** zu Recht festgestellt:

„Denn mit der gegenüber Art. 1 Abs. 1 DSchG verschärften Anforderung an das denkmalpflegerische Gewicht sollten ersichtlich nicht alle durch den weit gefaßten Denkmalbegriff zunächst dem Erlaubnisvorbehalt des Art. 6 DSchG unterliegenden Anlagen auch dessen Veränderungsverboten unterworfen, sondern denkmalpflegerisch untergeordnete Objekte ausgeschieden werden. Eine auf Art. 6 Abs. 2 oder Abs. 3 DSchG gestützte Versagung von Erlaubnis, Baugenehmi-

---

215) BayVGH BRS 44, Nr. 125; BayVGH BayVBl 1979, 118, 119; Eberl/Schiedermair/Petzet, a.a.O., Art. 6 Rz. 25.

216) Vgl. HessVGH DVBl 1985, 1187 = NVwZ 1986, 237 m. Anm. Hönes NVwZ 1986, 190; Eberl/Martin/Petzet, a.a.O., Art. 6 Rz. 41, 44, die diesen Grundsatz freilich überspannen.

217) BayVGH BRS 44 Nr. 125; OVG Lüneburg BRS 44 Nr. 124 unter Aufgabe seiner früheren Rechtsprechung in NVwZ 1983, 231.

218) Ausführlich BayVGH BRS 44 Nr. 125; OVG Lüneburg BRS 44 Nr. 124.

gung oder Zustimmung kommt mithin nur in Betracht, wenn dem Objekt eine gegenüber den Maßstäben des Art. 1 Abs. 1 DSchG **gesteigerte** Bedeutung zuerkannt werden kann.''[219])

c) Gründe des Denkmalschutzes

Schließlich muß es sich um Gründe **des Denkmalschutzes** handeln. Städtebauliche oder sonstige Gründe sind nicht geeignet, eine Versagung der denkmalrechtlichen Erlaubnis zu rechtfertigen.

4. Versagung als Ermessensentscheidung

a) Ermessensentscheidung

Stehen der Genehmigung gewichtige Gründe des Denkmalschutzes entgegen, **kann** die Veränderung genehmigt werden; sie muß es aber nicht. Die Behörde hat in diesem Fall eine **Ermessensentscheidung** zu treffen. Für Art. 6 BayDSchG hat dies der Bayerische VGH ausdrücklich entschieden[220]). Die Denkmalschutzgesetze der übrigen Länder weichen in der Rechtsprechung ihrer Obergerichte hiervon z. T. ab.

- Für das baden-württembergische Recht hat der **VGH Baden-Württemberg** entschieden, daß die Entscheidung der Behörde in ihrem pflichtgemäßen Ermessen stehe[221]).
- Für das Hessische DSchG, nach dessen § 16 Abs. 3 die Genehmigung nur erteilt werden soll, wenn überwiegende Gründe des Gemeinwohls nicht entgegenstehen, entschied der **Hessische VGH**[222]), daß bei der Entscheidung auch die privaten Belange zu berücksichtigen seien; sie würden jedoch durch das Gemeinwohl begrenzt. Soweit dies zu einer Enteignung führe, sehe das Gesetz eine Entschädigung vor. Ob das Gericht damit von einer Ermessensentscheidung ausgeht, wird nicht deutlich.
- Für das rheinland-pfälzische Recht differenzierte das **OVG Koblenz** gemäß der Regelung des § 13 Abs. 1 Nr. 2 DSchG Rheinland-Pfalz[223]), die Genehmigung für Umgestaltungen oder Veränderungen des Denkmals stehe im Ermessen der Behörde. Anders die Entscheidung über den Abriß; sie dürfe — insoweit wiederholt das OVG den Gesetzeswortlaut — „nur erteilt werden, wenn andere Erfordernisse des Gemeinwohls die Belange des Denkmalschutzes überwiegen". Nicht zu Unrecht warf das Gericht die Frage auf, ob diese Regelung mit der Eigen-

219) BayVGH, U. v. 21. 2. 1985, BRS 44 Nr. 125 — Hervorhebung von uns —; vgl. auch BayVGH BRS 32 Nr. 115; Eberl/Martin/Petzet, a.a.O., Art. 6 Rz. 44. Auch der VGH Baden-Württemberg stellte darauf ab, es müsse sich um eine erhebliche, nicht nur vorübergehende, deutlich wahrnehmbare Beeinträchtigung handeln (VGH Baden-Württemberg DVBl. 1983, 823; ebenso schon VGH Baden-Württemberg BRS 34 Nr. 8).

220) U. v. 25. 10. 1985, 26 B 82 A 1664; Antonierhaus Memmingen I (wie BayVGH BayVBl 1987, 365). Es ging in dieser Entscheidung im wesentlichen um den Antrag auf Erteilung der Abrißgenehmigung.

221) VGH Baden-Württemberg, U. v. 25. 7. 1986, 5 S 1045/86.

222) HessVGH DÖV 1985, 837.

223) OVG Koblenz, U. v. 26. 5. 1983, DÖV 1984, 76 m. Anm. Hönes.

tumsgarantie vereinbar sei, da das Gesetz die Berücksichtigung von Individualinteressen des Eigentümers nicht vorsehe. In dem entschiedenen Fall konnte die Frage jedoch offenbleiben.

— Für das niedersächsische Denkmalschutzrecht (§ 10 Abs. 3 DSchG Niedersachsen) entschied das **OVG Lüneburg**, daß Eingriffe in das Denkmal — bis hin zum Abriß — dann zu genehmigen seien, wenn die unveränderte Erhaltung des Gebäudes den Eigentümer wirtschaftlich unzumutbar belaste. Die Grenzen der positiv normierten Erhaltungspflicht (§ 7 DSchG Niedersachsen) sind demnach für den Entscheidungsspielraum der Behörde über Änderungsgesuche maßgebend. Ist die Erhaltung unzumutbar, muß dem Antrag zugestimmt werden. Will die Behörde diese Konsequenz vermeiden, bleibt ihr nur die Möglichkeit der Enteignung gemäß § 30 DSchG Niedersachsen[224]).

— Zu § 9 Abs. 2, 3 DSchG Nordrhein-Westfalen vertrat das **OVG Münster**[225]) die Auffassung, über die Erteilung der Abbruchgenehmigung sei ohne Ermessensspielraum zu entscheiden. § 9 Abs. 3 DSchG Nordrhein-Westfalen verlange eine strikte Beachtung des Denkmalschutzes. Nach § 9 Abs. 2 DSchG sei die Erlaubnis zu erteilen, wenn dem Abriß Gründe des Denkmalschutzes nicht entgegenstünden[226]) oder wenn ein überwiegendes öffentliches Interesse — das gewichtiger sei als die (öffentlichen) Belange des Denkmalschutzes — die Maßnahme verlange. Dagegen seien die privaten Belange des Eigentümers nicht zu berücksichtigen. Insoweit könne in der Kombination von Eintragung als Baudenkmales und dem Verbot seines Abbruchs ein enteignender Eingriff liegen, der Eigentümer könne dann die Übernahme des Baudenkmals durch die Gemeinde verlangen[227]).

Dieses Ergebnis ist nicht haltbar. § 9 Abs. 2 DSchG Nordrhein-Westfalen schreibt nur vor, unter welchen Voraussetzungen die Erlaubnis erteilt werden **muß**, er steht einer Ermessensentscheidung in sonstigen Fällen jedoch nicht entgegen. Dies folgt aus dem Gewicht des grundrechtlichen Eigentumsschutzes sowie aus dem verfassungsrechtlichen Grundsatz der Verhältnismäßigkeit. Ein Verbot der Berücksichtigung privater Belange würde gegen das Grundrecht auf Eigentum, Art. 14 Abs. 1 GG, verstoßen. In Fällen, in denen überragende private Interessen einem nur gering zu gewichtenden denkmalschützerischen Erhaltungsinteresse — besonders bei wenig bedeutsamen Denkmälern — gegenüberstehen, darf die Behörde nicht gehindert sein, die Abrißgenehmigung zu erteilen[228]).

b) Ermessenserwägungen

In die Ermessenserwägungen sind gemäß Art. 40 BayVwVfG **alle** tatsächlich wie rechtlich wichtigen **Gesichtspunkte** zunächst **zu ermitteln** und in die Entscheidung **einzubeziehen,** die für eine dem Zweck der gesetzlichen Ermächtigung entsprechende Entscheidung von Bedeutung sind. Diese ermes-

---

224) OVG Lüneburg, U. v. 2. 9. 1986, 6 OVGA 17/85; U. v. 4. 10. 1984, NJW 1986, 1892; vgl. dazu Gahlen DÖV 1985, 413 mit Hinweis auf die (andere) Rechtslage in Nordrhein-Westfalen.
225) OVG Münster, U. v. 18. 5. 1984, NJW 1986, 1890.
226) Dies sei allenfalls dann gegeben, wenn z. B. das Schutzobjekt durch die geplante Abbruchmaßnahme nur unerheblich beeinträchtigt werde, OVG Münster NJW 1986, 1890, 1891 mit Verweis auf Gahlen-Schönstein, a.a.O., § 9 Rz. 18.
227) OVG Münster NJW 1986, 1890, 1891 f., vgl. dazu Gahlen DÖV 1985, 413; zum Übernahmeverlangen nach § 31 DSchG Nordrhein-Westfalen Heuer NVwZ 1982, 238.
228) So auch VG Münster DVBl. 1984, 644; M. Müller, a.a.O., S. 195; ähnlich OVG Koblenz DÖV 1984, 76 zur vergleichbaren Problematik nach § 13 Abs. 1 DSchPflG Rheinland-Pfalz.

sensrelevanten Umstände sind dann auf der nächsten Stufe des Entscheidungsprozesses **zu gewichten** und untereinander und gegeneinander **abzuwägen**. Zu den **ermessensrelevanten Belangen** gehören öffentliche und private Belange.

(1) Zu den **öffentlichen Belangen** gehören erstens alle denkmalschutzrechtlichen Belange. Dazu zählen

— die **Bedeutung des Denkmals**. Insoweit ist zwischen den Denkmälern in ihrer Wertigkeit zu differenzieren[229]);

— der **Erhaltungszustand**[230]). In diesem Zusammenhang spielt es auch eine Rolle, ob und inwieweit das Denkmal Veränderungen in der Vergangenheit erfahren hat. Zwar stehen bauliche Änderungen grundsätzlich nicht dem öffentlichen Erhaltungsinteresse entgegen[231]), sie sind jedoch in die Ermessensentscheidung einzustellen;

— etwa **erforderliche bauliche Maßnahmen**. Das gilt nach zutreffender Auffassung des **Bayerischen VGH** vor allem dann, wenn es nach Durchführung der Maßnahme lediglich (teilweise) bei einer Rekonstruktion verbleibt[232]);

— die **Unterhaltspflicht** nach der Bayerischen Bauordnung und die Erhaltungs- und Instandsetzungspflichten gemäß Art. 4 Abs. 1 BayDSchG. Nach Auffassung des VGH Baden-Württemberg[233]) ist auch zu prüfen, ob dem öffentlichen Interesse im Rahmen der Abwägung mit den privaten Belangen des Eigentümers nicht hinreichend durch eine **Dokumentation** (Aufnahme des Bestandes) Rechnung getragen werden kann.

Es kann danach gerechtfertigt sein, einzelne unter Denkmalschutz stehende Teile eines Gebäudes, z. B. an der Fassade angebrachte Reliefs, Figuren, Risalite, Brüstungen usw., abzunehmen und aufzubewahren.

Zweitens sind auch **sonstige öffentliche Belange** in die Abwägung einzustellen[234]).

Dies können auch öffentliche Belange sein, die für das Vorhaben streiten, z. B. Belange des Ver-

---

229) OVG Lüneburg, U. v. 14. 10. 1982, 6 A 123/80; VGH Baden-Württemberg, U. v. 10. 5. 1988, DVBl. 1988, 1219 = DÖV 1989, 79 m. Anm. Hönes — Pfarrhaus Rudersberg; Dörffeldt, a.a.O., § 16 Rz. 4; auch Eberl/Martin/Petzet, a.a.O., Art. 6 Rz. 44 heben insoweit auf die Bedeutung des Denkmals ab.

230) VGH Baden-Württemberg, U. v. 27. 5. 1983, 5 S 229/83; BayVGH BayVBl 1979, 118; ähnlich HessVGH, U. v. 24. 3. 1981, IX OE 90/80.

231) Vgl. BayVGH BayVBl 1982, 278.

232) BayVGH BayVBl 1986, 399, 401.

233) VGH Baden-Württemberg, U. v. 24. 7. 1986, 5 S 1045/86.

234) Eberl/Martin/Petzet, a.a.O., Art. 6 Rz. 49.

kehrs, des Städtebaus (Behebung von Wohnungsnot). Nach Auffassung des **OVG Münster**[235]) sind die finanziellen Folgekosten für die Kommune im Falle der Geltendmachung des Übernahmeanspruchs (§ 31 NW DSchG) kein öffentlicher Belang in diesem Sinne. Zur Begründung verweist das OVG darauf, daß vor allem bei überregional bedeutsamen Denkmälern das Übernahmeverlangen die Finanzkraft der Gemeinde rasch erschöpfen würde und deshalb die Abbruchgenehmigung erteilt werden müßte; das sei nicht vertretbar. Anderer Auffassung sind Erbguth/Paßlick/Püchel[236]). Sie verweisen darauf, daß die verfassungsrechtliche Garantie der Selbstverwaltung der Gemeinde einen finanziellen Mindestspielraum garantiert. Im Ergebnis halten wir das für richtig. Das OVG Münster verkennt u. E., daß die beantragte Abbruchgenehmigung gemäß § 9 Abs. 2 NW DSchG nur dann erteilt werden muß, wenn ein überwiegendes öffentliches Interesse diese Maßnahme verlangt. Auch nach der hier vertretenen Auffassung ist also in jedem Fall zwischen den öffentlichen Interessen abzuwägen. Und zumeist wird den Belangen des Denkmalschutzes zumindest bei bedeutsamen Denkmälern gegenüber dem Finanzspielraum der Gemeinde der Vorrang einzuräumen sein.

(2) In die Ermessensentscheidung sind die **privaten Belange** umfassend einzubeziehen und zu berücksichtigen.

Von Belang sind hier zunächst die **Nutzungsinteressen** des Eigentümers und die gegenwärtigen und künftigen **Nutzungsmöglichkeiten** des Gebäudes sowie die **Schwere des Eingriffs** in das Eigentum[237]).

Umstritten ist, inwieweit **persönliche Umstände** des Bauherrn in die Ermessenserwägungen einzubeziehen sind, insbesondere ob die Behörde den Gesichtspunkt der Finanzierbarkeit und der Zumutbarkeit von Erhaltungsmaßnahmen zu berücksichtigen hat. Die neuere Rechtsprechung bejaht dies zu Recht[238]). Dagegen hat der Bayerische VGH die Berücksichtigung der Zumutbarkeit von Erhaltungsmaßnahmen abgelehnt[239]). Wir halten die Auffassung des Bayerischen VGH für falsch. Denn sie läßt unberücksichtigt, daß die behördliche Entscheidung über einen Abriß — bzw. Änderungsgesuch — regel-

---

235) BRS 42 Nr. 137 = DÖV 1985, 158 m. zust. Gahlen DÖV 1985, 411. Für die Weite der zu berücksichtigenden öffentlichen Belange liefert die Entscheidung über den Abriß des Plenarsaales des Deutschen Bundestages ein interessantes Beispiel: Zu Recht setzt sich die Auffassung des Bundes durch, wonach das Interesse des Parlamentes an einer funktionsgerechten, dem Verständnis des modernen Parlamentarismus entsprechenden Bauweise des Gebäudes Vorrang vor den Belangen des Denkmalschutzes genieße. Dazu Fluck NJW 1987, 2352 f.; Salzwedel NVwZ 1988, 97.

236) Erbguth/Paßlick/Püchel, Denkmalschutzgesetz der Länder, Rechtsvergleichende Darstellung unter besonderer Berücksichtigung Nordrhein-Westfalens, Bd. 97 der Beiträge zum Siedlungs- und Wohnungswesen und zur Raumplanung, 1984, S. 74 f. Ebenso Oebbecke, in: „Westfalen", Bd. 61 (1983), 259; M. Müller, Baudenkmalschutz und Eigentumsbeeinträchtigung, 1985, S. 195.

237) BayVerfGH, U. v. 15. 5. 1981, BayVBl 1981, 429; BayVGH, U. v. 19. 10. 1981 Nr. 2 XIV 78; BayVGH BayVBl 1986, 399, 401; VGH Baden-Württemberg DSI 1981, 35; HessVGH BRS 36 Nr. 42; M. Kummer, a.a.O., S. 118, der in diesem Zusammenhang zu Recht auf den Grundsatz der Verhältnismäßigkeit verweist; so wohl auch im Ergebnis Eberl/Martin/Petzet, a.a.O., Art. 61 Rz. 44.

238) VGH Baden-Württemberg, U. v. 24. 7. 1986, V S 1045/86; OVG Lüneburg, U. v. 2. 9. 1986, 6 OVGA 17/85; OVG Lüneburg NJW 1986, 1892, allerdings zu der insoweit anderen Rechtslage in § 7 Abs. 2 Nr. 3 DSchG Niedersachsen.

239) BayVGH BayVBl 1979, 118; BayVGH, U. v. 25. 10. 1985 Nr. 26 B 82 A. 1664; ebenso Eberl/Martin/Petzet, a.a.O., Art. 6, Rz. 43; differenzierend HessVGH BRS 38 Nr. 142.

mäßig in den Grenzbereichen zwischen zulässiger Sozialbindung des Eigentums (Inhaltsbestimmung) einerseits und unzulässiger, da unverhältnismäßiger Sozialbindung des Eigentums oder sogar enteignendem Eingriff andererseits liegt. Selbst wenn der Entscheidung der Behörde zulässigerweise eine enteignende Wirkung zukommen sollte und die in Art. 20 BayDSchG vorgesehene Enteignungsentschädigung zu bezahlen ist, muß sich die Behörde dieses Umstandes bewußt sein und ihn in den Entscheidungsprozeß einbeziehen. Sie hat sich zu vergegenwärtigen, ob sie die im Gesetz angelegte enteignende Wirkung im Einzelfall konkretisiert.

Soweit der **Bayerische VGH** darauf verweist, daß im Zeitpunkt der Entscheidung über den Abriß offen sei, ob sich nicht der Staat durch Zuschüsse an der Erhaltungsmaßnahme beteilige, mithin die Zumutbarkeit gewährleiste[240]), ist dem entgegenzuhalten, daß die Behörde zur Vorbereitung ihrer Ermessensentscheidung auch ermitteln muß, welche öffentlichen Mittel für Erhaltungsmaßnahmen zur Verfügung stehen[241]).

Daß die Schwere des Eingriffs in das Eigentum wie auch sonstige persönliche Umstände für die Ermessensbetätigung von Bedeutung sind — wenngleich sie nicht zwingend das Ergebnis determinieren —, geht schließlich auch aus dem Umstand hervor, daß sich **jede Ermessensentscheidung am Grundsatz der Verhältnismäßigkeit** ausweisen muß[242]). Das gilt auch und gerade für Entscheidungen, die in das Eigentum eingreifen und möglicherweise enteignend wirken. Denn auch enteignende Eingriffe dürfen nicht unverhältnismäßig sein. Ob aber im Einzelfall die enteignend wirkende Versagung einer angestrebten Änderung unverhältnismäßig ist, läßt sich nur anhand der konkreten Auswirkungen der Entscheidung für den Eigentümer prüfen[243]).

— Zu Recht hat deshalb der **Hessische VGH**[244]) betont, daß eine Abrißgenehmigung dann in Betracht komme, „wenn der Aufwand zur Erhaltung des Baudenkmales außer Verhältnis zu seinem Denkmalwert steht".

---

240) BayVGH BayVBl 1979, 118.
241) So ausdrücklich Eberl/Martin/Petzet, a.a.O., Art. 4 Rdz. 36 für die Vorbereitung von Entscheidungen über Erhaltungsanordnungen nach Art. 4 BayDSchG. Danach müssen auch die Leistungen der gemäß Art. 22 Abs. 2 BayDSchG verpflichteten örtlichen Gebietskörperschaften einbezogen werden, es muß ggf. eine fachliche Befürwortung der Inanspruchnahme des Entschädigungsfonds durch das Landesamt für Denkmalpflege und ggf. eine Weisung der Obersten Denkmalschutzbehörde hinsichtlich der Inanspruchnahme des Entschädigungsfonds eingeholt werden (Eberl/Martin/Petzet, a.a.O., mit Verweis auf das Schreiben des Staatsministeriums für Unterricht und Kultus vom 13. Oktober 1983, abgedr. bei Eberl/Martin/Petzet, a.a.O., Anh. 6).
242) Vgl. Kopp, VwVfG, Kommentar, 4. Aufl. 1986, § 40 Rz. 20; Obermayer, VwVfG, Kommentar, 1983, § 40 Rz. 84, jeweils m. w. N. Für Eingriffe in das Eigentum zuletzt deutlich BVerwG DVBl. 1985, 1173 zum Gebot der Erteilung der Zweckentfremdungsgenehmigung für den Abriß, wenn die Erhaltungsinvestitionen unzumutbar sind.
243) Vgl. dazu Moench NJW 1983, 1998, 2002.
244) HessVGH BRS 36 Nr. 142.

— Auch der **VGH Baden-Württemberg**[245]) hat den teilweisen Abriß eines Denkmales — es ging um eine Arbeiterwohnsiedlung — aus Gründen der Verhältnismäßigkeit für zulässig erklärt.

(3) Die privaten und öffentlichen Belange, die für und gegen das Vorhaben sprechen, sind untereinander und gegeneinander **abzuwägen**.

Der **Bayerische VGH** geht dabei von einem grundsätzlichen Vorrang der Belange des Denkmalschutzes aus[246]). Insoweit sei das Ermessen der Unteren Denkmalschutzbehörde durch Art. 141 BV „kanalisiert"[247]).

5. Veränderungsverbot für Ensembles

Das Veränderungsverbot des Art. 6 Abs. 1 Satz 1 Nr. 1 BayDSchG erstreckt sich nicht nur auf Einzelbaudenkmäler, es gilt in gleicher Weise für **Ensembles**. Das Gesetz differenziert insoweit nicht[248]). Auch wenn das Bayerische Denkmalschutzgesetz zwischen dem Einzeldenkmal und dem Ensemble formal nicht unterscheidet, ergeben sich doch vor allem in der Reichweite des Veränderungsverbotes des Art. 6 BayDSchG signifikante Unterschiede zwischen beiden Denkmaltypen. Darüber besteht im Ergebnis Einigkeit[249]). Das ergibt sich bei den Ensembles, die nicht ausschließlich aus Einzeldenkmälern bestehen (was praktisch nie der Fall ist), zwingend aus den unterschiedlichen Tatbestandsvoraussetzungen für die Denkmaleigenschaft. Denn Art. 1 Abs. 3 BayDSchG hebt auf das erhaltungswürdige Orts-, Platz- oder Straßen**bild** ab. Um den Schutz **dieses Bildes** geht es beim Ensemble, während beim Einzelbaudenkmal die Erhaltung der gesamten historischen Substanz das Ziel ist[250]). Von dieser normativen Zielsetzung her ist zunächst zu entscheiden, ob „**gewichtige Gründe**" des Denkmalschutzes im Sinne von Art. 6 Abs. 1 BayDSchG der geplanten Maßnahme entgegenstehen. Diese Gründe können sich daher nur auf den **Eindruck** des geschützten Ortsbildes beziehen. Bauliche Maßnahmen, die nach außen nicht in Erscheinung treten, sind daher in der Regel zulässig.

---

245) U. v. 30. 11. 1977, III 2006/77.
246) BayVGH BayVBl 1979, 616, 617; ebenso Schleich/Rupf BayVBl 1975, 440; Eberl/Martin/Petzet, a.a.O., Art. 6 Rz. 50.
247) Eberl/Martin/Petzet, a.a.O., Art. 6 Rz. 50.
248) Andere Denkmalschutzgesetze unterscheiden ausdrücklich hinsichtlich des Schutzumfangs; beim Ensembleschutz geht es regelmäßig um das **Erscheinungsbild** des Denkmales, nicht hingegen um die Wahrung der inneren und äußeren Identität der einzelnen Bauwerke; vgl. z. B. § 19 DSchG Baden-Württemberg. Dazu Erbguth/Paßlick/Püchel, a.a.O., S. 47 f.
249) Vgl. Eberl/Martin/Petzet, a.a.O., Art. 1 Rz. 46; vgl. ferner etwa Gahlen/Schönstein, a.a.O., § 2 Rz. 22.
250) Vgl. Erbguth/Paßlick/Püchel, a.a.O., S. 47 f.; Eberl/Martin/Petzet, a.a.O., Art. 1 Rz. 48; Gahlen/Schönstein, a.a.O., § 2 Rz. 22.

Auch wenn kein Rechtsanspruch auf Erteilung der Genehmigung besteht (weil gewichtige Gründe des Denkmalschutzes entgegenstehen), wirkt sich der verminderte Schutzumfang bei der **Ermessensbetätigung** aus. Die Behörde muß insoweit berücksichtigen, daß nur ein bestimmtes Bild geschützt werden soll, nicht hingegen die bauliche Substanz als solche. Bei der Ermessensentscheidung sind alle ermessensrelevanten Umstände zu berücksichtigen. Es ist zunächst zu fragen, wie groß der Ensemblebereich ist — wird nur ein historischer Marktplatz geschützt oder eine ganze Altstadt? — und welche Bedeutung ihm zukommt. In diesem Zusammenhang spielt auch die Homogenität vorhandener Gestaltung eine Rolle; je einheitlicher und ursprünglicher das Ortsbild ist, um so eher werden Maßnahmen untersagt werden können, die dieses Bild beeinträchtigen.

Verbindliche, formalisierbare Maßstäbe und Richtlinien gibt es hier nicht. Die Entscheidung — auch der Gerichte — wird insoweit immer von einem hohen Maß subjektiver Wertung geprägt sein. Es kann daher nur um den Versuch einer ansatzweisen Rationalisierung des Entscheidungsprozesses und um die Angabe von Grundsätzen gehen, an denen sich die Entscheidung im Einzelfall zu orientieren hat. Schon das verdeutlicht aber, daß die Belange des Denkmalschutzes keineswegs von vornherein dominant sind mit der Folge, daß die Interessen des Eigentümers immer zurückzustehen hätten. Auch belegen die Ausführungen, daß die von den Denkmalbehörden häufig vertretene These, wonach es keine unterschiedliche Wertigkeit zwischen den Baudenkmälern gebe (Denkmal = Denkmal), falsch ist.

V.
Veränderungsverbot in der Nähe von Denkmälern, Art. 6 Abs. 1 Satz 2, Abs. 2 Satz 2 BayDSchG

Das Denkmal kann auch durch **Maßnahmen in der Umgebung** beeinträchtigt werden. Das BayDSchG erstreckt den denkmalrechtlichen Schutz daher in beschränktem Umfang zugleich auf die Nachbarschaft (sog. **Umgebungsschutz**). Die insoweit maßgeblichen Vorschriften des Art. 6 Abs. 1 Satz 2, Abs. 2 Satz 2 BayDSchG lauten:

(1) „. . . Der Erlaubnis bedarf auch, wer in der Nähe von Baudenkmälern Anlagen errichten, verändern oder beseitigen will, wenn sich dies auf Bestand oder Erscheinungsbild eines der Baudenkmäler auswirken kann."

(2) „. . . Im Fall des Absatzes 1 Satz 2 kann die Erlaubnis versagt werden, soweit das Vorhaben zu einer Beeinträchtigung des Wesens, des überlieferten Erscheinungsbildes oder der künstlerischen Wirkung eines Baudenkmals führen würde und gewichtige Gründe des Denkmalschutzes für die unveränderte Beibehaltung des bisherigen Zustandes sprechen[251]."

---

251) Die Denkmalschutzgesetze der anderen Länder weichen hiervon zum Teil ab; vgl. dazu Kummer, a.a.O., S. 126.

Der Umgebungsschutz spielt in der Praxis eine zunehmende Rolle. Nicht nur im positiven Sinne. Über den Umgebungsschutz nehmen die zuständigen Behörden oftmals erheblichen Einfluß auf die Gestaltung eines (normalen) Gebäudes mit zum Teil erheblichen Einwirkungen auf die Gestaltungsfreiheit für Architekten und Bauherren[252]).

1. Erlaubnispflicht

Die Erlaubnispflicht in Art. 6 Abs. 1 Satz 2 BayDSchG betrifft alle Anlagen, die errichtet, verändert oder beseitigt werden sollen. Die Erlaubnispflicht dieser Maßnahmen ist an **zwei Voraussetzungen** gekoppelt.

a) Begriff der „Nähe von Baudenkmälern"

Die Erlaubnispflicht besteht zunächst nur für Maßnahmen **in der Nähe von Baudenkmälern**[253]). Der Begriff der „Nähe" ist relativ; er kann nur im Einzelfall bestimmt werden. Auf eine unmittelbare Nachbarschaft kommt es nicht an[254]). Was in der Nähe liegt, bemißt sich nach dem Denkmal. Maßgebend ist in erster Linie, ob von dem neuen Vorhaben nachteilige Auswirkungen auf das äußere Erscheinungsbild des Kulturdenkmals ausgehen[255]). Da bei diesen Wirkungen auf einen (fiktiven) Betrachter abzustellen ist, müssen Kulturdenkmal und Bauvorhaben optisch in **einem Blickfeld** liegen[256]). Die Beeinträchtigung muß auf diese Weise konkret wahrnehmbar sein[257]).

Die Voraussetzung, daß die Maßnahme in der **Nähe** von Baudenkmälern vorgesehen sein muß, wird nicht dadurch erweitert, daß Art. 6 Abs. 1 Satz 2 BayDSchG auch auf den **Bestand** von Baudenkmälern Bezug nimmt, da die

---

252) Vgl. dazu nur Posenenske, Bauwelt 1986, 566 ff.
253) Ähnlich § 9 Abs. 1 b DSchG Nordrhein-Westfalen: „Engere Umgebung"; § 15 Abs. 3 Satz 1 DSchG Baden-Württemberg: „Umgebung . . ., soweit sie für dessen Erscheinungsbild von erheblicher Bedeutung ist" (ebenso § 16 DSchG Berlin, § 2 Abs. 1 DSchG Hamburg; abweichend die Denkmalschutzgesetze Hessens, Niedersachsens und Schleswig-Holsteins, die nicht auf die Nähe, sondern auf die Qualität des Vorhabens abstellen; vgl. dazu Herter, in: Gebeßler/Eberl, a.a.O., S. 244 f.).
254) Herter, in: Gebeßler/Eberl, a.a.O., S. 245.
255) Eberl/Martin/Petzet, a.a.O., Art. 6 Rz. 30.
256) So zutreffend Grosse-Suchsdorf/Schmaltz/Wiechert, a.a.O., § 8 NDSchG, Rz. 3.
257) Der Begriff der „Nähe" ist vergleichbar mit dem bauplanungsrechtlichen Merkmal der „näheren Umgebung" in § 34 BauGB und dem Begriff der „näheren Umgebung" in Art. 12 Abs. 3 BayBO (s. dazu oben Teil B I 5). Der planungsrechtliche Begriff in § 34 BauGB ist vom BVerwG in umfangreicher Rechtsprechung konkretisiert worden. Zur prägenden Umgebung gehört danach die tatsächlich vorhandene Bebauung der Umgebung des Grundstückes (Denkmals), die von dem Grundstück (Denkmal) geprägt wird und auf die es selbst prägend einwirkt (vgl. grundsätzlich BVerwGE 55, 369; zuletzt BVerwG DVBl. 1987, 478, 480 f.). Es kommt auf den tatsächlichen Bestand an, nicht auf das, was die Gemeinde für wünschenswert hält.

zweite Voraussetzung für die Erlaubnispflicht, nämlich die Möglichkeit von Auswirkungen der Maßnahme auf Bestand oder Erscheinungsbild eines der Baudenkmäler, tatbestands**begrenzenden** Charakter hat[258]).

Der Begriff der „Nähe" unterliegt im Einzelfall umfassender gerichtlicher Kontrolle. Es ist den Gemeinden verwehrt, den Begriff durch Bestimmungen in Ortsbausatzungen nach Art. 91 BayBO festzulegen[259]).

b) Möglichkeit der Auswirkung auf Bestand oder Erscheinungsbild

Nicht alle Vorhaben in der Nähe von Baudenkmälern unterliegen der denkmalrechtlichen Erlaubnispflicht. Dies gilt vielmehr nur, wenn sich das Vorhaben (der Errichtung, Veränderung oder Beseitigung) **auf Bestand oder Erscheinungsbild eines der Baudenkmäler auswirken kann.** Hierbei handelt es sich um eine selbständige zweite Voraussetzung für die Erlaubnispflicht, die nicht mit dem Merkmal der „Nähe" identisch ist. Beide Voraussetzungen sind daher getrennt zu prüfen.

Zu Unrecht werden die beiden Voraussetzungen in der Gemeinsamen Bekanntmachung der Bayerischen Staatsministerien des Innern und für Unterricht und Kultus über den Vollzug des Denkmalschutzgesetzes und baurechtlicher Vorschriften miteinander verknüpft[260]).

Zunächst ist zu bestimmen, ob das Vorhaben in der Nähe eines Baudenkmals liegt. Nur wenn dies der Fall ist, muß weiter geprüft werden, ob sich das Vorhaben auf das Baudenkmal auswirken kann. Während der Begriff der „Nähe" unabhängig vom konkreten Vorhaben der Errichtung, Veränderung oder Beseitigung zu beurteilen ist, stellt die zweite Voraussetzung — die Möglichkeit der Auswirkung — auf das **konkrete Vorhaben** ab. Dies ergibt sich aus dem Wortlaut des Art. 6 Abs. 1 Satz 2 BayDSchG („dies"). Daraus folgt:

— Änderungen im Inneren von Gebäuden in der Nähe von Baudenkmälern sind regelmäßig nicht erlaubnispflichtig. Etwas anderes ist denkbar, wenn von den Baumaßnahmen Erschütterungen ausgehen können, die das Denkmal in seinem Bestand gefährden können.
— Änderungen auf den dem Baudenkmal abgewandten Seiten von Gebäuden, die nicht in der Sichtlinie des Denkmals liegen, sind regelmäßig nicht erlaubnispflichtig.

Anders als in den Denkmalschutzgesetzen anderer Länder genügt jedoch bereits die **Möglichkeit** einer Auswirkung. Art. 6 Abs. 1 Satz 2 BayDSchG unterscheidet bei der Erlaubnis**pflicht** auch nicht nach der Qualität der Maßnahme.

---

258) Siehe unter 1 b; mißverständlich daher Eberl/Martin/Petzet, a.a.O., Art. 6 Rz. 26; Herter, in: Gebeßler/Eberl, a.a.O., S. 245.
259) Simon, a.a.O., Art. 66 Rz. 49.
260) Nr. 1.3 der Gemeinsamen Bekanntmachung der Bayerischen Staatsministerien des Innern und für Unterricht und Kultus vom 27. Juli 1984, MABl. S. 421.

Deshalb sind auch Verschönerungen der Umgebung erlaubnispflichtig. Allerdings fehlt es in diesem Fall regelmäßig an der Beeinträchtigung, die Erlaubnis ist dann zu erteilen.

2. Versagungsgründe, Art. 6 Abs. 2 Satz 2 BayDSchG

Die Erlaubnis kann versagt werden, wenn das neue Vorhaben zur einer **Beeinträchtigung** des Wesens, des überlieferten Erscheinungsbildes oder der künstlerischen Wirkung eines Baudenkmals führt und **gewichtige Gründe des Denkmalschutzes** für die unveränderte Beibehaltung des bisherigen Zustandes sprechen.

a) Beeinträchtigung

Erste Tatbestandsvoraussetzung für die Versagung der Erlaubnis (genauer: für die Ausübung des Versagungsermessens) ist die **Beeinträchtigung** des Wesens, des überlieferten Erscheinungsbildes oder der künstlerischen Wirkung des Baudenkmals. Die Beeinträchtigung anderer Bedeutungskategorien (vgl. Art. 1 Abs. 1 BayDSchG) ist unerheblich. Eine weitere Spezifizierung der Beeinträchtigung nimmt das Gesetz nicht vor.

(1) Eine rechtlich relevante Beeinträchtigung setzt voraus, „daß infolge der baulichen Veränderung eine negative Auswirkung auf das Erscheinungsbild des Denkmals im Sinne einer Störung vorliegt"[261]. Für die Annahme einer solchen **Störung** muß eine „deutlich wahrnehmbare", vom Betrachter „als belastend" empfundene nachteilige Beeinflussung des Erscheinungsbildes gegeben sein[262]. Der Begriff der „Beeinträchtigung" ist jedoch begrifflich nicht gleichzusetzen mit dem bauordnungsrechtlichen Verunstaltungsverbot. Auf eine geradezu verletzende, häßliche Dissonanz kommt es deshalb in der Regel nicht an[263]. Ebensowenig liegt eine Beeinträchtigung schon dann vor, wenn keine positive Harmonisierung des Neubauvorhabens an das Denkmal erfolgt ist. Das Gesetz verlangt insoweit keine Anpassung oder gar Unterordnung. Die Beeinträchtigung muß demnach im Sinne einer **empfindlichen, deutlich wahrnehmbaren Belastung** qualifiziert sein. Es genügt nicht jede Art der Beeinträchtigung.

(2) Als **Beurteilungsmaßstab** für eine solche qualifizierte Beeinträchtigung ist nach neuerer Rechtsprechung der Obergerichte ebenso wie bei der Ent-

---

261) VGH Baden-Württemberg VBlBW 1982, 266.
262) So der 5. Senat des VGH Baden-Württemberg, U. v. 20. 1. 1977, V 273/86; ebenso im 8. Senat im U. v. 30. 10. 1981, VBlBW 1982, 266; der 1. Senat des VGH Baden-Württemberg verlangt eine „empfindliche Störung" (U. v. 18. 8. 1977, I 396/77). Der BayVGH hat, soweit erkennbar, bisher zur Frage der Beeinträchtigung gemäß Art. 6 Abs. 2 Satz 2 BayDSchG keine Stellung genommen; vgl. Eberl/Martin/Petzet, a.a.O., Art. 6 Rz. 40; Moench NVwZ 1984, 146, 150; OVG Lüneburg BRS 44 Nr. 124.
263) OVG Lüneburg BRS 44 Nr. 124; Eberl/Martin/Petzet, a.a.O., Art. 6 Rz. 40.

scheidung über die Denkmaleigenschaft der Wissens- und Erkenntnisstand eines breiten Kreises von Sachverständigen zugrunde zu legen[264]).

(3) „Die Beeinträchtigung" im Sinne von Art. 6 Abs. 2 Satz 2 BayDSchG ist keine quantifizierbare oder objektivierbare Größe. Sie hebt vielmehr entscheidend auf einen **Akt wertender Erkenntnis** ab.

Schon daraus folgt, daß bei der Frage, ob eine Beeinträchtigung des Denkmales vorliegt, zwangsläufig das Neubauvorhaben als mögliche Ursache der potentiellen Beeinträchtigung in die Wertung einzubeziehen ist. Denn die Wirkung (mögliche Beeinträchtigung) hängt in der Bewertung (erhebliche Belastung?) auch von der **Ursache** ab. Ein künstlerischer, kreativer, eigenständiger Baukörper wird daher bereits ungeachtet aller rechtlichen Einschränkungen weniger als Belastung eines benachbarten Denkmales empfunden als ein Bau ohne eigenen Stil und Charakter.

Dieser Erkenntnisakt ist — ähnlich wie die Entscheidung über die Verunstaltung im Sinne von Art. 12 BayBO — **rechtlich gebunden.**

(4) In den Entscheidungsprozeß ist einzubeziehen, daß die Annahme der Beeinträchtigung des Denkmals durch das Neubauvorhaben zwangsläufig zu einer Beschränkung der **verfassungsrechtlich gewährleisteten Baufreiheit** (Art. 14 Abs. 1 GG) führt. Diese Freiheit darf „nur soweit beschränkt werden, als es zur Erreichung des mit der Regelung angestrebten Zieles absolut notwendig ist"[265]). Die Eigentumsgarantie des Art. 14 Abs. 1 GG unterliegt zwar der Sozialbindung und Inhaltsbestimmung durch den Gesetzgeber (Art. 14 Abs. 1 Satz 2, Abs. 2 GG). Zu den Gesetzen, die das Eigentum inhaltlich ausgestalten, gehören auch die Denkmalschutzgesetze. Entscheidend ist jedoch, daß insoweit nur eine dem **Grundsatz der Verhältnismäßigkeit** genügende Einschränkung des Eigentums zulässig ist. Die Beschränkung des Eigentums muß immer in einer Relation zur Gewichtung des Denkmals und denkmalschützerischer Belange stehen.

(5) Bei ambitionierten Vorhaben kommt in diesem Zusammenhang große Bedeutung der **verfassungsrechtlichen Garantie der Kunstfreiheit** zu (Art. 5 Abs. 3 GG)[266]). Art. 5 Abs. 3 GG ist ein Grundrecht ohne Gesetzesvorbehalt. Es kann daher nicht durch ein Gesetz konstitutiv eingeschränkt werden. Vielmehr kann ein Gesetz nur solche Grenzen gewissermaßen deklaratorisch nachzeichnen, die sich aus der Verfassung selbst ergeben; die Verfassung

---

264) OVG Lüneburg BRS 44 Nr. 124 unter ausdrücklicher Aufgabe seiner früheren Rechtsprechung NVwZ 1983, 231; OVG Berlin BRS 44 Nr. 122; ebenso Eberl/Martin/Petzet, a.a.O., Art. 6 Rz. 42; a. A. VGH Baden-Württemberg VBlBW 1982, 266 in Anlehnung an die Entscheidung BVerwGE 2, 172.

265) W. Hoppe, Rechtliche Aspekte beim Bauen in vorgeprägter Umgebung, in: Gedächtnisschrift für F. Klein, 1977, S. 225. Zu Recht betont Hoppe hier das Gebot der Beachtung des Grundsatzes der Verhältnismäßigkeit.

266) Siehe dazu ausführlich oben B IV; zur Behandlung von Kunstwerken im baurechtlichen Genehmigungsverfahren vgl. jüngst Kronawitter-Rintelen, Bauwelt 1987, 1633.

ist insoweit als Einheit anzusehen[267]). Das Rechtsgut des Denkmalschutzes und der Denkmalpflege genießt **keinen (Bundes-)Verfassungsrang**. Es ist daher nicht in der Lage, die grundrechtliche Kunstfreiheit einzuschränken[268]). Sofern also das Neubauvorhaben ein Werk der Baukunst ist und in den Schutzbereich des Art. 5 Abs. 3 GG fällt, scheidet eine rechtlich relevante Beeinträchtigung des Denkmals von vornherein aus. Die Kunstfreiheit geht insoweit regelmäßig vor.

Selbst wenn man hier a. A. sein wollte und der Kunstfreiheit bei der Realisierung des Vorhabens Grenzen durch das Rechtsgut des Denkmalschutzes zieht, kann sich diese Beschränkung nur auf besonders gravierende, geradezu verunstaltende Beeinträchtigungen beziehen. Nur dann, wenn die Beeinträchtigung so stark wäre, daß sie einer Störung der öffentlichen Sicherheit und Ordnung gleich käme, würde sie eine Einschränkung der Kunstfreiheit rechtfertigen[269]). Der Denkmalschutz des Art. 6 Abs. 2 Satz 2 BayDSchG wirkt insoweit nicht anders als das umgebungsbezogene Verunstaltungsverbot in Art. 12 Abs. 2 BayBO, wobei aufgrund der Denkmaleigenschaft dem Umgebungsschutz größeres Gewicht zukommen kann als durch Art. 12 Abs. 2 BayBO allein. Die Entscheidung, ob dem Schutz des Denkmals oder dem Grundrecht der Kunstfreiheit Vorrang zukommt, ist dabei im Rahmen der verfassungsrechtlich gebotenen Abwägung im Einzelfall zu ermitteln.

(6)   Eine „Beeinträchtigung" in diesem Sinne wird regelmäßig nicht schon dadurch begründet, daß das Neubauvorhaben als **moderner Kontrastbau** zum Denkmal konzipiert ist. Gerade der stilmäßig bewußt gegensätzlich gestaltete Baukörper führt grundsätzlich nicht zu einer Beeinträchtigung des Denkmals, sondern zu seiner Belebung, die zur Weiterentwicklung der Architektur und Vitalisierung des Städtebaus beiträgt. Die Baugeschichte besteht aus Fortentwicklung, aus der Erzeugung von Spannungen durch bewußte Gegensätzlichkeit, nicht aus musealer restaurativer Ergänzung. Aus dem Altbestand können im Rahmen des Umgebungsschutzes des Art. 6 Abs. 2 Satz 2 BayDSchG keine Stil- und Strukturelemente abgeleitet und dem Neubauvorhaben vorgegeben werden. Eine rechtlich erhebliche Beeinträchtigung wird sich insoweit nur bei einem völligen Mißverhältnis der Maßstäblichkeit der Baukörper (Denkmal/Kontrastbau) begründen lassen.

---

267)   K. Hesse, a.a.O., S. 127 f. m. N.; zur vorbehaltlosen Gewährleistung der Kunstfreiheit, Art. 5 Abs. 3 GG, zuletzt BVerwG DVBl 1987, 535.

268)   Art. 141 BV spielt insoweit keine Rolle, da diese Norm den Bestimmungen des Grundgesetzes nachgeht (Art. 31 GG). Die Bayerische Verfassung kann nicht zur Einschränkung von grundrechtlich geschützten Rechtsgütern führen; vgl. oben B IV 2.

269)   Auf diesen Zusammenhang hat auch der Bayerische Staatsminister des Innern, Dr. Hillermeier, in einer Rede vom 23. April 1986 (anläßlich der Verleihung des Denkmalpreises der Hypo-Kultur-Stiftung) aufmerksam gemacht. Er hat darauf hingewiesen, daß „die Rücksicht auf vermeintliche oder tatsächliche ehrwürdige Patina nicht so weit gehen darf, daß sie dem kreativen Entwurf unsere Tage grundsätzlich im Wege steht".

Um so weniger erwächst den Denkmalschutzbehörden aus der Befugnis zur Abwehr von Beeinträchtigungen des Kulturdenkmals eine Kompetenz, positiv die gestalterische Anpassung des Neubauvorhabens an das Denkmal zu verlangen. Das gilt für das Einzeldenkmal ebenso wie für das Ensemble und den Umgebungsschutz.

b) Gewichtige Gründe des Denkmalschutzes für die unveränderte Beibehaltung des bisherigen Zustandes

Die qualifizierte Beeinträchtigung des Denkmals durch ein Neubauvorhaben in der Umgebung reicht für sich genommen noch nicht aus, um dem Vorhaben die Erlaubnis zu versagen. **Zusätzlich** müssen vielmehr **gewichtige Gründe des Denkmalschutzes für die unveränderte Beibehaltung des bisherigen Zustandes** sprechen, Art. 6 Abs. 2 Satz 1 BayDSchG. Hier gilt das gleiche wie beim Veränderungsverbot gemäß Art. 6 Abs. 2 Satz 1 BayDSchG für Veränderungen an Denkmälern[270]).

c) Ermessensentscheidung

Auch wenn die Voraussetzungen für den Neubau in der Nähe eines Baudenkmals vorliegen, muß die Erlaubnis keineswegs versagt werden. Die Behörde hat in diesem Fall eine **Ermessensentscheidung** zu treffen. Sie muß in die Entscheidung alle für und gegen die Versagung der Genehmigung sprechenden privaten und öffentlichen Belange einstellen, sie gewichten und abwägen. Sie hat sich dabei des Umstandes bewußt zu sein, daß sie eine Ermessensentscheidung zu treffen hat und nicht im Rahmen gebundener Verwaltung entscheidet. Verkennt sie ihren Ermessensspielraum, ist die Entscheidung ermessensfehlerhaft und damit rechtswidrig[271]).

VI.
Inhaltsbestimmung des Eigentums und enteignende Wirkung

Denkmalschutzrechtliche Maßnahmen enthalten oftmals weitgehende Verfügungsbeschränkungen und wirtschaftliche Beeinträchtigungen des Eigentümers. Es stellen sich daher die Fragen, wo die Grenze zwischen entschädi-

---

270) Vgl. dazu oben VI 2.
271) Vgl. im einzelnen oben VI 3.

gungslos hinzunehmender Inhaltsbestimmung des Eigentums und enteignender Wirkung verlaufen und ob und wann der Eigentümer Anspruch auf eine finanzielle Kompensation oder Enteignungsentschädigung besitzt.

1. Denkmalschutzgesetz mit Art. 14 GG vereinbar

Die Rechtsprechung hält die denkmalschutzrechtlichen Bindungen des Eigentümers durch die Unterschutzstellung von Baudenkmälern für vereinbar mit dem Grundrecht auf Eigentum, Art. 14 GG. Das Bundesverwaltungsgericht[272]) wies — zum Denkmalschutzgesetz Schleswig-Holstein — darauf hin, die denkmalschutzrechtlichen Bindungen beruhten auf einer sachgerechten Abwägung der schutzwürdigen Belange des Eigentümers mit der sozialen Funktion des Eigentums[273]). Mit der (konstitutiven) Unterschutzstellung entfalte das Gesetz nur eine „vorläufige Sperrwirkung". Dies gilt gleichermaßen für die Unterschutzstellung unmittelbar durch Gesetz. Auch der BGH[273a]) erklärte, die Eintragung in das Denkmalbuch bringe nur eine „Verfahrenspflichtigkeit" mit sich, die das Eigentum lediglich einer Aufsichts- und Erlaubnispflicht unterwerfe und die in der historisch gewachsenen Situation des Kulturdenkmals ihre Rechtfertigung finde.

In seiner Entscheidung vom 10. 7. 1987 zu § 2 Abs. 1 DSchG Nordrhein-Westfalen wies das **BVerwG** dabei ausdrücklich darauf hin, daß wegen der grundrechtlichen Bedeutung der behördlichen Entscheidung eine sorgfältige Aufklärung des Sachverhaltes geboten sei: Der Landesgesetzgeber habe sich bei den Voraussetzungen für die Denkmaleigenschaft unbestimmter Rechtsbegriffe bedienen müssen. Die damit verbundene Unsicherheit in der Rechtsanwendung müsse durch eine ausreichende gerichtliche Kontrolle ausgeglichen werden. Das Gericht betonte in diesem Zusammenhang die Einholung sachverständigen Rates[274]). Das BVerwG stellte fest, wenn die Versagung einer erstrebten (Änderungs-)Erlaubnis unzumutbar sei, müsse die Erlaubnis erteilt werden[275]). Die „privatnützigen Verwendungsmöglichkeiten" des Eigentumes würden dadurch nicht geschmälert. Art. 14 GG sei daher nicht verletzt[276]). Diese Ausführungen können auch auf andere Denkmalschutzgesetze, insbesondere auf das Bayerische Denkmalschutzgesetz, übertragen werden.

Etwas anderes gilt, soweit die Denkmalschutzgesetze im Erlaubnisverfahren die Berücksichtigung privater Interessen **nicht** zulassen (wie etwa das Denkmalschutzgesetz Nordrhein Westfalen nach

---

272) BVerwG DÖV 1984, 638 = BRS 42 Nr. 139.
273) Ebenso BVerwG NJW 1988, 505 zu § 2 Abs. 1 Satz 2 DSchG NW.
273a) BGH NVwZ 1988, 963.
274) BVerwG NJW 1988, 505.
275) BVerwG BRS 42 Nr. 139; dies hatte das OVG in der Vorinstanz bindend festgestellt.
276) Vgl. auch OVG Münster DVBl. 1984, 284; OVG Koblenz, U. v. 10. 10. 1985, 11 A 71/84; BGHZ 72, 211; BGH DVBl. 1987, 568; NVwZ 1988, 963. Von der Vereinbarkeit mit Art. 14 gehen auch aus BVerwG NJW 1988, 505; OVG Lüneburg DVBl. 1984, 284; VGH Baden-Württemberg BauR 1986, 196; OVG Münster NJW 1986, 1890; ebenso Gahlen DÖV 1985, 410; dazu Moench ZfBR 1985, 165.

Auffassung des **OVG Münster**)[277]). In diesem Fall läge ein Verstoß gegen Art. 14 GG vor[278]). Art. 14 GG wäre nur dann nicht verletzt, wenn sich die Versagung der beantragten Genehmigung für **alle** denkbaren Fälle als eine dem Grundsatz der Verhältnismäßigkeit genügende, auf einer sachgerechten Abwägung der betroffenen Belange beruhenden Inhaltsbestimmung des Eigentums erwiese. Angesichts der erheblichen Unterschiede bei der Wertigkeit und Bedeutung des Denkmals und der in Einzelfällen potentiell starken Betroffenheit des Eigentümers kann das ausgeschlossen werden.

Die Unterschutzstellung eines Gebäudes als Baudenkmal — durch Eintragung oder durch Gesetz — hat daher für sich gesehen grundsätzlich noch keine enteignende Wirkung. Das gilt auch dann, wenn die Eintragung eine Minderung des Verkehrswertes zur Folge hat. Denn der Marktpreis wird durch Art. 14 GG nicht garantiert. Die Wertminderung wird entschädigungsrechtlich erst dann relevant, wenn sie Folge eines konkreten Eingriffs in eine sich aus dem Eigentum ergebende Rechtsposition ist[279]).

In Ausnahmefällen kann der Eintragung in die Denkmalliste allerdings enteignende Wirkung zukommen, so zum Beispiel, wenn bereits bei der Eintragung des Gebäudes folgerichtig für die spätere Enteignung des Grundstücks Anlaß bestand, um so eine Gefahr für den Bestand des Baudenkmals abzuwehren[279a]).

2. Inhaltsbestimmung und Enteignung

Gemäß Art. 20 BayDSchG ist dem betroffenen Grundstückseigentümer eine Entschädigung in Geld zu gewähren, soweit der Vollzug des Bayerischen Denkmalschutzgesetzes

„eine über den Rahmen der Sozialgebundenheit des Eigentums (Art. 14 Abs. 2 des Grundgesetzes, Art. 103 Abs. 2 und Art. 158 der Verfassung des Freistaates Bayern) hinausgehende Wirkung hat".

Ähnliche sog. salvatorisch gefaßte Entschädigungsregelungen enthalten auch die anderen Denkmalschutzgesetze der Länder[280]).

Die Bedeutung dieser Vorschrift hat durch die neuere Rechtsprechung zum Grundrecht auf Eigentum eine zum Teil neue Gestalt erfahren.

---

277) OVG Münster NJW 1986, 1890.
278) Dies deutet auch das OVG Koblenz, U. v. 26. 5. 1983, 12 A 54/81 an — in der dortigen Entscheidung kam es hierauf nicht an.
279) BGH DVBl. 1987, 568; NVwZ 1988, 963.
279a) So ausdrücklich BGH NVwZ 1988, 963, 964. In diesem Fall ist bei einer Enteignung die Entschädigung auf der Grundlage einer Grundstücksqualität zu bemessen, wie sie ohne die Gründe des Denkmalschutzes bestanden haben würde (BGH NVwZ 1988, 963, 964 — sog. „Vorwirkung der Enteignung"). Nach Ansicht des BGH (NVwZ 1988, 963) liegt es nicht fern, § 13 Abs. 2, 4 DSchG Berlin so zu verstehen, daß dies bei einer Entschädigung von mehr als 50 % des Verkehrswertes generell gilt.
280) Zur Zulässigkeit dieser salvatorischen Entschädigungsklauseln vgl. instruktiv BGH DVBl. 1987, 568 m. N.

a) Neuere Rechtsprechung des Bundesverfassungsgerichts

Seit den grundlegenden **Entscheidungen des BVerfG** zum „Kleingartenrecht"[281]), zum „Pflicht-exemplar"[282]) und zur „Naßauskiesung"[283]) sind grundsätzliche Fragen zur Eigentumsdogmatik ungeklärt[284]). Die grundsätzlich streitigen Fragen zur Dogmatik sollen in diesem Zusammenhang weder aufgearbeitet noch gelöst werden. Auszugehen ist insoweit von den Grundsätzen der Rechtsprechung des **BGH**, die im wesentlichen die klassische Rechtsprechung fortsetzt[285]). Entscheidend ist in diesem Zusammenhang, daß trotz der zahlreichen offenen Fragen über das Ergebnis Einigkeit besteht. Bei einer unzumutbaren Belastung besteht in jedem Fall ein Anspruch auf finanzielle Entschädigung. Ob man ihn nun „finanzielle Kompensation im Rahmen des Art. 14 Abs. 1 GG" nennt oder „Enteignungsentschädigung", spielt letztlich keine Rolle[286]).

b) Enteignungsbegriff

Bis zum Beginn der 80er Jahre ging die Rechtsprechung, vor allem der Bundes-gerichtshof, von einem **weiten Enteignungsbegriff** aus. Der **BGH** faßte diese Rechtsprechung im Urteil vom 9. 10. 1986[287]) zusammen:

„Danach lag ein entschädigungspflichtiger Enteignungstatbestand vor, wenn durch einen hoheit-lichen Eingriff, der nicht als Ausprägung der Inhalts- und Schrankenbestimmung (Art. 14 Abs. 1 Satz 2 GG) oder als sonstige Konkretisierung der Sozialpflichtigkeit (Art. 14 Abs. 2 GG) des Ei-gentums zu rechtfertigen war, auf eine als Eigentum geschützte Rechtsposition nachteilig einge-wirkt wurde (vgl. BGHZ 54, 293, 295; 57, 359, 363; 80, 111, 114). Diesen weiten Enteignungsbe-griff entnahm der BGH unabhängig von Art. 14 Abs. 2 GG der umfassenden Eigentumsgewähr-leistung des Art. 14 Abs. 1 GG; die Entschädigungspflicht leitete er aus dieser Gewährleistung und der Gesamtregelung des Art. 14 GG ab. Innerhalb dieses weit gefaßten Enteignungsbegriffs unterschied er zwischen der (rechtmäßigen) Enteignung i. S. des Art. 14 Abs. 3 GG, dem (rechts-widrigen) enteignungsgleichen Eingriff und dem enteignenden Eingriff, der die unzumutbaren — meist atypischen und unvorhergesehenen — Nebenfolgen eines an sich rechtmäßigen Eingriffs erfaßte."

Dieses Verhältnis von (entschädigungspflichtiger) Enteignung und (entschädi-gungslos hinzunehmender) Sozialbindung wurde durch die Rechtsprechung des Bundesverfassungsgerichtes neu geordnet. Das Bundesverfassungsge-richt[288]) geht nunmehr von einem stark formalisierten **engen Enteignungsbe-griff** aus. Das Bundesverfassungsgericht trennt strikt zwischen der Inhalts-und Schrankenbestimmung (Art. 14 Abs. 1 Satz 2 GG) und der Enteignung

---

281) BVerfGE 52, 1.
282) BVerfGE 58, 137.
283) BVerfGE 58, 300.
284) Vgl. etwa Leisner DVBl. 1983, 61; Schwerdtfeger JuS 1983, 104; Boujong UPR 1984, 137; Paetow VBlBW 1985, 3, jeweils m. w. N.
285) Vgl. dazu zuletzt BGH DVBl. 1987, 568 m. Anm. Schmaltz; BGHZ 90, 17, 29 f.; 91, 20, 26; Krohn/Papier, Aktuelle Fragen der Staatshaftung und des öffentlich-rechtlichen Entschädigung, 1986.
286) Schulze/Osterloh NJW 1981, 2539; zuletzt Paetow VBlBW 1985, 3, 7.
287) BGH DVBl. 1987, 568.
288) BVerfGE 52, 1; 58, 137; 58, 300.

(Art. 14 Abs. 2 GG). Enteignung ist danach ein zweckgerichteter (finaler) Eingriff in Form eines Rechtsaktes (Norm oder Verwaltungsakt), der auf die vollständige oder teilweise Entziehung konkreter subjektiver Rechtspositionen gerichtet ist, die durch Art. 14 Abs. 1 Satz 1 GG geschützt sind[289]).

Inhalts- und Schrankenbestimmungen, die unverhältnismäßig und deshalb verfassungswidrig sind, können nicht in eine Enteignung umgedeutet werden. Ein in ihnen liegender Verfassungsverstoß kann damit auch nicht durch eine gesetzlich nicht vorgesehene Entschädigung „geheilt" werden[290]).

c) Art. 20 BayDSchG als umfassende Entschädigungsregelung — Entscheidung des BGH vom 9. 10. 1986

Der **Bundesgerichtshof** hat in der **Entscheidung vom 9. 10. 1986**[291]) auf der Grundlage dieser neuen Rechtsprechung grundsätzlich zu den Fragen einer Entschädigungspflicht für Eigentümerpflichten aus Gründen des Denkmalschutzes Stellung genommen[292]).

Nach Auffassung des BGH handelt es sich bei den Entschädigungsregelungen im Denkmalschutzgesetz (wie z. B. **Art. 20 BayDSchG**) zunächst um die **verfassungsrechtlich erforderliche Entschädigungsklausel** (Art. 14 Abs. 3 Satz 2 GG; sog. Junktimklausel). Sie gewährleistet Entschädigung für die „formale" Enteignung. Darüber hinaus hält der BGH jedoch an seiner bisherigen Entschädigungsrechtsprechung im wesentlichen fest:

„Da sich die Junktimklausel nur auf Enteignungen in diesem (engen) Sinne bezieht, findet sie auf enteignungsgleiche und enteignende Eingriffe, für deren Verwirklichung ein hoheitlicher Realakt genügt, keine Anwendung. Diese beiden Haftungsinstitute hat der Senat wegen der Rspr. des BVerfG von der Enteignung i. S. des Art. 14 Abs. 3 GG ‚abgekoppelt'. Er findet seine Rechtsgrundlage im allgemeinen Aufopferungsgrundsatz der §§ 74, 75 EinlPreußALR."[293])

Auch für diesen **allgemeinen Aufopferungsanspruch** kann danach auf die Entschädigungsregelung des Art. 20 BayDSchG zurückgegriffen werden. Art. 20 BayDSchG ist daher eine „**umfassende Entschädigungsregelung**", sie ist „nicht nur auf rechtmäßige, sondern auch auf rechtswidrige Maßnahmen anzuwenden"[294]). Der betroffene Grundstückseigentümer kann

---

289) BVerfGE 52, 1, 27; 56, 249, 260; 58, 300, 331; 70, 191, 199 f.; 71, 137, 143; BVerfG, NJW 1987, 1251 (Boxberg).
290) Vgl. BGH DVBl. 1987, 568.
291) BGH DVBl. 1987, 568 m. Anm. Schmaltz.
292) Die Entscheidung erging zu § 31 DSchG Rheinland-Pfalz, dem Art. 20 BayDSchG entspricht.
293) BGH DVBl. 1987, 568, 569 m. Verweis auf BGHZ 90, 17, 29 f.; 91, 20, 26.
294) BGH DVBl. 1987, 568, 569.

„im allgemeinen nicht als verpflichtet angesehen werden, zu prüfen, ob die für ihn nachteilige hoheitliche Maßnahme rechtswidrig ist, und, falls er zu diesem Ergebnis gelangt, den Eingriffsakt mit Rechtsbehelfen des VG abzuwehren (zur aus dem Rechtsgedanken des § 254 BGB abgeleiteten Prüfungspflicht s. BGHZ 90, 17, 32). Er kann sich auf den Standpunkt stellen, die ihn belastende Maßnahme sei wirksam, und sofort Entschädigung verlangen."[295])

d) Entschädigung nach Art. 20 BayDSchG

Aus dieser Rechtsprechung folgt: Der Eigentümer kann auf Art. 20 BayDSchG zurückgreifen und Entschädigungsansprüche geltend machen, wenn er

— von einer **Enteignung** aufgrund des Denkmalschutzgesetzes betroffen ist;
— von einer denkmalschutzrechtlichen Maßnahme betroffen ist, die in **rechtswidriger** Weise die Grenzen zulässiger Inhaltsbestimmung des Eigentums überschreitet und daher rechtswidrig (und verfassungswidrig) ist (früherer enteignungsgleicher Eingriff). Hier hat der Eigentümer ein **Wahlrecht**, ob er sich gegen den Eingriffsakt wehrt oder sofort Entschädigung verlangt;
  allerdings hat der **BGH** mehrfach auf die **Grenzen dieses Wahlrechts** hingewiesen[296]). Danach ist der betroffene Eigentümer aus dem Rechtsgedanken des Mitverschuldens (§ 254 BGB) verpflichtet zu prüfen, ob das Vorgehen der Behörde rechtmäßig ist oder nicht. Wenn er die Maßnahme für rechtswidrig hält oder bei der gebotenen Prüfung zu diesem Ergebnis hätte gelangen müssen, „so ist er im Regelfall gehalten, die zulässigen Rechtsbehelfe des Verwaltungsrechts zu ergreifen, um den ihm drohenden Schaden abzuwenden"[297]);
— von einer denkmalschutzrechtlichen Maßnahme betroffen ist, die in **rechtmäßiger** Weise die Grenze der Sozialpflichtigkeit des Eigentums bestimmt, aber trotzdem über das hinausgeht, was dem Eigentümer im Rahmen des Denkmalschutzes entschädigungslos auferlegt werden durfte. In diesen Fällen ist die Maßnahme zwar rechtmäßig, stellt aber eine unzumutbare Beeinträchtigung der Rechtsstellung des Eigentümers dar (früherer enteignender Eingriff).

3. Grenzen zulässiger Sozialbindung

Damit ist aber die Frage nicht geklärt, **wo** die Grenze zwischen entschädigungslos hinnehmbarer und entschädigungspflichtiger, da unzumutbarer Sozialbindung verläuft. Hierzu greift die Rechtsprechung des **BGH** auf das Kriterium der **Situationsgebundenheit** zurück[298]). Das Grundstück wird danach durch seine Lage und Beschaffenheit sowie durch die Einbettung in Land-

---

295) BGH DVBl. 1987, 568, 569 unter Bezugnahme auf Götz DVBl. 1984, 395, 397; kritisch zu dieser Rechtsprechung Schmaltz in seiner Anm. DVBl. 1987, 571.
296) Vgl. BGHZ 90, 17; dazu Krohn/Papier, a.a.O., S. 87 ff.
297) Krohn/Papier, a.a.O., S. 87. Die tatsächlichen Grundlagen für die Mitverantwortung des Eigentümers sind jedoch grundsätzlich von der Behörde zu behaupten und zu beweisen (BGHZ 90, 17; Krohn/Papier, a.a.O., S. 89; vgl. auch BGHZ 91, 20, 24; 92, 34).
298) Dieses Kriterium hatte der BGH hinsichtlich der Beschränkungen des Eigentümers durch landschafts- und naturschützende Maßnahmen entwickelt, vgl. dazu BGHZ 72, 211, 216; dazu ausführlich Moench NJW 1980, 1549 m. N.

schaft und Natur als durch seine „Situation" in der Umwelt geprägt. Diese Prägung ist im Eigentum immanent. Bei Grundstücken, die mit Baudenkmälern bebaut sind, ist diese konkrete Situation des Grundstücks durch das Bauwerk mitgeprägt. Dessen ideelle, materielle und rechtliche Bedeutung binden das Eigentum[299]). Diese Beschränkung braucht der Eigentümer jedoch nicht beliebig entschädigungslos hinzunehmen. Die Grenze „ist jeweils aufgrund einer wertenden Beurteilung der Kollision zwischen den berührten Belangen des Allgemeinwohls und den betroffenen Eigentümerinteressen festzustellen"[300]). **Maßstab** für diese Grenzziehung ist „ein — als Leitbild gedachter — vernünftiger und einsichtiger Eigentümer, der auch das Gemeinwohl nicht aus dem Auge verliert, von sich aus im Blick auf die Lage und die Umweltverhältnisse seines Geländes von bestimmten Formen der Nutzung absehen würde". Entscheidend ist, „ob eine zulässige Nutzungsmöglichkeit, die sich nach Lage und Beschaffenheit des Grundstücks objektiv anbietet, untersagt oder wesentlich eingeschränkt worden ist"[301]).

Beispiele:

— Im sog. „**Baden-Baden**"-Urteil vom 8. Juni 1978[302]) qualifizierte der **BGH** auf dieser Grundlage die **Versagung einer Abrißgenehmigung** unter bestimmten Voraussetzungen als enteignenden Eingriff. Der BGH führte aus, daß die Nichtgenehmigung des Abbruchs einem Veräußerungsverbot gleichkomme, wenn dadurch der Verkehrswert (Verkaufspreis) erheblich sinke. Es könne dem Eigentümer nicht „angesonnen" werden, das Grundstück zusammen mit dem Haus zu einem Wert zu veräußern, der ggf. unter dem Wert des Grundstücks liege. Generalisierend erklärte der BGH, daß ein entschädigungspflichtiger Eingriff auch dann vorliege, wenn der Eigentümer das Haus **nicht mehr sinnvoll nutzen** könne, das Gebäude mithin „nur noch Denkmal" sei oder wenn eine an sich zulässige Nutzung „durch anhaltende, übermäßig hohe Bewirtschaftungskosten ausgeschlossen" werde. Der Eigentümer sei nicht verpflichtet, „auf Dauer bei der Erhaltung des Denkmales zuzuschießen"[303]).
— Im **Urteil vom 9. 10. 1986**[304]) qualifizierte der BGH auch die **Begründung eines zwangsweisen Nutzungsverhältnisses** als entschädigungspflichtigen Eingriff in die Rechtsposition des Eigentümers. Gegenstand der Entscheidung waren ein mit der Unterschutzstellung verknüpftes Gebot, in einem denkmalgeschützten Haus aus dem Jahr 1780 ein Museum („Blücher-Museum") zu dulden, sowie ein Gebot, die Räume nebst Treppenhaus und Eingang der Öffentlichkeit zugänglich zu machen[305]).

---

299) BGH DVBl. 1987, 568, 570; vgl. auch BGH NVwZ 1988, 963.
300) BGH DVBl. 1987, 568, 570.
301) BGH DVBl. 1987, 568, 570; BGHZ 90, 17, 24 f. m. N.
302) BGHZ 72, 211; dazu Moench NJW 1980, 1545.
303) BGHZ 72, 211, 216 f.; s. dazu oben C IV 2.
304) BGH DVBl. 1987, 568.
305) Die gegen diese Entscheidung gerichteten Bedenken von Schmaltz (DVBl. 1987, 571, 572) sind unbegründet. Nach Schmaltz greift das Urteil „unangemessen in die Entscheidungsfreiheit der Denkmalschutzbehörde ein, welche Objekte sie auch um den Preis eines finanziellen Ausgleichs erhalten wissen will und welche sie wegen fehlender Mittel dem Verfall oder Abriß preisgeben muß". Die Behörde muß sich aber **vor** einer Verfügung darüber Gedanken machen, ob eine Maßnahme die Grenze entschädigungslos hin-

Wann im Einzelfall jenseits der Zuschußpflicht eine unzumutbare entschädigungspflichtige Eigentumsbeschränkung vorliegt, ist letztlich ungeklärt. Eine exakte, von den Gerichten allgemein akzeptierte Wertminderungsgrenze gibt es nicht.

— Das **OLG München** hat eine Minderung des Verkehrswertes um 13 % infolge denkmalschützerischer Auflagen nicht als entschädigungspflichtigen Eingriff gewertet[306]). Das **OVG Lüneburg**[307]) vertritt die Auffassung, daß „eine Minderung des Marktpreises keine enteignende Wirkung begründen kann, sondern allenfalls ein Indiz dafür darstellt"[308]). Anderer Ansicht ist der **BGH**[309]). **Parodi**[310]) vertritt die Auffassung, daß ab einer 30%igen Wertminderung ein entschädigungspflichtiger Eingriff vorliege. Das **Berliner Denkmalschutzgesetz** stellt auf die „nicht nur unwesentliche" Minderung des Verkehrswertes ab (§ 13 Abs. 2 DSchG Berlin). Auch das **OVG Münster** hebt im Urteil vom 18. 5. 1984[311]) darauf ab, daß die Minderung des Verkehrswertes zu einer „unzumutbaren Vermögenseinbuße" führen könne, die zu entschädigen sei.

Wann eine unzumutbare und somit ausgleichsbedürftige Minderung des Verkehrswerts vorliegt, ist beim gegenwärtigen Stand der Rechtsprechung letztlich offen. Eine **spürbare** Minderung des Grundstückswertes — der ja entscheidend von der Bebaubarkeit und Nutzbarkeit abhängt — braucht u. E. jedenfalls nicht hingenommen zu werden. Auch der sog. „vernünftige und einsichtige Eigentümer" braucht sich nicht für die Allgemeinheit aufzuopfern. Das Interesse der Allgemeinheit an der Erhaltung des Denkmales und der Abwehr von gestalterischen Beeinträchtigungen rechtfertigt keine entschädigungslose Beschränkung der Eigentümerposition. Der im „gesunden" Grundstücksverkehr gezahlte Verkehrswert (bzw. die Minderung dieses Verkehrswerts aufgrund der denkmalschützerischen Maßnahme) ist ein brauchbarer Indikator für die enteignende Wirkung einer Maßnahme. Andere Kriterien, die die Zumutbarkeit objektbezogen konkretisieren, sind nicht erkennbar[312]). Eine exakte Grenzziehung läßt sich insoweit nicht angeben.

---

zunehmender Konkretisierung der Sozialpflichtigkeit des Eigentums überschreitet oder nicht. Es ist nicht einzusehen, warum das Risiko unrichtiger Einschätzung und die Last der Prozeßführung im Rahmen des Primärrechtsschutzes der Bürger tragen soll. Dem kann auch die Knappheit öffentlicher Mittel für den Denkmalschutz nicht entgegengehalten werden. Es ist Sache der öffentlichen Hand, ausreichende Mittel bereitzustellen. Die Knappheit finanzieller Ressourcen der öffentlichen Hand liegt nicht in der Sphäre des Eigentümers eines Denkmals. Wenn ein Gebäude im öffentlichen Interesse unter Denkmalschutz gestellt ist, muß auch die Allgemeinheit durch die Gewährung einer Entschädigung die Finanzierung übernehmen. Das erscheint gerecht und folgerichtig. Die Allgemeinheit kann nicht verlangen, daß ihr Interesse am Denkmalschutz durch den Eigentümer finanziert wird.

306) OLG München, U. v. 17. 11. 1983, 1 U 2829/83, zit. nach Eberl/Martin/Petzet, a.a.O., Art. 20, Rz. 20.
307) OVG Lüneburg, U. v. 16. 1. 1984, DVBl. 1984, 284; bestätigt durch BVerwG DVBl. 1984, 638.
308) OVG Lüneburg DVBl. 1984, 284, 286.
309) BGHZ 72, 211.
310) A.a.O., S. 149.
311) OVG Münster DÖV 1985, 158.
312) Vgl. Dörffeldt, a.a.O., § 26 Rz. 10; Eberl/Martin/Petzet, a.a.O., Art. 20 Rz. 23; ferner BGH NJW 1964, 653.

VII.
Berücksichtigung denkmalrechtlicher Belange im Baurecht

Denkmalschutzrecht und Baurecht sind vielfältig miteinander verzahnt. Denn bei den Denkmälern handelt es sich in aller Regel um bauliche Anlagen[313]).

1. Denkmalschutz und Bauleitplanung

Das Denkmalrecht erfährt eine wichtige Komplementär-Funktion durch die Bauleitplanung.

a) § 1 Abs. 6 Ziff. 5 BauGB

Durch den Bebauungsplan kann die Umgebung des Denkmals und seiner Einbindung in städtebauliche Zusammenhänge aktiv gestaltet werden. Die Belange des Denkmalschutzes gehören seit dem Inkrafttreten des Baugesetzbuches (1. 7. 1987) kraft ausdrücklicher gesetzlicher Regelung zu den abwägungsrelevanten Belangen im Rahmen der Bauleitplanung, § 1 Abs. 6 Ziff. 5 BauGB. Das Gewicht dieses Belangs wurde dadurch akzentuiert, materiell geändert hat sich freilich gegenüber früher nichts. Auch gemäß § 1 Abs. 6 BBauG gehörte der Denkmalschutz zu den in die Abwägung einzustellenden öffentlichen Belangen[314]). Der Denkmalschutz ist allerdings nur **ein** Belang unter vielen anderen, die bei der Abwägung zu berücksichtigen sind.

— Das **OVG Lüneburg**[315]) stellte fest, dem Denkmalschutz komme „kein absoluter Vorrang" in der Bauleitplanung zu. Die Gemeinde könne anderen Belangen den Vorzug geben.
— Das **VG Koblenz**[316]) wies die Klage einer Gemeinde auf Genehmigung des Bebauungsplanes mit der Begründung zurück, die denkmalpflegerischen Gesichtspunkte bezüglich der Erhaltung des wertvollen historischen Stadtbildes seien zu gering gewichtet. Durch die in Aussicht genommene Bebauung einer bisher unbebauten Fläche würde das Stadtbild schwerwiegend beeinträchtigt. Das wäre allenfalls dann hinnehmbar, wenn feststünde, daß sich das erforderliche Bauland nicht an anderer Stelle in zumutbarer Entfernung zum Ortskern zur Verfügung stellen ließe[317]).
— Der **Hessische VGH**[318]) vertrat die Auffassung, die Absicht, ein als Denkmal geschütztes

---

313) Zu den Berührungspunkten Brohm DVBl. 1985, 593; Erbguth DVBl. 1985, 1352; Moench ZfBR 1985, 113 ff., 163 ff.
314) HessVGH ZfBR 1987, 214; Moench ZfBR 1985, 165; ausführlich Schmittat, a.a.O., S. 124 ff.
315) OVG Lüneburg, U. v. 26. 6. 1984, 6 OVG C 22/81.
316) VG Koblenz NVwZ 1986, 244.
317) Das Urteil liegt auf der Linie der herkömmlichen Auffassung in Literatur und Rechtsprechung, vgl. dazu Moench NVwZ 1984, 153.
318) HessVGH, Beschl. v. 13. 3. 1987, ZfBR 1987, 214.

Orangerie-Gebäude zur Erhaltung seiner wirtschaftlichen Grundlage in unmittelbarer Nähe um einen privatwirtschaftlich betriebenen Hotelbau und eine Tiefgarage zu ergänzen, rechtfertige die entsprechende Festsetzung gemäß § 9 Abs. 1 Ziff. 9 BBauG auf einem bisher als Gemeinbedarfsfläche ausgewiesenen Grundstück. Dieser Nutzungszweck sei durch besondere städtebauliche Gründe erforderlich.

— Der **Bayerische VGH**[319]) nahm zur Funktionslosigkeit eines Bebauungsplanes Stellung, wenn in seinem Geltungsbereich später Bodendenkmäler aufgefunden werden. Hier komme es auf die Würdigung der Gesamtumstände an, auf die Bedeutung der Funde ebenso wie auf deren Erhaltungsmöglichkeit. Soweit die Verwirklichung des Vorhabens nicht ausgeschlossen sei, bleibe der Bebauungsplan gültig.

— Der **VGH Baden-Württemberg**[320]) nahm zur Unterschutzstellung einer Parkanlage, in der sich ein denkmalgeschütztes Schloß befand, aufgrund der Bestimmungen des Naturschutzrechtes Stellung. Er hielt die Unterschutzstellung trotz teilweiser anderweitiger Gebietsausweisung im Bebauungsplan für zulässig.

b) § 9 Abs. 6 BauGB

Gemäß § 9 Abs. 6 BauGB sollen Denkmäler nach Landesrecht nachrichtlich in den Bebauungsplan aufgenommen werden, soweit sie zu seinem Verständnis oder für die städtebauliche Beurteilung von Baugesuchen von Bedeutung sind. Dabei ist unerheblich, ob die Denkmaleigenschaft aufgrund einer konstitutiven Eintragung oder ipso lege besteht.

2. Denkmalschutz und §§ 29 ff. BauGB

Die Vorschriften des Bayerischen Denkmalschutzgesetzes stehen **neben** den Vorschriften des Bodenrechts im Baugesetzbuch[321]). Die Regelungsbereiche von Denkmalschutzrecht und Boden- und Planungsrecht sind verschieden. Sie sind getrennt und unabhängig voneinander zu prüfen. Das Bayerische Denkmalschutzgesetz normiert Bestimmungen im Sinne von § 29 Satz 4 BauGB, die vom Bodenrecht „unberührt" bleiben[322]). Und sie gehören zu den öffentlich-rechtlichen Vorschriften, deren Geltung und Beachtlichkeit im Baugenehmigungsverfahren durch Art. 74 BayBO garantiert sind.

Daraus folgt: Wenn eine baurechtlich genehmigungsbedürftige Maßnahme gemäß den Bestimmungen der Bayerischen Bauordnung oder des Baugesetzbuches abgelehnt wird, besteht kein Anspruch auf Entschädigung gemäß Art. 20 BayDSchG. Denn Art. 20 BayDSchG setzt voraus, daß

---

319) BayVGH, U. v. 30. 10. 1986, ZfBR 1987, 215.
320) VGH Baden-Württemberg NVwZ 1986, 855.
321) Dazu zuletzt BVerwG Buchholz 406.11, § 29 BBauG Nr. 38.
322) BVerwGE 55, 272; 35, 256; jeweils entschieden zum Landschaftsschutz.

der **Vollzug des Denkmalschutzgesetzes** zu einem über die Grenzen der Sozialbindung des Eigentums hinausgehenden Eingriff führt. Beruht dieser Eingriff auf **anderen** Gesetzen, greift Art. 20 BayDSchG nicht ein. Ein Anspruch auf Entschädigung gemäß Art. 20 BayDSchG hat demnach zur Voraussetzung, daß baurechtlich ein Anspruch auf Erteilung der Genehmigung besteht, das Vorhaben mithin gerade nicht unter Rückgriff auf das Baurecht versagt werden kann.

a) § 34 BauGB (unbeplanter Innenbereich)

Diese im Grundsatz klare Unterscheidung wirft im **Bereich des § 34 BauGB (unbeplanter Innenbereich)** bei Bauten in der Nachbarschaft von Denkmälern gleichwohl Probleme auf. Denn § 34 BauGB setzt voraus, daß sich das Vorhaben in die Eigenart der näheren Umgebung **einfügt** und daß es das **Ortsbild nicht beeinträchtigt.** Es stellt sich daher die Frage, inwieweit das Bodenrecht selbst schon die Berücksichtigung denkmalschutzrechtlicher Belange erlaubt oder gar erzwingt mit der Folge, daß im Einzelfall keine Entschädigung gemäß Art. 20 BayDSchG gewährt werden muß.

(1) Der **Begriff des „Einfügens"** setzt voraus, daß das geplante neue Vorhaben mit der vorhandenen städtebaulichen Situation im Einklang steht. Es handelt sich um einen ausschließlich bodenrechtlichen (planungsrechtlichen) Prüfungsmaßstab[323]). § 34 kann insoweit nicht zur positiven, denkmalschützerisch wünschenswerten Baugestaltung eingesetzt werden. Nur soweit das vorhandene Denkmal „wie jedes andere Gebäude" bodenrechtlich den maßgeblichen Rahmen hinsichtlich der Art oder des Maßes der Nutzung prägt, kann eine Anpassung des Neubaus an diese städtebaulichen Kriterien verlangt werden. Insoweit kann § 34 BauGB ausnahmsweise auch zur Erhaltung von Freiflächen führen[324]). Diese in engen Voraussetzungen erforderliche Rücksichtnahme auf die Bebauung in der Nachbarschaft ist aber keine denkmalrechtliche Besonderheit. Vorhaben müssen sich gemäß § 34 BauG immer in die Eigenart der näheren Umgebung einfügen. Ob dies der Fall ist, hängt maßgebend davon ab, wie die nähere Umgebung **bodenrechtlich** geprägt ist. Der spezifische Denkmalcharakter ist kein bodenrechtlich relevantes Kriterium. Er ist für die Bildung des maßgeblichen Rahmens, in den sich das Vorhaben einfügen muß, ohne Bedeutung.

(2) Auch die Bezugnahme in § 34 Abs. 1 BauGB auf die unzulässige **Beeinträchtigung des Ortsbildes** erlaubt grundsätzlich keine Einflußnahme auf die Gestaltung des Baukörpers. Diesem Tatbestandsmerkmal kommt nur in en-

---

323) Der Begriff des „Einfügens" wurde durch das Baugesetzbuch nicht geändert. Vgl. zu ihm grundlegend BVerwGE 55, 369; Ernst/Zinkahn/Bielenberg, BauGB a.a.O., § 34 Rz. 11 ff.; Brügelmann/Dürr, a.a.O., § 34, Rz. 20 ff.; Battis/Krautzberger/Löhr, a.a.O., § 34, Rz. 15 ff.

324) So VGH Baden-Württemberg BRS 31 Nr. 37 unter Bezugnahme auf Denkmäler in der Nachbarschaft; ähnlich OVG Lüneburg BRS 31 Nr. 45 zu einer als unzulässig angesehenen Verdichtung einer weiträumigen Bebauung aus der Zeit der Moor-Kultivierung.

gen Grenzen eine Abwehrfunktion zu. Lediglich soweit Gestaltungsfragen (ausnahmsweise) städtebaulich bedeutsam sind und sie einen bodenrechtlichen Bezug haben, sind sie hier von Belang[325]). Das (negative) Kriterium der fehlenden Beeinträchtigung des Ortsbilds kann nur zu einem bedingt angepaßten Bauen führen, zur Wahrung einer gewissen Maßstäblichkeit, nicht hingegen zur Unbebaubarkeit eines Grundstücks[326]).

(3) § 34 Abs. 1 BBauG setzte zusätzlich voraus, daß dem Vorhaben sonstige „öffentliche Belange" nicht entgegenstehen. Dieses Merkmal hatte schon bisher keine eigenständige Bedeutung[327]). In dem seit 1. 7. 1987 geltenden § 34 BauGB ist diese Voraussetzung nicht mehr enthalten.

In der Regierungsbegründung zum Baugesetzbuch[328]) wurde ausdrücklich darauf hingewiesen, daß dadurch die Rechtslage nicht verändert werden sollte, auch soweit Erfordernisse des Denkmalschutzes in § 34 Abs. 1 des BBauG den Zulässigkeitsmaßstab mitbestimmten. Insgesamt verbleibe es dabei, daß die Anforderungen aufgrund anderer öffentlich-rechtlicher Vorschriften nach § 29 Satz 4 BauGB unberührt blieben. Dies gelte insbesondere für die Vorschriften der Denkmalschutzgesetze der Länder[329]).

Der Gesetzgeber geht damit grundsätzlich von der Bebaubarkeit des innerhalb eines im Zusammenhang bebauten Ortsteils gelegenen Grundstückes aus, gibt jedoch gleichzeitig dem öffentlichen Belang „Denkmalschutz" über § 29 Satz 4 BauGB ein solches Gewicht, daß sogar eine ansonsten zulässige Bebauung aufgrund denkmalschutzrechtlicher Belange unterbunden werden kann. In diesem Fall muß eine Entschädigung gemäß Art. 20 BayDSchG gewährt werden[330]).

b) § 35 BauGB (Außenbereich)

Auch bei **Bauvorhaben im Außenbereich**, deren planungsrechtliche Zulässigkeit sich nach **§ 35 BauGB** bestimmt, können Belange des Denkmalschutzes entgegenstehen. Seit dem 1. 7. 1987 zählt § 35 Abs. 3 BauGB die Belange des Denkmalschutzes ausdrücklich zu den „öffentlichen Belangen", die einem Vorhaben im Außenbereich entgegenstehen können. Hierdurch sollten insgesamt die sich aus dem Landesrecht ergebenden Belange des Denkmalschutzes für die Zulässigkeit von Außenbereichsvorhaben unmittelbar beachtlich sein.

---

325) BVerwG DÖV 1970, 350; NJW 1981, 474; Ernst/Zinkahn/Bielenberg, a.a.O., § 34 Rz. 77.
326) BVerwG ZfBR 1981, 187; ebenso Weyreuther BauR 1981, 3; dazu Steinberg NJW 1981, 554; OVG Berlin NVwZ 1982, 255; Battis/Krautzberger/Löhr, a.a.O., § 34 Rz. 25 m. N.
327) Ernst/Zinkahn/Bielenberg, a.a.O., § 34 Rz. 73; Battis/Krautzberger/Löhr, a.a.O., § 34 Rz. 27.
328) BT-Drs. 10/4630.
329) Vgl. dazu Ernst/Zinkahn/Bielenberg, a.a.O., § 34 Rz. 73.
330) Brügelmann/Grauvogel, BBauG, a.a.O., § 34, Rz. 73, 81.

Dem entsprach schon bislang die Rechtsprechung des BVerwG[331]) und des Bayerischen VGH[332]) zu § 35 BBauG[333]).

Der **Bayerische VGH** hielt einen Schweinestall in der Nachbarschaft einer unter Denkmalschutz stehenden Kirche nach § 35 BBauG für unzulässig[334]).

Eine Enteignungsentschädigung wird bei der Unterbindung eines Vorhabens im Außenbereich häufig ausscheiden. Denn die Rechtsposition der Grundstückseigentümer ist im Bereich des § 35 BauGB wesentlich schwächer als im Innenbereich; der Gesetzgeber geht von der grundsätzlichen Freihaltung des Außenbereichs aus. Im Einzelfall muß — fiktiv — gefragt werden, ob ohne die Denkmaleigenschaft eine Baugenehmigung nach § 35 BauGB hätte beansprucht werden können. Eine Enteignungsentschädigung kommt dann in Frage, wenn die denkmalschutzrechtlichen Beschränkungen **ursächlich** für die Vereinbarkeit des Vorhabens mit § 35 BauGB sind.

In diesem Zusammenhang ist darauf hinzuweisen, daß die baurechtlich genehmigungsbedürftige (Nutzungs-)Änderung eines Baudenkmals auch als nicht privilegiertes Vorhaben im Außenbereich gemäß § 35 Abs. 2 i. V. m. § 35 Abs. 4 Nr. 4 BauGB (wie schon bisher) zulässig ist, wenn dies der Erhaltung des Denkmals dient. Allerdings muß die Anlage in ihrer baulichen Substanz noch vorhanden sein[335]). Das BVerwG hat dies für ein bereits zur Ruine verfallenes Gebäude abgelehnt[336]).

3. Denkmalschutz und Ortsgestaltungsrecht

Denkmalschutz und Ortsgestaltung dienen vordergründig ähnlichen Zielen, die aber gleichwohl deutlich unterschieden werden müssen. Denn aus ihnen ergeben sich Unterschiede im Anwendungsbereich.

a) Das **Denkmalschutzrecht** will in erster Linie historische Bausubstanz erhalten, Baudenkmäler als Geschichtszeugnisse wahren[337]). „Denkmalerhal-

---

331) BVerwGE 28, 148.
332) BayVGH BayVBl. 1979, 274.
333) Vgl. dazu Bielenberg/Krautzberger/Söfker, Baugesetzbuch, a.a.O., Rn. 199, S. 461 f.; Ernst/Zinkahn/Bielenberg, a.a.O., § 35 Rz. 78, 124, wo die Auffassung vertreten wird, der in § 35 Abs. 3 BauGB genannte Belang „Denkmalschutz" habe einen eigenständigen bundesrechtlichen Regelungswert, die Regelung greife — unbeschadet einer Konkretisierung durch Landesrecht — unmittelbar selbst ein, wo grobe Verstöße in Frage stünden. Dies ist nicht zutreffend. Dem Bundesgesetzgeber fehlte für **eigene** Regelungen zum (landesrechtlichen) Denkmalschutzrecht die Kompetenz. Auch grobe Beeinträchtigungen des Denkmalschutzes haben keinen **bodenrechtlichen** Charakter.
334) BayVGH BayVBl. 1979, 274.
335) OVG Koblenz UPR 1983, 237; vgl. dazu Ernst/Zinkahn/Bielenberg, BauGB, a.a.O., § 35 Rz. 192.
336) BVerwG NVwZ 1985, 184.
337) Eberl BayVBl 1987, 353 m. Verweis auf Art. 141 Bayerische Verfassung; Eberl/Martin/Petzet, a.a.O., Art. 21 Ziff. 46.

tung ist demnach im Grunde eine Angelegenheit nicht der Ästhetik, sondern der historischen Wahrung."[338]) Ob das erhaltungswürdige Bauwerk gestalterisch schutzwürdig ist, spielt dabei keine Rolle. Dagegen ist Hauptziel der **Ortsgestaltung** gemäß Art. 91 BayBO, das Erscheinungsbild der bebauten Teile eines Gemeindegebiets „ansprechend, das ästhetische Empfinden des Bürgers angenehm berührend" zu gestalten[339]). Anders als im Denkmalschutzrecht räumt Art. 91 BayBO der Gemeinde beim Erlaß von Ortsgestaltungssatzungen einen Spielraum ein, die Gemeinde kann und muß „gestalterisch planen" und abwägen[340]).

b) Das **Denkmalschutzrecht geht den Ortsgestaltungssatzungen** der Gemeinde **vor**. Den Gemeinden ist es daher verwehrt, durch Regelungen nach Art. 91 BayBO Inhalt oder Reichweite denkmalrechtlicher Bestimmungen zu verändern[341]). Genausowenig ist es möglich, durch Satzungen gemäß Art. 91 BayBO Regelungen zu treffen, die sich **materiell** als denkmalschutzrechtliche Anordnungen nach Art. 4 Abs. 2 bis 4 BayDSchG darstellen. So können die Gemeinden z. B. in Ortsbausatzungen keine Verpflichtungen aufnehmen, Erhaltungs- oder Instandsetzungsmaßnahmen an Baudenkmälern vorzunehmen oder durch Ortsbausatzungen Regelungen treffen, welche Bereiche unter den Ensembleschutz gemäß Art. 1 Abs. 3 BayDSchG oder den Umgebungsschutz gemäß Art. 6 Abs. 1 Satz 2 BayDSchG fallen. Aus mehreren Gründen: Erstens fallen die Zuständigkeiten auseinander. Zweitens sind die Regelungen ihrer Rechtsnatur nach verschieden. Denkmalschutzrechtliche Anordnungen nach Art. 4, 6 BayDSchG sind **Einzel**anordnungen mit **konkret-individuellem Charakter**. Ortsbaugestalterische Bestimmungen nach Art. 91 BayBO ergehen dagegen als Satzung. Satzungen sind **Rechtsnormen**, also **abstrakt-generelle Regelungen**. Sie sind deshalb nicht geeignet, die bei Einzelanordnungen erforderliche Abwägung mit den privaten Belangen des jeweiligen Eigentümers umfassend vorzunehmen[342]).

Dem steht Art. 91 Abs. 1 BayBO nicht entgegen. Nach Art. 91 Satz 1 Nr. 2 BayBO sind örtliche Bauvorschriften zwar auch möglich, soweit sie „zum Schutz von Bau- und Naturdenkmalen erforderlich" sind. Danach ist es lediglich möglich, daß die Gemeinde Baudenkmäler oder deren Umgebung zum

---

338) Eberl BayVBl 1987, 353.
339) Eberl BayVBl 1987, 353; ebenso Eberl/Martin/Petzet, a.a.O., Art. 1 Rz. 46 f.
340) Vgl. dazu oben B II, III.
341) Eberl BayVBl 1987, 353, 355.
342) So zu Recht Eberl BayVBl 1987, 353, 355. Dies gilt allerdings uneingeschränkt, also auch bei Ensembles.

Gegenstand von **gestaltungsrechtlichen** Vorschriften machen kann. Voraussetzung dafür ist, daß die Voraussetzungen für den Erlaß nach Art. 91 BayBO gegeben sind, insbesondere, daß eine sorgfältige Abwägung stattgefunden hat. Dabei genügt es nicht, auf die Denkmaleigenschaft zu verweisen. Die Denkmaleigenschaft ist kein öffentlicher Belang, der für sich genommen ortsgestaltungsrechtliche Vorschriften rechtfertigen kann. Denn dieser Belang wird durch das Denkmalschutzrecht ausreichend geschützt. Es müssen vielmehr **spezifisch gestaltungsrechtliche Gründe** des Art. 91 BayBO vorliegen, die über die Denkmaleigenschaft des Gebäudes/Ensembles und die daraus fließende Schutzwürdigkeit hinausgehen.

Umgekehrt folgt hieraus für das Denkmalschutzrecht: Eine Mehrheit von baulichen Anlagen besitzt nicht schon dann als Ensemble Denkmaleigenschaft, wenn sie ein gestalterisch schutzwürdiges Erscheinungsbild aufweist. Die Denkmaleigenschaft als Ensemble liegt vielmehr nur vor, wenn dieses Erscheinungsbild auf die z. B. künstlerische oder historische Bedeutung des Ortsbildes, mithin auf **denkmalschutzrechtliche Gründe** zurückzuführen ist. Die bei Eberl/Martin/Petzet[343]) genannten (gestalterischen) Merkmale wie „gleiche Firstrichtung, Stockwerk- oder Gebäudehöhe, ähnliche Giebelformen (z. B. in den bayerischen Inn- und Salzachstädten)" sind keine denkmalschützerischen Gründe. Sie können zwar im Einzelfall eine Ortsbausatzung nach Art. 91 BayBO rechtfertigen, nicht jedoch zum Ensembleschutz führen. Hier wirken sich die unterschiedlichen Zielsetzungen von Denkmalschutzrecht und Ortsgestaltungsrecht aus.

4. Denkmalschutz und Erhaltungssatzung

Schließlich wird der Denkmalschutz durch das Instrument der Erhaltungssatzung ergänzt.

a) Die Regelung des § 39 h BBauG findet sich seit 1. 7. 1987 in § 172 BauGB inhaltlich mit gewissen Modifikationen wieder. Trotz veränderten Wortlauts bleiben die Voraussetzungen für den Erlaß der Erhaltungssatzung die gleichen wie bisher[344]). Denkmalrechtlich von Bedeutung ist § 172 Abs. 1 Nr. 1. Demnach können im Bebauungsplan oder einer sonstigen Satzung Gebiete „zur Erhaltung der städtebaulichen Eigenart des Gebiets aufgrund seiner städtebaulichen Gestalt" bezeichnet werden, in denen der Abbruch oder die (Nut-

---

343) Eberl/Martin/Petzet, a.a.O., Art. 1 Rz. 47.
344) Bielenberg/Krautzberger/Söfker, a.a.O., Rz. 418. Ausf. zur Neufassung Battis/Krautzberger/Löhr, a.a.O., § 172 Rz. 2 ff.

zungs-)Änderung (in den Fällen des § 172 Abs. 1 Nr. 2 auch die Errichtung)˙ von Anlagen einer Genehmigung bedürfen. Diese Vorschrift faßt die bisherigen Fälle des § 39 h Abs. 3 Nr. 1 und Nr. 2 zusammen, erweitert sie aber um die Nutzungsänderung und die Errichtung von Anlagen. Auf diese Weise kann auch eine sonst baurechtlich genehmigungsfreie Nutzungsänderung der Genehmigungspflicht unterworfen werden.

b) Das **BVerfG** und, ihm folgend, das **BVerwG** haben die umstrittene Gesetzgebungskompetenz des Bundes für die Regelung des § 39 h BBauG bejaht[345]). Das BVerfG führte aus, daß § 39 h Abs. 3 Nr. 1 und Nr. 2 BBauG „die Ausstrahlungswirkung des Denkmalschutzes in das Bauplanungsrecht" regle. Die Norm gehöre zum Bodenrecht i. S. von Art. 74 Nr. 18 GG. Das BVerfG äußerte sich auch in dieser Entscheidung zur Vereinbarkeit des § 39 h BBauG mit Art. 14 Abs. 1 GG. Es handle sich um eine Vorschrift, die Inhalt und Schranken des Eigentums in einer dem Grundsatz der Verhältnismäßigkeit entsprechenden Weise normiere. Die gesetzlichen Ziele seien legitim. Sie dienten dem Wohl der Allgemeinheit. Das BVerwG[346]) äußerte sich ausführlich zur Abgrenzung des Denkmalschutzrechts vom Bodenrecht. Es wies zutreffend darauf hin, daß die satzungsmäßigen Versagungstatbestände inhaltlich nicht über die gesetzlichen Versagungsgründe hinausgehen dürften.

Zu diesen Versagungsgründen gehöre der Denkmalschutz nicht. Die unterschiedlichen Regelungsbereiche von Denkmalschutzrecht und Bodenrecht seien nach den Zielen abzugrenzen, die der Gesetzgeber mit der Erhaltung baulicher Anlagen jeweils verfolge: **Denkmalschutz** habe die Erhaltung baulicher Anlagen aus historischen Gründen im weitesten Sinne im Auge; er wolle sie durch geschichtliche, insbesondere kunst- oder architekturgeschichtliche Epochen und Entwicklungen, aber auch allgemeine oder sozialgeschichtliche Ereignisse und Zeitabschnitte dokumentieren. Das **Bodenrecht** hingegen nehme die zu erhaltenden baulichen Anlagen in ihrer Beziehung zur aktuellen Stadtstruktur und in ihrer stadträumlichen Funktion für das gegenwärtige Zusammenleben der Menschen in der Gemeinde in den Blick. Es beziehe vorhandene bauliche Anlagen in ihrer Bedeutung für eine gesonderte städtebauliche Entwicklung, eine dem Wohl der Allgemeinheit entsprechende sozialgerechte Bodennutzung und eine menschenwürdige Umwelt in seine Regelungen ein[347]).

Auch nach Auffassung des **OVG Münster**[348]) darf die Erteilung bzw. Versagung der Genehmigung nicht davon abhängig gemacht werden, ob es sich um ein Denkmal im Sinne des Denkmalschutzgesetzes handelt. Die Versagungstatbestände seien allein städtebaulich orientiert.

345) ZfBR 1987, 203; BVerwG DÖV 1987, 966 = NVwZ 1988, 357. Zur Gesetzgebungskompetenz ausf. Hönes, Die Unterschutzstellung von Kulturdenkmälern, 1987, S. 35 ff. m. w. N.

346) BVerwG DÖV 1987, 966 = NVwZ 1988, 357, 359. Das BVerwG erklärte ferner, daß die Satzung keiner besonderen Begründung bedarf. Lediglich die Gründe nach § 39 h Abs. 3 u. 4 seien anzugeben.

347) BVerwG NVwZ 1988, 357, 359.

348) DSI 1 (1986), S. 36.

Städtebauliche Erhaltungsgründe und Gründe des Denkmalschutzes sind daher prinzipiell getrennt zu prüfen. Zwar kann für die Erhaltungswürdigkeit einer baulichen Anlage im Rahmen des § 172 BauGB (= § 39 h BBauG) auch an deren Denkmaleigenschaft angeknüpft werden. Dies kann jedoch allein nicht zur Anwendung des § 172 BauGB führen. Die Gemeinde darf nicht mit den Mitteln des § 173 BauGB der Sache nach Denkmalschutz betreiben[349]).

---

349) BVerwG NVwZ 1988, 357, 359.

Sachverzeichnis

Baurechtliche Schriften

Herausgegeben von Prof. Hermann Korbion und Rechtsanwalt Prof. Dr. Horst Locher

In der Reihe „Baurechtliche Schriften" werden Einzelfragen und Einzelbereiche aus dem weiten Gebiet des privaten Baurechts untersucht, jeweils für sich abgeschlossen behandelt und der interessierten Öffentlichkeit zugänglich gemacht. Die Herausgeber betreuen diese Schriftenreihe in dem Bestreben und mit dem Ziel, für die Praxis beachtenswerte, wissenschaftlich fundierte Beiträge zur Verfügung zu stellen.

Band 1

Bauherrenmodelle in zivil- und steuerrechtlicher Sicht
2., neubearb. Auflage. In Vorbereitung

Band 2

Die Regeln der Technik im Bauvertragsrecht
Von Dr. Rudolf Fischer, Richter am Landgericht Trier und Lehrbeauftragter an der Universität Trier.
1984. 200 Seiten. 14,8 x 21 cm. Kartoniert DM 65,-
Bestell-Nr. 1551-9

Band 3

Rechtliche Probleme des Schallschutzes
Rechtsfragen mit technischer Einführung
Von Susanne Weiß.
1986. 176 Seiten. 14,8 x 21 cm. Kartoniert DM 72,-
Bestell-Nr. 3998-1

Band 4

Rückforderungen im Bauvertragsrecht
Anspruch und Verwirkung beim öffentlichen Auftrag
Von Rechtsanwalt Ubbo Hahn.
1986. 128 Seiten. 14,8 x 21 cm. Kartoniert DM 63,-
Bestell-Nr. 1970-0

Band 5

Rechtsfragen zum Baugrund
mit Einführung in die Baugrundtechnologien
Von Rechtsanwalt Dr. Klaus Englert und Regierungsbaumeister Dr. Karlheinz Bauer.
1986. 168 Seiten. 14,8 x 21 cm. Kartoniert DM 72,-
Bestell-Nr. 1416-4

Band 6

Kostenvorschuß zur Mängelbeseitigung
Eine Rechtsfortbildung im Werkvertragsrecht
Von Rechtsanwältin Dr. Sabine Ehrhardt-Renken.
1986. 152 Seiten. 14,8 x 21 cm. Kartoniert DM 68,-
Bestell-Nr. 1417-2

Band 7

VOB/B und BGB-Bauvertrag im Rechtsvergleich
unter besonderer Berücksichtigung des Vergütungsrechts
Von Rechtsanwalt Dr. Christian Enders.
1986. 136 Seiten. 14,8 x 21 cm. Kartoniert DM 72,-
Bestell-Nr. 1419-9

Band 8

Inhaltskontrolle von Architektenformularverträgen
Von Rechtsanwalt Dr. Rainer Knychalla.
1987. 224 Seiten. 14,8 x 21 cm. Kartoniert DM 78,-
Bestell-Nr. 2412-7

Band 9

Schadensersatzansprüche bei der Auftragsvergabe nach VOB/A
Von Rechtsanwalt Dr. Andreas Feber.
1987. 120 Seiten. 14,8 x 21 cm. Kartoniert DM 72,-
Bestell-Nr. 1567-5

Band 10

Der Baucontrollingvertrag
Bauplanung und Baumanagement nach HOAI und BGB
Von Dr. Martin Heinrich.
1987. 240 Seiten. 14,8 x 21 cm. Kartoniert DM 72,-
Bestell-Nr. 1979-4

Band 11

Der Erfüllungsanspruch und seine Konkretisierung im Werkvertrag
Von Dietrich Blaese.
1988. 128 Seiten. 14,8 x 21 cm. Kartoniert DM 72,-
Bestell-Nr. 1232-3

Band 12

Die RBBau
Erläuterungen der Richtlinien und Muster zur Vertragsgestaltung mit freiberuflich Tätigen am Beispiel des Vertragsmusters Technische Ausrüstung
Von Wolf Osenbrück.
1988. 160 Seiten. 14,8 x 21 cm. Kartoniert DM 78,-
Bestell-Nr. 2810-6

Band 13

Der Fertighausvertrag
Von Rechtsanwalt Dr. Wolfgang Donus.
1988. 248 Seiten. 14,8 x 21 cm. Kartoniert DM 82,-
Bestell-Nr. 1343-5

Band 14

Die Vertragsstrafe im Baurecht
Von Rechtsanwalt Dr. Jürgen Knacke.
1988. 96 Seiten. 14,8 x 21 cm. Kartoniert DM 52,-
Bestell-Nr. 2418-6

Erhältlich im Buchhandel!

 Werner-Verlag · Postfach 85 29 · 4000 Düsseldorf 1